KB182304

DMZ 다크 투어리즘과
통일인문학의 공간치유

이 책은 2019년 대한민국 교육부와 한국연구재단의 지원을 받아 제작되었습니다.
(NRF-2019S1A6A3A01102841)

DMZ 다크 투어리즘과
통일인문학의 공간치유

박영균·박민철·박솔지 지음

경인문화사

책의 발간에 붙여

DMZ, '분단과 적대의 공간'에서 '치유와 평화의 공간'으로, 그 길을 찾아서

통일인문학은 남북의 분단과 적대성, 사람들의 분열을 극복하고 서로의 상처를 어루만지고, 치유하면서 남과 북의 평화와 상생을 이룩함으로써 한반도 자체를 다시 생명의 공간으로 만드는 것을 목표로 하는 인문학이다. 아직도 많은 사람들은 '통일' 그 자체를 목적으로 삼는 경향이 있다. 하지만 통일인문학에서 통일은 어디까지 사람들의 삶과 행복을 위한 수단일 뿐이며 그 자체가 목적이 될 수 없다. 물론 한반도에서의 분단과 적대가 우리의 삶과 생태를 파괴하고 정신적이고 물질적인 불행들을 생산하기 때문에 남과 북의 통일 없이는 온전한 삶의 풍요와 생태적 순환성을 확보할 수 없다.

그러나 그렇기에 다시 한번 통일은 남북 사이에서의 지리적, 자연적, 인간적 차원을 포함하는 총체적인 관계들에서의 생태적 순환성을 만들어가는 수단적 가치가 될 뿐, 그 자체로 목적적인 가치가 될 수 없다. 두 국가의 정상이 만나서 체제와 제도 통합하는 방식의 통일이 얼마나 위험한가는 이미 예멘의 사례가 보여주고 있다. 예멘처럼 두 국가의 정상이나 지도자들이 만나서 합의를 이끌어내는 방식의 통일이나 독일처럼 서로 다른 두 사회의 제도나 체제를 통합하는 방식의 통일은 평화로운 방식으로 이루어진 통일임에도 불구하고 문제를 가지고 있다. 그것

은 분단된 기간 동안 축적된 지리적, 자연적, 인간적 차원에서의 분열과 적대, 정서적이면서도 심리적인 차원을 포함한 사회문화적인 정념들과 충돌의 문제를 도외시함으로써 사회적 삶 자체를 파괴하는 '폭발'로 이어질 수도 있는 근본적인 문제들을 간고하기 때문이다.

통일인문학은 바로 이 지점에서 출발한다. 즉, 통일인문학은 체제통합을 넘어서 사회문화적이고 가치정서적인 통합의 문제를 지금부터 준비하면서 두 국가의 통합 이전인 지금부터 이런 통일을 만들어가는 길을 찾고 연구하는 학문이다. 여기서 통일은 남북 사이에서의 지리적, 자연적, 인간적 차원을 포함하는 총체적인 관계들에서의 생태적 순환성을 확보하는 작업이다. 왜냐하면 오직 그럴 때에만 우리 맺는 정치, 경제, 문화적인 차원을 포함하는 사회적 관계와 삶이 통일을 통해서 개인적인 삶에서의 자기실현으로 이어지는 '행복한 관계들의 리비도적 흐름'이 활성화된 사회의 건설로 이어질 수 있기 때문이다. 따라서 통일인문학은 가치, 정서, 생활문화적 차원에서 분단을 분석하고, 이를 극복할 수 있는 길을 '지금-여기서' 만들어가는 매우 '실천적인 학문'이라고 할 수 있다.

우리가 『DMZ 다크 투어리즘과 통일인문학의 공간치유』라는 이름을 붙인 책을 통해서 지금-여기서 보여주고자 하는 것은 바로 이런 통일인문학의 실천적 구체화의 사례 및 이에 대한 연구성과들이다. 2015년부터 2018년까지 4여 년 동안, 우리는 10개의 시군구로 이루어진 DMZ 접경지역을 찾아다니면서 사진을 찍고, 자료를 수집하고, 군청 관계자나 연구자들을 비롯해 지역 사람들을 만나며, '분단과 적대의 공간으로서 DMZ'를 분석하고, 이것을 넘어서는 '치유와 평화의 공간으로서 DMZ'가 되기 위한 길을 모색했다. 따라서 여기에 실린 글들은 이런 과정에서 탄생하는 '고투의 산물'로, 여기에 글을 작성한 사람들만이 아니라 그동안 이 힘든 여정을 함께 하는 사람들 모두가 헤쳐온 노고의 산물이기도 하다.

DMZ는 남북의 군사분계선이 있는, 분단의 상징적 장소이자 적대가 응축된 공간이다. 따라서 한반도에서의 평화와 통일은 무엇보다도 먼저 남북을 가르는 군사분계선이 있는 DMZ의 적대적 분리선이 희미해지거나 해체되는 것으로부터 시작될 수밖에 없으며 한반도의 생태적 순환성도 이것의 완전한 해체 없이 확보될 수 없다. 그렇기에 우리는 분단체제 하에서의 DMZ는 '분단과 적대의 공간'이었다면 역설적이게도 바로 그렇기에 평화와 통일로 향하는 길에서의 DMZ는 '치유와 평화의 공간'이 될 수 있다고 생각했다. 그리고 그런 목적 하에서 우리는 DMZ를 연구하고, DMZ가 실제로, '치유와 평화의 공간'으로 작동할 수 있는 수행적 주체가 될 수 있는 길을 모색했다.

우리가 명명한 책의 이름, "DMZ 다크 투어리즘과 통일인문학의 공간치유"가 보여주듯이 그것은 다크 투어리즘을 DMZ에 적용하고 그것을 통해서 통일인문학이 분단극복을 위한 방법론의 하나로 제시한 '분단 트라우마의 치유'를 구체화하는 프로그램을 개발하고자 했다. 이렇게 해서 개발된 치유프로그램용 콘텐츠가 지난 2019년 12월과 2월에 출시한 여행용 애플리케이션인 'ROAD ㅅ DMZ'이다. 그 후 최근 경인문화사에서 9권으로 된 DMZ 여행용 서적, 『DMZ 접경지역 기행』이 출판되었다. 애플리케이션도 그렇지만 이들 9권의 책은 실제로 책을 가지고 다니면서 활용할 수 있도록 DMZ 접경지역을 구성하고 있는 고성군, 인제군, 양구군, 화천군, 철원군, 연천군, 파주시, 강화군, 김포시 옹진군을 각 시군청 단위별로 나누어 출판했다. 여행용 애플리케이션인 'ROAD 人 DMZ'와 9권의 책들은 4~5년 동안 진행된 연구의 산물로, 이 책은 이들 프로그램이 어떤 관점과 취지, 분석들 하에서 작업이 진행되고 만들어졌는지를 보여주고 있다.

그러므로 이 책은 이후 콘텐츠를 개발하거나 사회적 치유 등을 연구하는 사람들을 위한 책이라고 할 수 있다. 이 책은 3부, 7개의 논문으로 구성되어 있다. 3개의 부들은 애플리케이션인 'ROAD 人 DMZ'와 9권의 『DMZ 접경지역 기행』 시리즈들이 탄생하게 된 가장 추상적인 일반 이론을 다룬 "다크 투어리즘과 통일-생태철학(1부)"에서부터 시작한다. 그 후, 분단과 냉전의 공간으로 작동하는 DMZ에 대한 분석과 이를 극복하기 위한 기획으로서 스토리텔링을 다룬 "분단체제에서 DMZ와 탈구축 전략(2부)"을 다룬다. 그리고 마지막으로 이 책은 DMZ가 실제로 '치유와 평화의 공간'으로 작동할 수 있는 방향과 구체적인 사례 연구를 다룬 "공간치유의 대상이자 치유자로서 DMZ(3부)"로 마무리하고 있다.

1부 "다크 투어리즘과 통일-생태철학"에 실린 "현대성의 성찰로서 다크 투어리즘과 기획의 방향(박영균)"은 오늘날 위험 그 자체를 즐기는 다크 투어리즘을 다루면서 다크 투어리즘이 현대사회에서 주목받게 된 사회-역사적 맥락에 주목하고 있다. 울리히 벡의 위험사회론이나 포스트 모더니즘처럼 다크 투어리즘의 해방적 기능은, 자본에 의한 상품화의 위험에도 불구하고 현대성에 대한 성찰에 있다. 따라서 이 글은 현대성의 성찰로서 다크 투어리즘이 되어야 하며 이를 위해서는 자본과 국가의 재영토화에 대한 도주라는 '차이 남'의 반복으로서 '기획'이 되어야 한다는 관점에서 다음의 세 가지 기획 방향을 제안하고 있다.

첫째, 공간의 다수성을 활용하여 차이화함으로써 그 지역의 로컬리티가 가진 특이성과 독특성을 드러내는 탈구축 전략이다. 둘째, 동정이나 연민이 아니라 공감에 의한 정동의 윤리학을 작동시키는 것이다. 셋째, 트라우마의 전이를 벗어나 탈동일시에 근거한 성찰적 극복하기를 작동시키는 것이다. 그러나 이런 기획에도 불구하고 재현은 실패할 수밖에 없다. 따라서 이 글은 어두운 기억과 장소들의 재현불가능성 속에서 국가가 봉합한 '사건'의 공백을 되풀이함으로써 반국가의 정치를 수행하는 후사건적 주체의 충실성을 반복해야 한다고 주장하고 있다.

또한, 이와 함께 1부에 실린 "한반도 통일문제와 생태주의의 결합: '통일-생태철학' 정립을 위한 하나의 시론(박민철)"은 다음과 같은 문제의식에서 출발하고 있다. 즉, 기존의 생태담론이 한반도 분단체제에서 발생하고 있는 특수한 생태위기를 제대로 다루지 못하고 있는 반면 기존의 통일담론은 생태주의의 핵심주제들을 적극적으로 사유하지 못하고 있다는 것이다. 따라서 이 글은 양자를 결합시키는 작업을 진행하고 있다. 그리고 이를 통해서 생태문제와 통일문제를 총체적으로 사유할 수 있는 인식 틀, 방법과 대상, 목적과 세부 프로그램 등이 포함된 '통일-생태철학'을 제안하고 있다.

특히, 이를 위해 이 글은 우선적으로 한반도 분단체제의 생태논리를 해명하면서 통일문제와 생태문제의 결합을 방해했던 조건과 요소들을 분석한다. 또한, 더 나아가 한반도의 특수한 생태위기를 '생태계의 인위적인 분단과 훼손', '자연에 대한 약탈적 지배와 직접적인 오염', '생태적 공간의 국가적 독점과 반생태화'라는 세 가지의 중층적 생태위기로 유형화하고 있다. 이어 마지막으로 이 글은 '통일-생태철학'의 인식론적 기초를 '반생태적 순환구조'에 대한 총체적인 인식으로 규정하고, 그 대상과 목적을 '분단생태와 통일생태'라는 개념으로 설명하고 있다.

2부 "분단체제에서 DMZ와 탈구축 전략"에는 3편의 논문이 실려 있다. 첫 번째 글, "인문학적 통일 패러다임의 사회적 적용: 하나의 사례로서 'DMZ 디지털스토리텔링'(박영균·박민철)은 인문학적 통일 패러다임을 사회적으로 확산하기 위한 사례로서 'DMZ 디지털스토리텔링'을 다루고 있다. 이 글은 최근 DMZ의 공간적 규정과 의미들이 확장되면서 DMZ 자체가 한국사회의 대표적 의제가 되어가고 있음에도 불구하고 DMZ를 규정하는 프레임은 여전히 퇴행적이라는 점에 주목하고 있다. 그리하여 이 글은 DMZ를 '인문학적 통일패러다임'에 근거하여 보편적인 이념과 가치에 따라 새로이 구성하는 '미래의 공간'으로 보면서 공간적 실천을 수행하자고 제안하고 있다.

특히, 이를 위해 이 글은 DMZ의 기존 프레임인 '생태, 경제, 안보' 등의 프레임을 '치유, 평화, 생명의 인문적 패러다임을 전환하고 이런 전환을 따라 DMZ와 전혀 다른 방식의 관계를 맺을 수 있는 하나의 콘텐츠로서 'DMZ 디지털스토리텔링'의 개발을 제안하고 있다. 여기서 이 글이 제안하고 있는 'DMZ 디지털스토리텔링'은 'DMZ의 재상징화를 위한 인문적 기획'을 아젠다로 삼으면서, 디지털 기술을 활용해 DMZ를 여러 가지 길(Road)이 포함된 인문적 공간으로 새롭게 구현함으로써 DMZ 접경지역을 찾는 사람들이 치유, 평화, 생명의 가치를 체험하도록 스토리화된 여행길의 디지털화라고 할 수 있다.

두 번째 글, "분단체제의 공간성: DMZ와 접경지역의 로컬리티를 중심으로(박민철)"는 한반도의 분단체제에 대한 이해에 있어서 공간에 대한 성찰이 필수적이라고 하면서 공간에서 분단체제의 유지·강화가 어떻게 일어나고 있는지를 다루고 있다. 특히, 이 글은 한반도 분단의 지속은 분단체제의 유지라는 목표 달성과 그 과정의 효율성을 높이기 위해 활용되는, 특정 공간의 형성 과정과 일치한다고 주장한다. 게다가 이 글은 분단체제의 공간 형성 전략을 '공간의 국가적 독점화와 이중적 경계짓기', '전쟁기념물의 설치와 물신화된 경계의 확산', '적대적 서사에 의한 로컬리티의 재구성' 등으로 규정하면서도 다른 한편, 그러한 공간 형성 전략을 뒷받침하는 논리가 '분단국가주의'와 '반공주의'라는 점을 밝히고 있다.

세 번째 글, "분단의 공간, DMZ의 탈구축 전략과 디지털스토리텔링(박영균)"은 공간이 사회-역사적으로 생산된 것이라는 앙리 르페브르의 공간학을 가져와서 DMZ라는 공간에 대한 새로운 생산 전략을 제안하고 있다. 이 글이 제안하는 전략은 다음의 세 가지이다. 첫째, 재현적인 공간으로서 DMZ의 복합적 중층성을 드러냄으로써 그 고유성을 재발견하는 탈구축 전략이며 둘째, DMZ라는 로컬리티가 가진 특이성을 발굴하여 다변화하는 '차이화'를 통해서 분단국가주의의 문법을 비트는 것이다. 그리고 마지막으로 셋째는 스토리텔링이라는 의미연결망을 따라 DMZ을 생명, 평화, 치유의 체험 공간으로 만들어가는 전략이다.

3부 "공간치유의 대상이자 치유자로서 DMZ"에 실린 두 개의 논문은 모두다 '공간치유'라는 관점에서 DMZ를 다루고 있다. "분단 트라우마의 사회적 치유와 공간 치유의 대상으로서 DMZ: DMZ 치유하기와 치유 공간으로서 DMZ(박영균)"는 먼저 분단국가가 어떻게 DMZ를 활용해 분단폭력의 문화적 배경이 되는 'DMA신드롬'을 생산하는지를 분석하고 있다. 또한, 이에 근거하여 분단폭력을 생산하는 분단-냉전의 공간이 된 DMZ를 애초의 역할인 평화적 기능이 작동하는 공간으로 바꾸어가는 공간적 실천을 제안하고 있다. 여기서 제안된 공간적 실천은 'DMZ 치유하기'라는 관점에서 시작한다. 하지만 이 글은 이런 실천이 DMZ 치유하기의 출발점일 뿐, 종착지가 아니라고 말한다.

치유는 트라우마적 장애에 의해 가로막힌 자신의 생명력을 활성화해서 리비도가 흐르도록 하는 것이다. 따라서 이 글은 트라우마의 공간으로서 DMZ를 'DMZ 치유하기'로부터 시작하여 '트라우마 직면하기'와 '성찰적 극복하기'를 통해서 분단의 상처가 일으키는 사회적 장애인 남북, 남남갈등을 제거하고, 그들 사이의 민족적 리비도가 다시 흐르게 하는 공간적 실천을 제안하고 있다. 여기서 DMZ는 더 이상 분단과 냉전의 공간이기를 멈추며 역으로 분단 트라우마를 치유하는 '치유의 공간'이자 '치유'를 생산하는 공간이 된다. 즉, DMZ는 자신의 본래적 역할과 기능을 회복함으로써 그 자신을 치유할 뿐만 아니라 DMZ를 찾는 사람들의 감각-체험적 관계 맺음을 바꿈으로써 DMZ는 시민들을 평화와 통일의 윤리-정치적 덕성을 갖춘 행위 주체가 되도록 하는 치유자의 역할을 수행하는 자로 전환하는 것이다.

"분단 트라우마의 치유를 위한 임상적 연구: DMZ 접경지역 답사를 활용한 공간 치유 사례 분석(박솔지)"은 바로 이런 치유와 평화의 생산자로서의 DMZ가 가능하다는 점을 몇몇 임상 사례에 대한 분석과 연구를 통해 제시하고 있다. 우선, 이 글은 통일인문학의 주요 개념인 '분단 트라우마'와 '분단 아비투스'를 사용하여 분단체제의 사회병리적 현상인 남남갈등이 분단체제 하에서 우리의 몸과 마음에서 작동하는 방식을 분석하는 데에서 시작함으로써 일상의 삶 속에서 분단의 적대성이 우리 자신도 모르게 우리의 몸과 마음에 체화된다는 점을 밝히고 있다.

또한, 이 글은 공간이 주요한 치유의 기제라는 점을 밝히면서 한반도의 많은 공간 중에서도 DMZ는 분단 트라우마의 치유를 고민할 수 있는 대표적인 장소라고 주장한다. 그리고 이에 근거하여 분단과 냉전, 적대로 환원되는 DMZ를 다양한 로컬리티의 다층성을 활용한 중층화 전략에 따라 '치유, 평화, 생명'의 가치로 스토리텔링화 한 DMZ 접경지역 답사 프로그램의 실제 운영에 대한 임상 효과를 분석하고 있다. 따라서 이 글은 앞의 연구들을 통해 생산된 답사 프로그램의 실제 운용에 따른 분단 트라우마의 치유 효과를 임상적 분석을 통해 밝힘으로써 다소 생소하지만 적극적으로 모색되어야 할 공간 치유의 가능성을 제시하고 있다.

여기에 실린 7편의 글 모두가 소중한 고투의 결과이다. 하지만 여기에 실린 연구들은 종착지도, 완성본도 아니다. 오히려 그것은 앞으로 나아가기 위한 첫 번째 디딤돌을 놓은 것에 불과하다. 책의 제목이 보여주듯이 '다크 투어리즘'도, '스토리텔링', '공간치유'도 모두 생소한 개념이다. 그런데도 이 책은 이 두 가지 모두를 다루고 있다. 게다가 DMZ에 이를 구체화하는 실험적인 작업을 수행하고 그것에 대한 임상적 효과까지를 분석하고 있다. 그렇기에 여기서 시작된 작업이 가진 한계 또한 분명하다. 특히, 분단 트라우마 치유 프로그램으로서 공간치유의 적용은 모든 게 생소하고 어렵다. 하지만 그렇기 때문에 역으로 이 책이 가진 진정한 의미는, 그것의 실험적 성격과 개척적 성격에 있다.

애초 통일인문학이 역사적 트라우마를 가지고 식민, 이산, 분단 트라우마라는 개념을 제시했을 때, 그것의 목적은 '치유'에 있었다. 하지만 통일인문학이 제시하는 '치유'는 아직도 모호하며 구체적이지 못하다.

오늘날 치유의 매체들은 많다. 영화도, 독서도, 사진도, 연극도, 말하기도 모두다 치유의 매체가 될 수 있다. 이런 점에서 공간이라는 매체를 활용한 치유 프로그램의 개발은 오늘날 부상하고 있는 '다크 투어리즘'이 보여주듯이 매우 중요하다. 하지만 아직까지 우리에게는 '공간'이라는 개념도 낯선데, 여기에 '치유'까지 결합되어 있으니 어려울 수밖에 없다. 그런데 바로 그렇기에 그것은 실패를 각오하는 모험일 수밖에 없으며 여기에 이 책이 가진 한계도 놓여 있다.

하지만 중요한 것은 그것을 시작했다는 것이다. 우리가 제안한 이 길을 따라 누군가는 걸어갈 것이다. 그리고 그때서야 비로소 우리의 한계와 오류도 명료해질 것이다. 이런 점에서 우리는 이 책이 다음의 발걸음을 위한 디딤돌이 되기를 바라며 그것으로 이 책의 역할은 충분하다고 생각한다. 게다가 'ROAD ㅅ DMZ' 앱의 출시와 9권의 『DMZ 접경지역 기행』 발간으로 우리는 어쨌든 하나의 결실을 맺었고, 그것을 통해서 우리는 우리가 하고자 한 실험들을 수행했으며 이 책은 그 실험들에 관한 이론들을 담고 있을 뿐이다. 9권의 저자들과 함께 이 길을 함께 해온 모든 연구자들과 도움을 주신 사람들, 특히, 각 시군청의 관계들과 지역 주민들에게 감사의 말씀을 전하고 싶다. 이 책을 비롯해 우리가 생산한 모든 성과는 그 분들의 것이기도 하다. 또한, 그렇기에 한편으로 이와 같은 결실이 공간적으로 한반도 전역을 대상으로 하는 공간치유의 실험적 모델로, 다른 한편으로 코리언의 역사 트라우마를 치유하는 콘텐츠 생산과 교육 임상적 실천의 계기가 되었으면 하는 것이 우리의 바람이다.

2022년 초입, 필자들을 대신해 박영균이 쓰다.

| 차례

CHAPTER 1

다크 투어리즘과 통일 - 생태철학

현대성의 성찰로서
다크 투어리즘과 기획의 방향[1]

| 박영균 |

1. 들어가며: 다크 투어리즘, 죽음의 산업화?

다크 투어리즘은 말 그대로, '어두운 곳(dark)'을 찾아서 보거나 느끼며 '돌아다니는 행위(tour)'를 가리킨다. 그래서 사람들은 '다크 투어리즘'을 '역사교훈여행'이라고 정의하는 경향이 있다. 실제로, 국어사전에 등재된 '다크 투어리즘'은 "재난지역이나 비극적 사건이 일어난 곳을 돌며 교훈을 얻는 여행"[2]이다. 하지만 이는 불충분할 뿐만 아니라 오해의 소지가 있는 번역이다. 다크 투어리즘에는 이런 역사적 교훈을 제공하는 투어들만 있는 것이 아니기 때문이다.

예를 들어 노무현 전 대통령의 묘지를 참배하는 것처럼 미국의 영화배우 제임스 딘이나 엘비스 프레슬리, J. F. 케네디 전 대통령 등의 유명인이 죽은 장소나 살해 현장을 찾고 이들을 추모하는 관광도 있다. 여

---

1 이 글은 『로컬리티 인문학』 제25호, 부산대학교 한국민족문화연구소, 2021에 게재된 논문을 수정·보완한 것이다.

2 국립국어원 표준국어대사전, https://opendic.korean.go.kr/search/search Result?query=%EB%8B%A4%ED%81%AC%ED%88%AC%EC%96%B4%EB%A6%AC%EC%A6%98.

기서는 역사적 교훈과 상관없이 '죽음' 그 자체가 관람객에게 특별한 의미를 부여한다. 따라서 다크 투어리즘의 정의 및 범위도 매우 다양하다. 또한, 그것을 연구하는 사람의 연구 경향이나 성향에 따라 같은 의미를 가지고 있지만 다른 용어를 쓰기도 하며, 같은 용어를 쓰면서도 서로 다른 의미로 사용하기도 한다.

예를 들어, '다크 투어리즘' 외에도 '어두운'과 유사한 의미를 지닌 '블랙 투어리즘(black tourism)', 슬픔을 의미하는 '그리프 투어리즘(grief tourism)', 죽음의 신인 타나토스와 결합해 만든 조어인 '타나투어리즘(Thanatourism)', 병리적인 의미를 담고 있는 '모비드 투어리즘(morbid tourism)', 심지어 잔인성을 의미하는 '어트라서티 투어리즘(atrocity tourism)'라는 용어를 사용는 사람들도 있다. 따라서 다크 투어리즘에 속하는 유형들을 나누거나 분류하는 방식도 다양하다.

예를 들어 김석윤은 국내 다크 투어리즘을 사건의 측면에서 6개(전투전쟁유형, 대량학살유형, 재난재해유형, 식민지관련 유형, 안보관련유형, 민주화관련유형)로, 방문 형태의 측면에서 3개(묘지유형, 기념시설유형, 재현유형)로 나누고 있다.[3] 반면 장성곤·강동진은 기존에 논의된 유형들을 보완해 주제별로 다음의 8개 즉, "전쟁(46개소, 32%), 학살(21개소, 14%), 노동역사(19개소, 13%), 재난·재해(18개소, 12%), 항쟁·항거(14개소, 10%), 격리·수용(12개소, 8%), 공포(10개소, 7%), 장의(5개소, 4%)" 등으로 유형을 나누고, 각 유형들의 분포도에 따른 순서를 제시하기도 한다.[4]

---

3 김석윤, 「다크 투어리즘 유형화 및 자원적용 연구」, 제주대학교 관광개발학과 박사학위논문, 2014, 145쪽.
4 장성곤·강동진, 「지속가능한 다크 투어리즘의 개념 정의와 전개과정 분석」, 『도시

또한, 관광객이 다크 투어리즘에 참여하는 동기도 각기 다르다. 관광객의 참여 동기로는 '기억', '교육', '흥미' 3가지가 가장 많다. 하지만 이 외에도 순례 여행이나 유명인이 죽은 장소 등을 찾는 타나투어리즘처럼 '죽음' 그 자체가 여행의 동기가 되거나 일상적으로 볼 수 없는 '특별한 것에 대한 호기심', 또는 '여가활동' 등이 동기가 되는 경우도 있다. 그럼에도 불구하고 현대의 다크 투어리즘이 교통·통신매체와 기술의 발전과 이에 기반한 이동성(mobility)의 증가로 인해 경제적인 목적 이외의 투어 그 자체를 목적으로 하고 있다는 점은 분명하다.

오늘날 '투어리즘(tourism)'은 '투어(tour)' 그 자체를 목적하는 '주의(ism)'가 될 정도로 발전해가고 있기 때문에 여행만이 아니라 그에 필요한 교통과 숙박, 음식이나 오락 등의 인프라와 재화-서비스라는 복합적인 연결망을 만들어내고 있다. 그렇기에 현대의 투어리즘은 기억, 교육과 같은 요소 이외에 말초적인 감각을 자극하는 오락성과 흥미성, 심지어 죽음 그 자체를 상품의 대상으로 만드는 상업화를 가져올 뿐만 아니라 자국민의 입맛에 맞는 방식으로의 문화를 상징화하는 '국수주의'를 조장하기도 한다. 따라서 일각에서는 다크 투어리즘의 상업화나 문화제국주의를 우려하기도 한다.

서헌은 고베 지역에서의 지역민들을 상대로 한 현지 조사를 통해서 고베지진 관련 다크 투어리즘이 지닌 부정적 측면을 보여주고 있다. 즉, 그것은 고베지진의 참혹한 기억만을 확대함으로써 "트라우마"를 "소환"하거나 "지나친 상업화"로 지역주민을 소외시키며 고베항의 아름다

설계』 제18권 2호, 한국도시설계학회, 2017, 71쪽.

운 경관을 오히려 배제함으로써 "지역 이미지 추락"이라는 부정적 효과를 낳는다는 것이다.[5] 또한, 이일열은 호주의 터키 칼리폴리 방문, 유럽의 서아프리카 탐방, 큐슈-야마구치 산업유산군의 유네스코 등재 시도 등의 사례를 통해서 제국주의 지배에 대한 기억을 오리엔탈리즘적으로 전도시킴으로써 신식민지적인 문화지배 논리를 생산하거나 과거 제국주의 영광을 우회적인 방식으로 향유하는 다크 투어리즘을 비판적으로 고찰하고 있다.[6]

하지만 지금까지의 다크 투어리즘에 대한 논의들 대부분은 이런 비판적 의식을 결여하고 있으며 논의의 초점도 문화콘텐츠의 개발 및 관광 상업화라는 경제적 시각에 맞춰져 있다. 따라서 이에 대한 균형 잡힌 논의가 필요하다. 드물지만 조아라는 이런 시도를 보여주고 있다. 2011년 발생한 동일본대지진 사례 연구를 통해서 다크 투어리즘의 한계를 지적하면서도 반근대적 성찰에 기반한 포스트 모더니즘적 대안관광의 가능성도 함께 모색하고 있기 때문이다.

그 당시 진행된 '볼런티어 투어'와 '응원투어'들은 관광객와 현지주민들이 삶과 죽음의 문제를 함께 공유하고 있는 실존적 진정성에 근거한 연대의 움직임으로부터 시작되었다. 하지만 이와 같은 시도도 소비를 통한 경제를 활성화하거나 내셔널리즘을 부추기는 방식으로 귀착되

---

5 서헌, 「다크 투어리즘의 부정적 측면에 관한 고찰」, 『관광레저연구』 제30권 10호, 한국관광레저학회, 2018, 483쪽.
6 이일열, 「역사관광 콘텐츠로서의 다크투어리즘에 대한 비판적 고찰 -반역사적 인식론 논의-」, 『한국관광학회 국제학술발표대회집』 제76권 3호, 한국관광학회, 2014, 711~712쪽.

는 한계를 낳았다. 그럼에도 불구하고 그가 보기에 이것은 다크 투어리 즘이 단순한 놀이가 아니라 삶과 죽음의 성찰로서 관광, 근대성 자체에 대한 반성 및 사회공헌형 관광으로 발전이라는 가능성을 품고 있는 것 이기도 하다.[7]

그러므로 다크 투어리즘을 제대로 다루기 위해서는 성급하게 일면 적인 평가를 하기 이전에 오늘날 다크 투어리즘이 부상하고 발전했던 세계사적인 사건과 인식론적 전환의 배경이 무엇인지를 따져볼 필요가 있다. 일반적으로 지금까지의 논의는 다크 투어리즘에 대한 찬/반 입장 모두 다 경제학적이고 기술 산업적 맥락(문화상품 및 콘텐츠화 대 자본의 이윤 추구 및 죽음의 상품화)에 초점이 맞추어져 있다. 하지만 다크 투어리즘의 배경에는 1·2차 세계대전에서 드러난 현대성(modernity)의 실패와 이에 대한 성찰 및 극복이라는 '탈현대(post-modern)'적인 사회문화적 변동 이 존재한다. 따라서 이 양자의 관계를 살펴보는 데에서 시작할 필요가 있다.

2. 현대 다크 투어리즘의 사회-역사적 맥락과 특징

다크 투어리즘의 기원은 중세의 순례여행까지 올라가며 지금도 기 독교, 불교, 이슬람교 등의 성지나 순교지를 방문하는 투어 상품들이 많

---

7 조아라, 「다크투어리즘과 관광경험의 진정성 -동일본대지진의 재난관광을 사례 로-」, 『한국지역지리학회지』 제19권 1호, 한국지역지리학회, 2013, 143쪽.

다. 하지만 오늘날 순례여행이 대폭 증가한 것은 교통통신과 대중매체의 발전으로 '이동성'이 증가했기 때문이지 이것이 특별하게 대중의 주목을 받았기 때문은 아니다. 또한, 같은 순례여행이라고 하더라도 중세의 순례여행은 종교적 열정 및 수행자들의 여행이었던 반면 오늘날의 순례여행은 비종교적인 '신기성'과 '흥미'를 자극하는 형태의 여행 상품이 많다. 따라서 '죽음'을 매개로 한다는 점에서 순례여행이 다크 투어리즘에 속하는 것은 맞지만 과거와 달리 오늘날의 그것은 상업화와 긴밀하게 결합되어 있다.

게다가 현대의 다크 투어리즘을 대표하는 장소들은 20세기 제국주의와 1·2차 세계대전, 식민지 지배에 대한 저항과 민주화운동 등 현대의 비극적인 역사와 관련된 유적이라는 특징을 가지고 있다. 국제적으로 다크 투어리즘을 대표하는 400만 명의 유태인이 학살된 폴란드의 '아우슈비츠 강제수용소'를 비롯해 미국의 2001년 9.11 테러 유적인 '그라운드 제로 지역', 중국의 '난징학살기념관', 일본의 '히로시마평화공원', 프롬펜의 '킬링필드' 등과 같은 곳이나 국내적으로 각광을 받고 있는 '서대문형무소역사관'를 비롯해 '제주 4.3평화공원', '국립 5.18민주묘지' 등은 모두 다 전쟁, 학살 및 국가폭력 관련 유적들이다.

그러므로 현대 다크 투어리즘을 이해하기 위해서는, 우선 다크 투어리즘의 존재론적 차원과 사회 역사적 차원을 구분해야 한다. 현대인은 개인적으로 좋아하는 연예인이나 유명인의 죽음과 관련된 장소들을 찾아 애도나 추모를 하고자 하며, 대중매체는 이런 욕망을 부추겨 상품화한다. 그렇기에 오늘날 '그리프투어리즘'이나 '타나투어리즘'처럼 개인적인 추모나 애도를 상품화하는 관광이 성행하고 있다. 그러나 이런 관광은 '아우슈비츠 강제수용소'나 '난징학살기념관', '서대문형무소역사관', '제주 4.3평화공원', '국립 5.18민주묘지' 등을 찾는 행위와 질적으로 다르다. 양자는 동일하게 애도와 추모를 수행하지만 후자의 경우에 추모와 애도의 대상이 되는 사람은 이름도 얼굴도 잘 모르는 사람이다. 따라서 '죽음'이 공통의 매개체라고 할지라도 그 둘의 성질은 완전히 다르다. 전자는 존재-실존적이라면 후자는 사회-역사적이기 때문이다.

송영민·강준수와 심창섭·정철이 진행한 연구가 보여주는 상반된 입장은 이를 잘 보여주고 있다. 그들은 모두 다크 투어리즘이 죽음 앞에 선 단독자로서 인간의 실존적 자각 및 삶의 진정성을 탐구하도록 한다는 존재론적 관점에서 '평택 제2함대 추모공간'을 찾은 관람객들과 노무현 전대통령의 생가와 묘소가 있는 봉하마을을 찾은 관람객을 대상으로 한 인터뷰를 진행했다. 하지만 이들이 내리고 있는 결론은 서로 완전히 다르다. 평택 제2함대 추모공간의 경우, 연구자는 "다크투어의 직접적인 체험은 실존하는 자아의 정신을 인식하고 깨달으면서 주체적인 자아에 대한 본질을 생각할 수 있는 시간"[8]이었다는 결론을 내린다. 반면 봉하마을의 경우에는, "다크투어리즘 관광객이 타인의 죽음을 경험함으로서 개인의 죽음에 대한 두려움의 해소 및 존재론적 안정감의 획득을 하는 과정은 본 연구의 결과에서 뚜렷하게 발견되지 못하였다"[9]는 결론을 내리고 있다.

---

8 송영민·강준수, 「다크투어리즘에서의 실존적 진정성에 대한 고찰: 죽음 개념을 중심으로」, 『관광연구』 제32권 3호, 대한관광경영학회, 2017, 13쪽.

9 심창섭·정철, 「다크투어리즘과 죽음 -봉하마을 관광경험의 근거이론적 분석-」 『관광학연구』 제39권 5호, 한국관광학회, 2015, 24쪽.

그렇다면 왜 이런 상반된 결과가 나오는 것일까? 그것은 평택 제2함 대 추모공간도, 봉하마을도 실존이라는 개인적 차원으로 환원될 수 없는 사회-역사적 차원을 가지고 있기 때문이다. 즉, 봉하마을의 경우, 노무현이라는 인물이 가진 사회-정치적 의미가 실존적 의미를 압도한 것이다. 따라서 다크 투어리즘을 '죽음'이라는 존재론적 측면에만 맞추게 되면 다크 투어리즘을 개인적인 취향이나 동기로 환원할 뿐, 봉하마을처럼 '노무현'이라는 상징으로 대표되는 정치-역사적 차원을 배제하는 결과를 낳는다. 마찬가지로, '국립 5.18민주묘지' 참배는 중세의 순례여행과 다르다. 전자는 사회-역사적 의미가 강한 반면 후자는 개인적인 종교적 동기가 강하게 작동하기 때문이다.

게다가 오늘날 다크 투어리즘의 대표적 명소들은 개인적 기호의 차원보다는 사회-역사적 차원에서 의미를 지닌 곳들이 많다. 이 경우, 다크 투어리즘은 '4.3'이나 '5.18' 관련 유적처럼 과거 국가에 의해 자행된 폭력의 기억과 금지된 기억의 회복 및 희생자들의 역사적 트라우마들을 불러낼 뿐만 아니라 이를 통해 국가폭력에 대한 새로운 성찰을 제기하기 때문에 '기억을 둘러싼 사회문화적 투쟁'의 성격을 가지고 있다. 이런 점에서 현대의 다크 투어리즘이 지닌 특징을 이해하기 위해서는, 둘을 구분할 뿐만 아니라 더 나아가 '존재론적 측면'보다 20세기, 특히 1·2차 세계대전 이후라는 사회-역사적 맥락에 보다 더 주목해야 한다.

다크 투어리즘을 20세기의 산물로 보는 대표적인 입장은 다음의 두 가지이다. 하나는 울리히 벡의 위험사회론에 근거해서 다크 투어리즘의 부상을 보는 경향이며 다른 하나는 '탈역사', '역사의 종말'과 함께 '서사화' 대신에 등장한 '기억담론'으로서의 역사학의 부상이라는 관점에서 보는 경향이다. 전자는 재난·재해와 같은 산업사회가 낳은 위험들이 근대화의 산물이라는 점에서 이에 대한 성찰을 강조한다. 후자는 조안 스콧이 'his+story'라는 말로 조롱했듯이 기존의 역사가 지배권력과 소수 엘리트 중심으로 만들어온 진보와 계몽의 역사라는 '서사'를 해체하고자 한다. 따라서 이 두 가지 입장은 동일하지 않다.

하지만 그럼에도 불구하고 여기서 주목해야 할 것은 이들이 공유하는 지점이 '현대성에 대한 성찰'이라는 점이다. 현대성은 '현대'라는 시간을 만들어온 정신이다. 오늘날 우리가 사는 세계는 예전부터 있었던 것이 아니라 특정한 정신의 산물이다. 이 정신을 '현대성(modernity)'이라고 한다.[10] 따라서 현대의 다크 투어리즘이 부상되는 역사적 맥락에는 현대를 만들어온 정신에 대한 회의와 성찰이 있다. 이것은 기본적으로 현대가 만들어온 정신의 위험성이 드러난 사건들, 예를 들어 제국주의적인 지배와 침략, 1·2차 세계대전, 인종학살과 제노포비아(Xenophobia), 체르노빌과 환경재앙 등의 장소성을 기반으로 한다.

과거의 사건은 이미 지나간 것이지만 완전히 없어지지 않고, 흔적을 남긴다. 폐허와 같은 유적과 그것에 대한 기억을 잊어버리지 않기 위해 기념관과 묘지 등을 조성하는 것은, 바로 이런 파국의 경험을 통해서 현대성을 성찰하고자 하기 때문이다. 따라서 현대의 다크 투어리즘

---

10 우리는 '근대'와 '현대'를 나누지만, 영어에서 이 둘을 나누지 않고 통칭해서 'modern'이라고 한다. 따라서 논자와 역자에 따라 근대로 번역하기도 하고 현대로 번역하기도 한다. 하지만 여기서는 현대 자체가 근대의 산물로, 이성중심주의에 기반하여 과학과 기술을 숭배하고, 역사가 진보한다고 믿는 믿음을 근거하여 만들어 온 문명이라는 의미에서 '모더니티'를 '현대성'으로, '포스트 모더니티'를 탈현대성으로 번역했다.

은 본질적으로 현대성의 성찰이라는 특성을 가지고 있다. 또한, 그렇기에 현대의 다크 투어리즘은 단순한 '역사교훈여행'이 될 수 없다. 국내의 대표적인 역사교훈여행으로 간주되는 '안보관광'은 현대의 다크 투어리즘이 추구하는 '현대성의 성찰'이라는 관점에서 본다면 오히려 해체와 비판의 대상이 될 수밖에 없다.

안보관광은 한국전쟁이나 남북이 군사적으로 대치하고 있는 분단 현장을 보여줌으로써 북의 호전성에 대한 경계심을 고취하고 국가안보의 중요성을 일깨우는 교훈을 제공한다. 하지만 이런 교훈은 기본적으로 국민국가의 통합적 이데올로기를 선전하고 관람자들의 정서를 국가주의적 일체성으로 고양시킨다. 그렇기에 다음과 같은 평가는 매우 적절하다. "역사교훈여행으로서 다크 투어리즘에 속하지만, 안보관광이 국가의 지배 이데올로기를 선전하려는 목적이 큰 반면, 다크 투어리즘은 근본적으로 죽음을 들여다보자는 것이며 전쟁의 지배담론에서 은폐된 부분에 더 큰 관심을 갖는다. 이러한 문화적 소비는 종래의 기념, 추모, 위령의 방식에서 벗어난 '탈코드화된 인식'을 보여준다."[11]

'안보관광'은 '어두운' 것을 찾는 투어리즘이라는 점을 제외하고, 그 어느 것도 현대 다크 투어리즘의 성찰적 기능에 부합하지 않는다. 오히려 투어의 목적이나 의미 생산, 향유 방식까지 모두 정면으로 충돌한다. 또한, 그렇기에 다크 투어리즘이라는 기표가 현대성의 성찰로서 투어리즘을 보장하는 것은 아니다. '안보관광'처럼 다크 투어리즘이, 본래의

---

11 박은영, 「기억의 장소, 철원 노동당사 폐허」, 『서양미술사학회논문집』 제47권, 서양미술사학회, 2017, 75쪽.

사회-역사적 맥락을 잃어버리고, 이성중심주의와 과학기술에 대한 찬양, 역사의 진보, 민족과 국가의 일체성을 강화하는 투어리즘을 양산할 수도 있기 때문이다. 그렇다면 문제는 '다크 투어리즘'이라는 기표가 아니다. 오히려 문제는 현대의 다크 투어리즘이 부상한 사회 역사적 맥락이 보여준 '현대성에 대한 성찰'이라는 기능을 살리는 다크 투어리즘을 기획하는 것이다.

다크 투어리즘이 다른 투어리즘과 달리 해방의 가능성을 가지고 있는 것은, 그것이 가진 '현대성'에 대한 성찰적 기능 때문이다. 울리히 벡은 오늘날의 위험들이 "근대화가 낳은 위험"이자 "근대화 자체가 유발하고 도입한 위해와 불안들"이기 때문에 위험들을 생산하는 근대성 그 자체를 성찰해야 한다고 주장한다.[12] 그러면서 그는 성찰적 근대화는 "근대성의 종언이 아니라 시작", 즉 "고전적 산업사회의 그것을 넘어서는 근대성의 시작"이라고 말한다.[13] 따라서 울리히 벡의 위험사회론을 따르면 다크 투어리즘은 현대를 만들어 온 정신을 문제 삼는 투어리즘이 되어야 한다.[14]

---

12 울리히 벡, 홍성태 옮김, 『위험사회: 새로운 근대(성)을 향하여』, 새물결, 1997, 56쪽.

13 울리히 벡, 위의 책, 40쪽.

14 울리히 벡은 이성의 성찰적 기능에 대한 믿음을 고수하면서 이에 근거한 '성찰적 현대화', '제2의 현대화'를 주장하는 반면 탈현대성론자들은 이성의 성찰적 힘을 더 이상 믿지 않으며 오히려 역사의 종언(현대의 종말)과 거대담론의 해체, 혼종-차이화의 전략을 구사한다. 따라서 울리히 벡이 이야기하는 위험사회론과 탈현대성(post-modernity)론은 서로 다른 지평 위에 있으며 모더니티를 다루는 입장도 서로 대립적이다. 하지만 그럼에도 이 둘은 모두 다 현대를 만들어 온 정신으로서 '모더니티'를 성찰적 대상으로 삼는다는 점에서 동일하기 때문에 여기서는 '현대성의 성찰'이라는 관점에서 함께 다루고 있다.

하지만 그렇다고 문제가 완전히 해결되는 것은 아니다. 문제는 이런 관점을 고수하는 투어리즘도 자본에 의해 수행될 수밖에 없기 때문이다. 그렇기에 "다크 투어리즘의 반근대"[15]에 주목하는 한숙영·조광익조차 다크 투어리즘이 "후기 자본주의에서의 이윤 추구 산물이자, 인간의 죽음을 상품화하는 것"[16]이라고 비판한다. 물론 오늘날 포스트 모더니즘과 관련된 투어리즘적 논의들은 '포스트 모던'의 취지와 정반대로 관광산업 또는 관광콘텐츠 개발이라는 차원에서 포스트 모더니즘을 투어리즘과 결합시키기도 한다.[17] 이런 점에서 이들의 비판은 타당하다.

3. 기획으로서 다크 투어리즘과 '차이 남'의 반복

실제로, 오늘날 다크 투어리즘은 '문화재산업(heritage-industry)', '기

---

15 한숙영·조광익, 「현대사회에서의 위험과 관광 -다크 투어리즘의 경우-」, 『관광학연구』 제34권 9호, 한국관광학회, 2010, 22쪽.

16 한숙영·조광익, 위의 논문, 28쪽.

17 지금까지 이루어진 다크 투어리즘에 관한 연구들은 대부분 DMZ를 비롯해 광주, 제주도, 부산, 거제도 지역의 관광콘텐츠로서의 '다크 투어리즘'을 개발하는 연구들이 중심이고 이 때 포스트 모더니즘을 활용하는 경우들이 많다. 포스트 모더니즘을 직접적으로 투어리즘과 관련해 다룬 연구로는 손대현, 「포스트모던 사회에서 관광산업은 무엇인가?」, 『관광학연구』 제15권, 한국관광학회, 1991; 민웅기, 「역사자원의 문화콘텐츠화 과정에 내재된 포스트모던적 의미 -역사자원과 관광의 관계를 중심으로-」, 『인문학연구』 제44권, 조선대학교 인문학연구원, 2012 등이 있다. 하지만 이 경우, 포스트 모더니즘은 관광산업 또는 관광콘텐츠 개발에서 활용해야 할 사회문화적 현상으로만 다루어질 뿐만 아니라 '현대성의 성찰'이라는 '포스트 모더니즘'의 능동적 기능을 오히려 훼손하는 결과를 낳고 있다.

억산업(memory industry)' 등을 배경으로 하며 심지어 홀로코스트조차 상업화하기도 했다. 그들은 아무런 문제의식 없이 시류를 쫓아 문화콘텐츠와 투어리즘을 결합하고 다크 투어리즘의 새로움에만 주목하면서 그것을 상품화한다. 게다가 그들은 마치 '다크'가 삶의 존재론적 깊이를 보여주기라는 하는 듯이 다루면서 그것이 실제로 작동하는 정치 경제적인 물질적 조건과 이데올로기적 기능 및 소비 문화적 속성 등을 아예 무시한다.

그렇기에 인태정은 현대 관광에서 나타나는 포스트 모던 현상을 경제적, 문화적 변동의 측면에서 다루면서 공간의 소멸과 속도화, 실재의 소멸, 여가-문화 등 소비로의 전면화 및 포획, 일상성과 즉흥성에 반하는 향수 산업의 성장 등을 문화변동의 핵심 내용으로 제시하면서 다음과 같은 결론을 내리고 있다.[18] "포스트모더니즘 시대의 관광 역시도 외재적이고, 강제적이며, 조작된 여가 경험으로 나타나고 그러면서도 탈출과 해방과 절정을 꿈꾸면서 현재 언제나 몸 담고 있는 일상의 변화에 대해 꿈을 접음으로써 생활의 소외를 지속시키는 장치로 작동하고 있다."[19]

그런데 그렇기 때문에 포스트 모던을 문화상품화하는 사람들이나 그것을 비판하는 사람들이나 모두가 '포스트 모던'의 관점에서 다크 투어리즘을 다루는 사람들은 이를 하나의 '문화적 현상'으로만 다룬다는 점에서는 동일하다. 즉, 포스트 모던을 상품화하는 사람들은 속도, 즉흥성, 일상성, 향수 등과 같은 포스트 모던적인 사회문화적 현상을 이용해

---

18 인태정, 「포스트모더니즘과 관광에 관한 시론적 연구」, 『경제와 사회』 제88권, 비판사회학회, 2010, 205~209쪽.
19 인태정, 위의 논문, 211쪽.

다크 투어리즘을 기획한다. 반면 이를 비판하는 사람들은 이런 포스트 모던적인 사회문화적 현상이 자본주의의 산물이자 소비상품화의 결과라는 점을 보여주고자 한다. 따라서 이들은 적극적 수용이든 비판이든 간에 문화적 현상으로서만 포스트 모던을 다룰 뿐, 현대성의 성찰이라는 차원에서는 보지 않는다.

대표적으로 데이비드 하비와 프레드릭 제임슨은 '포스트 모던'이라는 문화적 현상이 자본주의의 산물임을 보여주면서 이를 비판적으로 다루고 있다. 하비는 역사유물론의 관점에서 포스트 모더니티의 조건이 된 것은 포디즘적 자본축적 위기에 대응한 유연생산체제가 시·공간의 압축을 가져왔고[20] 이런 압축이 "사회적 영역뿐만 아니라 정치적·개인적 영역에서도 과도한 순간성과 분절성이라는" 특성들을 만든 것[21]이라고 비판한다. 또한, 프레드릭 제임슨은 자본주의의 진화에 따른 문화현상으로, 경쟁자본주의-리얼리즘, 독점자본주의-모더니즘, 후기 또는 다국적 자본주의-포스트 모더니즘으로 규정[22]하면서 문화의 반자율성은 내파되었지만, 모든 것이 '문화적'으로 됨으로써 비판적 거리가 소멸되었다고 비판하고 있다.[23] 따라서 이들의 비판은 포스트 모던적 사회문화적 현상의 근본적 한계와 이에 대한 성찰을 제공한다.

20 데이비드 하비, 구동회·박영민 옮김, 『포스트 모더니티의 조건』, 한울, 1994, 195~196쪽.
21 데이비드 하비, 위의 책, 373쪽.
22 프레드릭 제임슨, 강내희 역, 「포스트모더니즘: 후기자본주의 문화논리」, 정정호·강내희 편, 『포스트모더니즘론』, 문화과학사, 1996, 179쪽.
23 프레드릭 제임슨, 위의 논문, 193쪽.

하지만 대신에 이들이 놓치고 있는 지점이 있다. 그것은 'post'가 시간적인 '다음'을 의미하는 '후기(後期)'라는 뜻 이외에 '-넘어서'라는 '탈(脫)'의 뜻도 가지고 있다는 점이다. 하비나 제임슨처럼 포스트 모더니즘(post-modernism)을 '모더니즘' 다음을 의미하는 '후기'로 본다면 포스트 모더니즘은 모더니즘과 연속적이다. 하지만 푸코, 데리다 등은 '-넘어서'라는 의미에서 포스트 모더니즘을 '모더니즘의 극복'이라는 기획으로 읽는다. 이 경우, 현대의 다크 투어리즘은 현대성에 대한 성찰 및 극복으로, 현대성을 넘어서는 것, 즉 '탈현대성(post-modernity)'을 위한 하나의 모색이 될 수 있다.

게다가 우리가 하비나 제임슨처럼 포스트 모더니즘을 자본주의라는 구조 변동 안에서 보기만 한다면 다크 투어리즘만이 아니라 투어리즘 전체, 더 나아가 모든 외부를 향한 어떤 몸짓도 가능하지 않게 된다. 왜냐하면 "자본주의는 자기가 한 손으로 탈코드화하는 것을 다른 손으로 공리화"하기 때문이다.[24] 하지만 자본에 의해 주도되는 '투어리즘'이라고 하더라도 거기에는 일정한 차이가 있으며 '전복(顚覆)'은 아니더라도 '빗겨짐'을 만들어낼 수는 있다. 만일 그런 가능성이 없다면 이 사회에서 우리가 할 수 있는 저항이라고는 '아무것도 하지 않는 것', 즉 삶을 포기하는 것뿐이다.

---

24 질 들뢰즈·펠릭스 과타리, 김재인 옮김, 『안티 오이디푸스: 자본주의와 정신분열증』, 민음사, 2014, 416쪽. '자본의 외부가 없다'는 명제는 들뢰즈-과타리, 네그리 등을 비롯해 포스트 모더니즘의 영향을 받은 현대정치철학이 출발하는 지점이기도 하다. 하지만 '자본이라는 오직 하나의 공리계만 있다'고 하는 들뢰즈-과타리는 '차이 나는 반복'을 통한 끊임없이 이루어지는 '탈코드', '탈영토화'로서의 '도주'라는 개념을 통해 해방의 가능성을 찾고자 한다.

그러므로 다크 투어리즘을 둘러싼 찬/반 논쟁과 혼란을 벗어나기 위해서는, 무엇보다도 먼저 다크 투어리즘의 정체성이 기원적으로나 의미론적으로 고정되어 있다는 사고에서 벗어나 다크 투어리즘의 정의 자체가 논쟁의 대상이라는 점에서 출발해야 한다. 다크 투어리즘은, 그것이 무엇을 의도하고, 무엇을 활용하여 어떤 의미나 가치를 향유하는가에 따라 전혀 상반된 의미를 생산한다. 따라서 다크 투어리즘의 기원을 추적하고, 다크 투어리즘으로 행해지는 다양한 종류들을 아무리 분석해도 다크 투어리즘의 본질적인 정체성이나 정의는 찾을 수 없다.

또한, 그렇기에 다크 투어리즘은 둘째로, 본질적인 의미에서 고정된 정체성을 가지고 있지 않으며 오직 논쟁적인 '기획(project)'의 대상으로서만 존재할 뿐이다. 예를 들어 한국의 안보관광은 현행적인 것(the actual)들에 사로잡혀 있다면 다크 투어리즘의 세계적 명소로 알려진 아우슈비츠 강제수용소 탐방은 그렇지 않다. 한국의 안보관광은 적의 호전성과 무력 침략의 위험을 일깨움으로써 북에 대한 적개심 고취 및 북의 무력 침략에 대비한 국방의 강화 및 군비경쟁이라는 냉전(cold war), 즉 '찬'-전쟁(pro-war)을 생산한다. 반면 아우슈비츠 강제수용소 탐방은 나치들에 의한 유태인 학살 및 전쟁의 참상을 보여줌으로써 인종주의와 같은 타자에 대한 증오 및 적개심이 가진 폭력성과 국가폭력, 전쟁 그 자체를 거부하는 '반'-전쟁(anti-war)을 생산한다.

그렇기에 현행적인 것을 해체하면서 현대성 그 자체를 성찰하는 투어리즘이 불가능한 것은 아니다. 기획은 '앞으로(pro)' '던지는 것(ject)'이다. 그것은 현행적인 것이 아니라 그것을 넘어서는 것이다. 현대를 만들어온 정신, 이성과 역사, 과학에 대한 믿음은 '현행적인 것들'을 참이라고 믿는 것이다. 하지만 그런 믿음의 파국이 불러온 참화인 1·2차 세계대전 이후, 그런 믿음이 맹목적이었음을 깨달은 사람들은 파국의 장소와 기억을 보존해서 현행적인 것을 해체하고 현대성을 넘어서고자 했다. 그리고 이런 관점에서 기획된 다크 투어리즘이 현대의 대표적인 투어리즘으로 부상할 수 있었던 것이다. 따라서 현대성의 성찰로서 다크 투어리즘이 제대로 작동하기 위해서는 오직 하나의 기획으로만 존재할 수밖에 없다는 점에서 출발할 필요가 있다.

셋째, 그럼에도 불구하고 이 기획은 항상 실패한다는 점에 다시 한번 주목해야 한다. 홀로코스트를 재현하기 위한 기념비 건립과 영화, 서적 발간 등 '홀로코스트 산업'의 성장이 보여주듯이 자본의 덫을 안전히 벗어날 수 있는 기획은 가능하지 않다. 그렇기에 그것은 실패할 수밖에 없다. 그것은 그들이 방문하는 장소나 기억의 성격 때문이 아니다. 문제는 그것을 특정한 맥락(context)에 배치하고 구성하는 형식 자체가 자본과 국가의 장(field) 내에 존재한다는 점이다. 현대사회에서 '투어'를 떠나고자 하는 대중의 욕망과 그 욕망에 부합하는 기술-산업적 인프라를 결합시키는 핵심 주체가 바로 '자본'과 '국가'이기 때문이다.

경제자본은 인프라를 제공하고 문화자본은 대중의 소비 욕망을 촉진하며 상징자본의 독점체로서 국가는 해석과 상징화의 독점성과 이데올로기적 기제들을 가지고 있다. 여기서 폐허는 노스텔지어의 대상이 되고, 죽음조차 자신의 생존에 안위를 느끼는 대상이 된다. 그렇기에 다음과 같이 말하는 것도 가능하다. "역사는 문화재 산업으로서 새로운 호황을 누리게 되었지만 임의적으로 인용, 복제, 소비됨으로써 기존의 숭고한 의미를 상실해버렸다. 역사에 대한 관심의 증가는 화석화된 과거의 유물에 대한 값싼 호기심이나 물신주의 경향을 불러일으켰을 뿐이다. 역사는 더 이상 과거의 부단한 재해석이 아니라 냉소주의자들이 벌이는 공허한 게임으로 전락했다."[25]

하지만 이런 평가는 냉소주의자들이 벌이는 공허한 게임만큼 역사를 둘러싼 우리의 몸짓을 공허하게 만들어버린다. 우리의 한계는 명확하지만 그렇다고 길이 없는 것은 아니다. 실패할 것이지만 이 실패를 다르게 '반복'할 수는 있기 때문이다. 즉, 과거를 그대로 반복하는 것이 아니라 지속적으로 '소비문화'와 '국가상징'에 저항하는 방식으로, '차이 남'을 반복할 수 있기 때문이다.[26] 또한, 그것은 다크 투어리즘이 부상했던 사회-역사적 맥락이 지닌 의미와 지향성인 '현대성의 성찰'을 지속적으로 반복하는 것을 통해서, 더 나아가 우리는 '넘어서고자 하는 몸짓'을 반복하는 다크 투어리즘을 기획할 수도 있다.

즉, 1·2차 세계대전의 참혹성에서 상징자본과 폭력의 독점체인 국가폭력의 진정한 위험성을 발견해냈듯이 어두운 기억과 장소, 폐허 등을 민족과 국가를 위해 희생한 영웅으로 만듦으로써 국가를 신성한 존재이자 목적으로 만드는 모든 국가 상징화와 재난과 위험들, 죽음들을 위안의 대상으로 만들면서 전시하는 자본의 '상품화'에 대항해 억압되거나 금지된 기억을 소환함으로써 국가폭력의 위험성과 자본의 소

---

25 전진성, 『역사가 기억을 말하다』, 휴머니스트, 2005, 84쪽.

26 여기서 제기한 '차이 남'의 반복이라는 개념은 기본적으로 들뢰즈-과타리의 사유에 기대고 있다. 그러나 이 글의 말미에서 보듯이 '차이 남'의 반복은 무정부적이며 반자본, 반국가로서, 방향성이 없기 때문에 알랭 바디우의 '후사건적 주체의 충실성'을 통해 이를 보완하고자 했다.

비미학[27]에 잠든 영혼을 깨우는 다크 투어리즘을 반복하는 것이다. 그렇다면 우리는 어떤 관점과 입장 속에서 현대의 다크 투어리즘을 기획하면서 '차이 남'을 반복할 것인가?

4. 기획의 세 가지 방향: 탈구축과 공감, 성찰적 극복하기

다크 투어리즘은 기본적으로 '공간학'에서 출발하며 '장소성'을 매개로 한다. 앙리 르페브르는 말했듯이 "사회적 공간은 사회적 생산물이다."[28] "모든 사회는 그 자신의 공간을 생산"하며[29] 공간에는 "공간의 역사, '실재'와 같은 공간생산의 역사, 그리고 공간의 형태들과 재현들의 역사"가 존재한다.[30] 따라서 공간은 '텅 빈 용기'가 아니라 특정한 사회의 관계 및 가치, 의미를 담고 있는 사회적 공간(social space)이자 역사적 기억의 저장소로서 역사적 공간(historical space)이다. 모든 투어리즘은 기본적으로 이런 사회-역사적인 특성을 가진 공간의 재현 및 재현

---

27 자본주의에서의 상품미학을 비판하고 대안적인 미학으로 '사회미학'적 실천을 주장하는 대표적인 그룹이 문화/과학이다. 문화/과학은 2008년 계간지 『문화과학』 봄호에서 '상품미학을 넘어 사회미학으로'이라는 특집으로 이를 제안했다. 여기서 강내희는 미학을 삶과 분리시키는 자본주의적 상품미학을 비판하고, 심미적 판단력이 주관에서 출발하지만 보편적인 소통적 능력을 가진 것이기 때문에 구체적인 시공간과 연결된 미학적 실천과 생산으로서의 '사회미학'이라는 관점을 제시하고 있다(강내희, 「의림과 시적 정의, 또는 사회미학과 코뮌주의」, 『문화과학』 제53권, 문화과학사, 2008). 또한, 고길섶은 새만금 방조제를 분석하면서 생태성과 장소성에 근거한 지역적 문화행동에서의 사회미학적 실천을 제안하고 있다(고길섶, 「지역적 문화행동과 사회미학의 실천」, 『문화과학』 제53권, 문화과학사, 2008).

된 공간을 생산하고 교통하는 행위를 통해서 기억과 의미, 삶을 나누는 것이다.

그런데 다크 투어리즘은 '빛나는 곳(光)'을 보는 것이 아니라 오히려 '어두운 곳(暗)'을 본다. 즉, 밝고 환한 이성의 빛이 내리는 합리적인 삶의 세계나 문명의 위대함에 속한 기억이나 의미, 내용을 찾는 것이 아니라 오히려 합리성과 문명의 이름으로 억압하거나 파괴한, 그리하여 우리가 믿는 합리성과 문명 그 자체를 뒤흔들어놓는, 비합리적이면서도 반문명적인 기억이나 의미, 내용을 찾는 투어리즘이다. 이런 점에서 다크 투어리즘은 역설적인 투어리즘이다. 왜냐하면 과거의 관광(觀光)은 '빛나는 곳(光)'들을 '보는 것(觀)'이지만 다크 투어리즘은 그 반대로 아픔과 고통, 곧 '어두운 곳'을 보는 것이기 때문이다.

그렇다면 다크 투어리즘은 왜 어두운 곳을 보려고 하는가? 그것은 근대국가가 특정한 인물의 업적과 철학-문학-예술의 정신적 유산들을 국가의 빛나는 영광을 구현한 영웅들이자 이념인 것처럼 전시하는 박물관과 기념물들을 만들어왔기 때문이다. 특히, 근대국가는 이 과정에서 고생했거나 죽었던 사람들에 대한 영웅화뿐만 아니라 자신의 이념이나 통치에 반대하거나 저항했던 집단을 학살하거나 탄압한 자들조차 영웅화했다. 1947년 일어난 여순사건과 제주도의 4.3에서 보듯이 대한

---

28 Henri Lefebvre, trans. Donald Nicholson-Smith, *The Production of Space*, Oxford UK&Cambridge USA: Blackwell, 1991, p.27.

29 Henri Lefebvre, *Ibid.*, p.31.

30 Henri Lefebvre, *Ibid.*, p.46.

민국은 단독정부 수립에 반대한 사람들을 국가의 적으로 선포하고[31] 무자비한 진압을 수행한 자들을 건국의 영웅으로 추대했다. 그렇기에 학살의 기억은 망각되고 국가폭력은 신화화된 '빛'에 의해 사라졌다.[32]

현대성의 성찰로서 다크 투어리즘은 바로 이런 '빛'에 의해 코드화된 상징과 기억들을 해체한다. 여순반란사건과 4.3, 한국전쟁 등 건국 서사에 의해 신화화된 역사를 해체하는 것이다. 국내에서 다크 투어리즘이라는 용어가 등장한 것은 2006년 제주민예총 정책심포지엄에서 발표한 「4·3진상규명운동, 제도화와 문화자원화」였다.[33] 이처럼 한국사회에서 다크 투어리즘이 성장한 것은 민주화의 효과이기도 했다. 민주화는 분단체제 하에서 군사화되고 병영화된 군부독재의 상징 이데올로기인 '반공'을 해체했고, 그들이 철저하게 억압하거나 짓밟았던 기억들이 아픈 상처와 함께 돌아오는 사회적 성찰을 불러오는 효과를 남겼다.

그러므로 현대성의 성찰로서 다크 투어리즘의 기획 방향은 첫째, 민

---

31 한국 정부는 그 당시 민간인 학살을 민간인들이 반란군에 협조한 빨갱이었기 때문에 처벌한 것이라고 주장했다. 하지만 진실은 그 역이다. 즉, 그들을 처벌한 이후, 국가폭력을 은폐하기 위해 빨갱이로 만들었던 것이다(김득중, 『'빨갱이'의 탄생: 여순사건과 반공 국가의 형성』, 선인, 2009, 41쪽).

32 여순사건이 끝난 이후, 이루어진 추모 의례의 대상자는 진압군과 반군에 의해 죽은 민간인으로 한정되었으며 진압군에 의해 죽임을 당한 민간인은 배제되었다. 국군에 의해 희생된 사람들까지 포함하는 합동위령제가 시작된 것은 1987년 6.10민주항쟁 이후로도 10여 년이 흐른 1998년이었다. 또한, 여순사건을 기억하는 주요시설도 대부분 진압군 중심이었으나 이후로는 충혼탑과 충혼비 등을 비롯해 진압군에 의해 죽은 사람들을 포함한 기억시설들이 건립되었다(이정훈, 「여순사건 사적지에 대한 다크투어리즘 적용 방안」, 『한국지역지리학회지』 제22권 4호, 한국지역지리학회, 2016, 831쪽).

33 김석윤, 앞의 논문, 29쪽.

주화와 함께 시작된 기존의 신화화된 서사로서 지배 담론 안에 갇혀 있는 기억과 이미지, 역사를 '탈구축(deconstruction)'하는 것이어야 한다. 르페브르가 말했듯이 공간은 "차이의 공간(differential space)"[34]이다. "하나의 사회적 공간이 아니라 다수의 사회적 공간이 존재"하며 "무한한 다수성 또는 헤아릴 수 없는 조합들"로, 얇은 조각들이 층을 이루고 있는 밀푀이유(mille-feuille, 천 개의 나뭇잎) 페이스트리를 연상시키는 구조를 가지고 있다."[35] '탈구축'은 기존의 체계, 문법, 구조(construction) 안에 갇혀 있는 기억과 상징, 이미지들을 로컬리티의 다수성을 활용해 풀어 헤침(dis)으로써 그 전에 볼 수 없었던 것을 보도록 한다.

예를 들어 '적대', '전쟁', '안보', '반공'이라는 이미지나 상징[36]에 의해 '분단국가주의'와 '분단폭력'[37]을 생산하는 DMZ 접경지역의 다크 투어리즘을 기획할 때, 공간의 다수성을 활용하여 차이화하고 해체함으로써 그 지역의 로컬리티가 가진 특이성(singularity)과 독특성(uniqueness)을 드러내는 것이다. DMZ는 3년의 한국전쟁 중 2년 동안 진행되었던 고지전의 장소이자 한탄강과 임진강 등 유네스코 세계지질

---

34 Henri Lefebvre, *Op. cit.*, p.52.

35 Henri Lefebvre, *Ibid.*, p.86.

36 이런 점에서 박영균·박민철은 이전까지 DMZ 접경지역을 다루는 대표적인 프레임으로 '안보주의', '경제주의', '생태주의'를 제시하면서 이와 같은 프레임이 DMZ를 박제화한다고 비판하면서 '생명, 평화, 치유'로의 프레임 전환을 주장하고 있다(박영균·박민철, 「인문학적 통일 패러다임의 사회적 적용」, 『OUGHTOPIA』 제31권 1호, 경희대학교 인류사회재건연구원, 2016, 132~139쪽).

37 분단체제에서 생산되는 분단국가주의와 분단폭력에 대한 논의는 박영균, 「한반도의 분단체제와 평화구축의 전략」, 『통일인문학』 제68집, 건국대학교 인문학연구원, 2016를 참조하시오.

공원으로 선정된 협곡-현무암지대 및 펀치볼, 석호처럼 독특한 자연환경을 가지고 있다. 또한, 강화도에서 고성까지 고인돌 등의 선사유적과 삼국시대의 성들 및 이태준, 박수근, 박인환, 한용운 등의 예술-문화적 자취가 존재한다.[38] 따라서 탈구축 전략은 이들 로컬적 특이성들을 복수화하는 것이라고 할 수 있다.

둘째, 다크 투어리즘은 특정 기억을 담고 있는 장소와의 만남이라는 투어리즘의 일종이다. 여기서의 만남은 특정 공간에서의 만남이다. 따라서 다크 투어리즘에서의 성찰은 이성적인 교감이 아니라 공간과의 감각-체험적인 교감을 통해서 이루어진다. 그것은 관람자의 '몸(body)'과 특정한 기억을 담고 있는 장소들인 '몸들'이 만나는 것이다. 하지만 이들 몸들 사이에서의 교감을 만드는 방식은 여러 가지다. 그 중에서도 오늘날 다크 투어리즘에서 가장 많이 사용하는 것은, 이런 기억들을 '신성화' 또는 '영웅화'하거나 '동정(sympathy)' 또는 '연민(pity)'의 대상으로 만드는 것이다.

하지만 국가폭력에 저항해 싸운 사람들의 고통이나 인권과 민주주의를 위해 희생한 사람들의 죽음을 '영웅화'했을 때, 사람들은 그와 같은 행위가 특별한 사람들이 하는 것처럼 느끼기 때문에 자신의 삶과 이들의 삶을 분리하도록 만든다. 마찬가지로 그들을 '동정(sympathy)' 또

---

38 이에 관한 상세한 논의는 박영균, 「분단의 공간, DMZ의 탈구축 전략과 디지털스토리텔링」, 『시대와 철학』 제30권 3호, 한국철학사상연구회, 2019를 참조하시오. 또한, 이런 기획에 따라 개발된 DMZ 투어 애플리케이션은 'Road 人 DMZ'라는 이름의 모바일 앱이다. 이 앱은 2019년 12월부터 구글 플레이스토어와 앱스토어에서 무료로 다운을 받을 수 있다.

는 '연민(pity)'의 대상으로 만들면, 희생자들은 권력에 맞서 싸운 주체가 아니라 값싼 동정의 대상이 된다. 동정(sympathy)은 상대와 나는 서로 다르며 상황적 '유사성(sym)'과 동류의식을 바탕으로 성립하는 감정이다. 따라서 그들의 '고통, 열정(path=pathos)' 속으로 들어가지 않는다.

예를 들어 '민간인' 대신에 '양민'을 고집하는 거창양민학살사건추모공원'[39]처럼 피해자들의 순결성과 무고함을 강조함으로써 관람자들로 하여금 동정이나 연민에 빠지도록 하거나 이와 반대로 독립과 민주화운동을 과도하게 추앙하거나 죽음 앞에서도 굴하지 않는 지조와 헌신성을 강조함으로써 그들을 나와 다른 사람들로 분리시키는 것이다. 그러나 공감(empathy)은 '고통, 열정(path=pathos)' '속으로(em)'으로 들어가서 느끼는 것으로, 단순히 고통의 감정을 함께하는 것을 넘어서 상대의 감정이나 고통 속으로 나를 '집어넣은' 것이다.[40] 따라서 현대성의 성찰로서 다크 투어리즘의 두 번째 기획 방향은 몸들 사이에서의 감각-체험적 교통이 이루어지는 '공감(empathy)'[41]에 기초한 "정동(affect)의

---

39 1990년대 후반부터 역사교사모임 등 시민운동진영에서 양민 대신 민간인 명칭 제안했으나 유족들은 이를 거부했다. 하지만 영문(Memorial Park for the Geochang Massacre)에서는 양민 대신 학살이 사용되었다(김백영·김민환, 「학살과 내전, 공간적 재현과 담론적 재현의 간극: 거창사건추모공원의 공간분석」, 전진성·이재원 엮음, 『기억과 전쟁』, 휴머니스트, 2009, 386~389쪽). 게다가 더 나아가 희생자도 일부 군인들의 실수로 한정하고, 산청, 함양 지역의 희생자와 다른 지역을 분리했으며, 전북 남원, 순창, 전남 함평 등의 다른 지역 희생자 위패 봉안도 거부했다(김백영·김민환, 위의 논문, 388~391쪽).

40 아담 스미스와 흄의 "동정" 개념과 "공감"의 비교 및 공감의 개념사적인 논의는 박지희, 「공감(empathy)과 동정(sympathy)」, 『수사학』 제24권, 한국수사학회, 2015를 참조하시오.

41 empathy와 sympathy에 대한 해석과 번역은 연구자마다 조금씩 다르다. 특

윤리학"⁴²을 실행시키는 것이 되어야 한다.

그러나 공감은 몸과 몸들 사이에서의 교통을 만드는 것일 뿐, '외상 후 스트레스 장애(PTSD)'를 극복하도록 만드는 것은 아니다. 일반적인 투어리즘의 경우에는 '공감'으로 충분하다. 하지만 '다크 투어리즘'은 트라우마를 건드는 것이다. '트라우마적 기억'은 관람자들에게 '전이 (transfer)'를 유발한다. 특히, 공감은 이런 전이를 활성화하는 경향이 있다. 하지만 문제는 전이된 트라우마에 감염되었을 때, 관람자도 그 자신의 자아를 상실하고 오히려 슬픔과 비탄에 젖어 무기력해지고 원한 감

히, empathy와 sympathy를 모두 '공감'으로 번역해 혼란스럽다. 그러나 점차 empathy는 '공감'으로, sympathy는 '동정'으로 번역하는 추세이다. 국립국어원 표준국어대사전에 의하면 '공감(共感)'은 "남의 감정, 의견, 주장 따위에 대하여 자기도 그렇다고 느낌 또는 그렇게 느끼는 기분"을 의미하며 '동정(同情)'은 "남의 어려운 처지를 자기 일처럼 딱하고 가엾게 여김" 또는 "남의 어려운 사정을 이해하고 정신적으로나 물질적으로 도움을 베풂"을 뜻한다. 따라서 empathy=공감, sympathy=동정이라는 번역은 접두사 'em'과 'sym'의 살린 번역이라고 할 수 있다. 또한, 우리말 '연민(憐憫/憐愍)'은 "불쌍하고 가련하게 여김"인데, 이에 대한 번역도 문제가 된다. sympathy, pity, compassion을 연민으로 번역하는 경우가 많기 때문이다. 하지만 일반적으로 'compassion'은 '자비'로 번역하며, 자비(慈悲)는 "남을 깊이 사랑하고 가엾게 여김. 또는 그렇게 여겨서 베푸는 혜택"으로, '함께com(=together)' '고통passion(=suffering)'을 나눈다는 의미에 부합한다고 할 수 있다.

42 '정동의 윤리학'은 들뢰즈에 의해 해석된 스피노자의 윤리학으로, 몸(body)과 몸이 마주치면서 일어나는 정서적 변이가 개인 역량 및 코나투스적 힘의 증대로 나아가게 하는 것이다. 스피노자에 따르면 몸과 몸의 마주침은 슬픔과 기쁨의 정서를 유발한다. 그런데 이때 슬픔에서 기쁨으로, 어둠에서 밝음으로의 이행할수록 코나투스적인 힘은 증대하고 역량은 강화된다. 따라서 정동의 윤리학은 역량의 증대를 가져오는 방향으로 사회적 관계를 배치하고 형성하는 것이라고 할 수 있다(질 들뢰즈, 「정동이란 무엇인가?」, 들뢰즈·네그리 외, 서창형 외 옮김, 『비물질 노동과 다중』, 갈무리, 2005, 89~91쪽). 이에 대한 논의는 별도의 작업을 필요로 하기 때문에 여기서는 방향성만 제시하는 데에서 멈춘다.

정만 남아서 '폭군'을 불러올 수 있다는 점이다.[43] 따라서 이 경우, 다크 투어리즘은 성찰을 통해 시민적 덕성을 배양하는 방향으로 나아가는 것이 아니라 오히려 과거 특정 독재자에 대한 증오나 적개심을 불러옴으로써 특정한 민주 지도자에 대한 추앙 및 카리스마적 복종이라는 상반된 결과를 낳게 된다.

그렇기 때문에 세 번째 다크 투어리즘의 기획 방향은 '성찰적 극복하기'라는 관점에서 "감정이입, 동일시 등으로 나와 타자의 구분이 없는 전일적 자아로의 변형보다는 자기 자신에 대한 존경을 잃지 않은 상태에서 타자로의 공감"이라는 "탈동일시"가 되어야 한다.[44] 도미니크 라카프라는 "타자를 존중하지만, 타자의 경험은 내 자신의 경험이 아니라는 것을 인식하면서 찾아오는 감정적 반응"[45]인 '이종요법적 동일시(heteropathic indentification)'을 제안한다. 이것은 '무차별적 동일시'와 달리 그의 경험과 목소리 안으로 들어가지만, 그것으로부터 나를 분리시켜 비판적 거리를 취하며 성찰적 사유를 통해 미래의 책임을 적극적으로 실행하는 윤리적이고 정치적 행위자로 나아가도록 하는 것이다.[46]

---

43 "슬픈 영혼들이 상납하고 선전하기 위해서 폭군을 필요로 하는 것과 꼭 마찬가지로, 폭군은 성공하기 위해서 영혼들의 슬픔을 필요로 한다. 어쨌든 이들을 통일시키는 것은 삶에 대한 증오이며 삶에 대한 원한이다"(질 들뢰즈, 박기순 옮김, 『스피노자의 철학』, 민음사, 2004, 43쪽).

44 김미덕, 「공감, 정체성, 탈동일시」, 『사회와 철학』 제26권, 사회와 철학 연구회, 2013, 345쪽.

45 도미니크 라카프라, 육영수 엮음, 『치유의 역사학으로: 라카프라의 정신분석학적 역사학』, 푸른역사, 2008, 177쪽.

46 "성찰적 극복하기에서 개인은 문제에 대해 비판적인 거리를 유지하고 과거와 현재와 미래의 상호작용을 탐구할 뿐만 아니라 그것들을 구별하려고 노력한다(도

왜냐 하면 그 '거리'만이 대상으로부터도 자기로부터도 빠져나와 사건과 기억의 구조적이고 존재론적인 성찰을 가능하도록 하기 때문이다. 그러므로 다크 투어리즘은 '고통, 죽음'의 잔혹성, 기괴성, 처참함을 날 것 그대로 부각하거나 신성하고 숭고한 대상으로 만드는 방식이 아니라 그 스스로 성찰하고 해석할 수 있는 '거리'를 제공하는 투어리즘이 되어야 한다.[47]

5. 나가며: 다크 투어리즘의 자리, 후사건 주체의 충실성

현대성의 성찰로서 다크 투어리즘은 이미 지나간 과거의 어두운 기억을 불러내어 '재현'함으로써 성찰을 유도하는 투어리즘이다. 하지만 프리모 레비의 자살이 보여주듯이 아픈 기억은 재현하기 어렵다. 그래서 홀로코스트는 재현 불가능한 사건이라고 말하기도 한다. 트라우마의 강도가 강하면 강할수록 그것을 기억하거나 말하기는 더욱 어렵다. 따라서 재현불가능한 극한적인 경험을 재현하고자 하는 시도들은 오히려 기억의 부재를 강박적으로 반복하는 '외상 후 스트레스 장애'를 보

미니크 라카프라, 위의 책, 259쪽).

47 김홍중은 '통감의 해석학'을 주장하는데, 이 또한 탈동일시, 거리두기를 통한 성찰적 기능을 수행한다. "통감(痛感)의 해석학이란 두 가지 의미를 동시에 갖는다. 하나는 통감에 '대한' 해석학, 즉 타자의 통감을 대상으로 하는 해석학이다. 다른 하나는 사회적으로 형성된 통감 속에서 사회학자에 의해 수행된, 무언가에 대한 해석이다"(김홍중, 「마음의 부서짐」, 『사회와 이론』 제26권, 한국이론사회학회, 2015, 158쪽).

여주는 증후이기도 했다. 하지만 이것은 홀로코스트만이 아니다. "기억 담론은 과거의 체험과 현재의 재현 간의, 보다 정확히 말하자면 체험의 한계를 넘어선 체험과 재현의 한계를 넘어선 재현 간의 끊임없는 갈등을 부각시켰다."[48]

그렇기에 불가능한 재현을 반복하는 것은 '다자(多者)'를 생산한다. 자본과 국가는 이 다자를 활용한다. 대한민국이라는 국가는 5.18항쟁의 희생자들을 인권의 상징으로 포획하고 코드화하듯이[49] 과거 빨갱이였던 4.3의 희생자들을 평화담론으로 포장했다.[50] '평화'라는 가치로 포장된 4.3특별법은 '거창양민학살공원'처럼 "분단 하의 대한민국이라는 정치공동체를 전제로 하여 사건의 적극적 지도부는 배제하되, 나머지 대부분의 희생자를 국가폭력에 의한 것으로 인정하는 프로젝트"[51]이다. 따라서 그것은 4.3의 희생자들을 둘로 나누어 대한민국이라는 국가의 정당성을 훼손하지 않는 범위 내에서 국가폭력을 인정함으로써 냉전과

---

48 전진성, 「트라우마의 귀환」, 전진성·이재원 엮음, 『기억과 전쟁』, 휴머니스트, 2009, 23쪽.

49 "5.18의 제도화는 5.18을 '국민적 기억'으로 재코드화-재영토화한다. … 여기서 5.18이 가진 매우 강력한 잠재성과 유토피아적 상상력은 대의제적 민주주의의 수립 또는 야당의 정권교체라는 극히 단순화된 코드로 대체된다. 이들은 예외와 보편을 대립시키고 5.18의 비장미를 예외가 아닌 정상을 향한 욕구로 환원할 뿐이다"(박영균, 「사건으로서 5.18과 인권의 정치」, 『철학연구』 제119집, 대한철학회, 2011, 50쪽).

50 "5.18의 진실을 규명하려는 5월 운동이 주로 인권이라는 누구도 쉽게 부정하기 어려운 보편적 가치에 기대면서 전개된 것과 상응하는 것으로, 4.3사건에서 희생된 사람들의 염원을 '평화'라고 하는 또 하나의 보편적 가치로 추상화하는 작업이기도 했다"(정근식, 「4.3의 기억과 재현 그리고 다크 투어리즘」, 『4.3과 역사』 제13호, 제주4.3연구소, 2014, 278쪽).

51 정근식, 위의 논문, 270쪽.

분단의 저항이라는 역사성을 제거하는 것이다.

4.3은 한반도의 분단과 동아시아의 냉전이라는 역사적 배경을 가지고 있다. 당시 제주도민들은 남쪽만의 단독정부 수립에 반대하는 투쟁을 전개했으며 제주도는 1948년 5월 10일 제헌국회의원 선거가 치러지지 못한 유일한 지역이 되었다. 따라서 4.3은 분단에 저항한 투쟁이었다는 역사성을 가지고 있다. 아울러 그 당시 민간인 학살은 제주도만이 아니라 오키나와, 타이베이에서 연속적으로 일어났다는 점에서 국제적인 냉전체제의 형성에 대한 저항이라는 역사성을 가지고 있다.[52] 게다가 이런 인권이나 평화담론으로 포장된 국가폭력 희생자들에 대한 신원회복은, 항쟁의 주체들을 무기력한 희생자들로 객체화함으로써 그들이 분단과 냉전에 대항해서 싸웠던 '주체'라는 능동성을 제거한다.

국가의 입장에서 정치화된 주체는 매우 '위험'하다. 그렇기에 그들은 주체를 제거해 '탈정치화'하고 '다크'를 재영토화한다. 1990년대 안보관광을 대신해 등장한 생태관광은 '반공', '안보'와 같은 분단국가의 지배 코드를 해체하는 대신에 DMZ를 인간의 간섭이 없는 순수 자연으로 신비화함으로써 분단과 전쟁의 공간이라는 DMZ의 특이성을 제거하고 '탈정치화'한다. DMZ는 남북이 군사적으로 대치하고 있는 공간으로, 실제로는 지뢰가 폭발해 동물들이 죽고, 적의 동향을 살피기 위해

---

52 그렇기 때문에 정근식은 "4.3사건은 한국의 국가형성, 그리고 동아시아의 새로운 질서의 창출과정에서 발생한 것"이라고 하면서 이런 4.3특별법과 같은 평화담론이 "세계적 냉전, 지역적 분단, 국내적 권위주의가 결합된 상태에서 4·3의 진실은 파묻혀 있었고, 유족들은 침묵을 강요"하는 결과를 낳았다고 비판하고 있다(정근식, 위의 논문, 311쪽).

나무의 크기를 강제적으로 제한하고 있는 반(反)생태적 공간이다. 하지만 DMZ를 생태적인 공간으로 상품화하면 사람들은 '분단'이라는 불편한 현실을 잊고, 마치 생태를 생각하는 품격있는 인간인 것처럼 DMZ 경관을 마음대로 소비하는 것이다.

마찬가지로 이런 '탈정치화'는 과거의 기억이나 자취를 상품화할 때에도 나타난다. 폐허와 같은 낡은 것들은 사라진 것, 지난 것들에 대한 노스텔지어를 불러일으킨다. 군산과 목포 등지에서 소비되는 일본 강점기의 적산가옥들 및 서울의 한옥들이 그러하다. "2010년부터 '근대역사경관조성사업'을 진행한 군산은 1920~1930년대의 군산의 모습으로 복원하려는 과정들을 보면, 많은 돈을 투자해서 '명품도시 만들기' 사업 중 하나로 '근대'의 눈부신 발전 모습만 담으려 하는 단선적 진보사관을 담은 것으로 보인다. 만일 그 목적이 성공해서 사실의 역사가 아닌 조성된 역사만을 관광객들에게 제공한다면, 일본의 식민지화를 미화시킬 위험 요소를 안게 된다."[53] 심지어 다크 투어리즘을 상품화하고자 하는 자본은 호기심이나 신기성처럼 '잔혹함' 그 자체를 유희의 대상으로 만들며 그것을 즐기는 대중을 생산한다.[54] 여기서 탈구축 전략은 데이비드 하비나 프레드릭 제임슨 등의 비판처럼 오늘날 자본의 상

---

53 박수현, 「근대문화유산관광의 진정성에 대한 고찰 -국내 다크 투어리즘의 발전방향」, 『여가관광연구』 제25권, 관광종합연구소, 2016, 51쪽.

54 예를 들어 무차별적인 난사로 35명의 무고한 관광객들이 죽은 '마틴 브라이언트'를 방문하는 사람 중에서 방문동기가 역사적 관심(79.2%), 학습(58.3%)보다 낮지만, '비정상적이고 기괴한 것에 대한 환상'이라고 답한 사람도 25%나 되었다(한숙영·조광익, 앞의 논문, 27~28쪽). 또한, 서대문형무소나 광주 5.18 묘지 등을 방문한 동기로 '개인적 호기심'이라고 답하거나 '여가활동의 하나'로 보는 사람도 많았다(서헌, 앞의 논문, 481~482쪽).

품화에 기여한다.

그렇다면 어떻게 이와 같은 재코드화, 재영토화에 저항할 것인가? 들뢰즈는 '차이 남의 반복'과 '도주(flight)'를 말한다. 다크 투어리즘은 '차이 남'의 반복을 해야 한다. 하지만 들뢰즈의 도주에는 방향이 없다. 그렇기에 지진이나 산사태, 재난 사고와 같은 재해 현장을 둘러보면서 타인의 고통에 공감하거나 희생자를 애도하기 위해 기획된 다크 투어리즘에서 사람들은 오히려 자신의 안전과 살아있음에 감사하거나 죽음의 공포에 휩싸여 자신만의 안전성을 확보하려는 이기심에 사로잡힌다. 특히, 자본에 의해 상품화된 재해·재난의 상품화는 '위험'을 과장하고 신기성을 강화하고 위험에 대한 자위적 교훈을 나열한다.

그러므로 다크 투어리즘은 '재현불가능성의 재현'이라는 투어리즘적 작업을 알랭 바디우가 말하는 '후사건적 충실성'이라는 자리를 고수하면서 진행할 필요가 있다. 'states'는 상황이면서 국가다. '상황'은 개별 원소의 셈이고, '상황 상태(state of the situation)'는 부분집합의 셈으로, 재현의 체계이다. 그러나 이런 재현체계는 다른 어떤 것을 누락시키는 것 없이 성립할 수 없다. 바디우에게 '사건(Event)'은 바로 이런 누락, 공백을 드러내는 것이다. 따라서 '후사건적 충실성'은 프랑스혁명, 4.3항쟁, 5.18민중항쟁과 같은 사건들을 덧셈으로 묶고 봉합하는 국가에 대항하여 재현체제의 균열, 즉 공백을 드러내는 행위를 지속적으로 수행하는 행위이다. 또한, 바디우에게는 이 짐을 지고 가는 자가 '후사건적 주체'다.[55]

---

55 "우리는 충실성의 담지자, 즉 진리 과정의 담지자를 주체라고 부른다. 따라서 주

그렇기에 바디우는 덧셈이라는 '국가의 정치'에 뺄셈이라는 '반(反) 국가의 정치'를 대립시키고 상황 속에서 출현한 사건을 덧셈의 연산으로부터 빼내어 '내재적 단절'을 수행하는 주체의 철학을 제시한다. 여기서 변화를 일으키는 것은 사건에 감화를 받은 주체들이며 그들의 후사건적 실천이다. 예를 들어 평화로 코드화된 4.3에 '분단국가에 대한 저항 및 동아시아 냉전의 국가폭력'이라는 뺄셈을 수행함으로써 '평화통일'을, 인권으로 코드화된 5.18에서 '무장투쟁'이라는 뺄셈을 수행함으로써 '반폭력이라는 인권의 정치'를 사유하도록 주체화하는 것이다. 이는 재해·재난과 같은 위험사회에 대한 성찰을 수행하는 다크 투어리즘에서도 마찬가지이다.

오늘날 코로나를 비롯한 재난·재해는 위험을 생산한 '현대성'의 산물이다. 삼풍백화점과 성수대교 붕괴뿐만 아니라 씨랜드와 세월호 등 재난·재해는 대표적인 '안보국가'[56]인 대한민국의 행정, 입법, 사법, 정치경제, 교육, 언론방송 등 현주소가 드러난 실재(real)의 침입이자 상징의 균열을 보여주는 사건들이다. 하지만 이런 끔찍한 재해·재난은 반복되었다. 1970년 남영호침몰사건(1970)과 1973년 한성호침몰사건(1973)에도 불구하고 세월호참사(2014)가, 체르노빌원전사고(1986)에도 불구하

체는 결코 과정에 앞서 존재하지 않는다. 주체는 사건이 생기기 이전의 상황 속에서는 절대적으로 부재한다. 우리는 진리의 과정이 주체를 도출시킨다고 말할 수 있는 것이다"(알랭 바디우, 이종영 옮김, 『윤리학』, 동문선, 2001, 56쪽).

56 대한민국의 '안보(security)'는 국가의 안보일 뿐이다. 여기서 지켜야 할 것은 국가지 시민이 아니다. 1994년 국제연합개발계획(UNDP)의 〈인간개발보고〉가 이미 '인간안보(human security)'라는 개념을 채택했음에도 한국 사회에서 국가안보가 아니라 인간안보를 비로소 성찰하기 시작한 것은 '세월호 사건' 이후이다.

고 후쿠시마원전사고(2011)가, 사스(2002), 메르스(2012)에도 불구하고 코로나바이러스감염증-19(2019)가 반복되었다.[57] 따라서 성찰되지 않는 재해·재난은 반복된다.

이런 점에서 다크 투어리즘이 수행하는 재해·재난에 관한 투어리즘도 바디우의 '후사건적 충실성'을 따라 반복되어야 한다. 여기서 '다크'는, 그것이 재해·재난이든, 학살과 전쟁이든 간에 근본적으로 재현불가능한 것을 '차이 남'으로 반복하는 것이다. 또한, 그렇기에 다크 투어리즘이 기획해야 하는 것은 "'사건' 자체가 아니라 '사건이 보게 하는 것' 또는 '사건이 우리 마음에 남긴 것'"이며 "이것이 '재현의 주체'가 아니라 '윤리적 주체'가 될 수 있는 방법"이다.[58] 즉, 현대성의 성찰로서 다크 투어리즘의 자리는 '어두운' 기억과 장소들의 재현불가능성 속에서 국가가 봉합한 '사건'의 공백을 반복하는 후사건적 주체의 충실성으로, '반국가의 정치'를 수행하는 데 있다. 따라서 현대성의 성찰로서 다크 투어리즘은 '후사건적 주체의 자리'를 고수하면서 '탈구축'과 '공감', '성찰적 극복하기'라는 기획을 충실하게 반복하는 것이 되어야 한다. 여기에는 마침표가 없으며 성찰적인 주체의 재발견이라는 '차이 남'의 반복만이 있을 뿐이다.

---

57 김형중은 바디우적 의미에서 세월호 참사를 '사건화'하고 있다(김형중, 「문학과 증언: 세월호 이후의 한국문학」, 『감성연구』 제12권, 전남대학교 호남연구원, 2016, 33쪽).

58 이 대목은 바디우적 의미에서 후사건적 충실성을 따라 문학에 대한 논의를 전개한 김영삼의 글을 패러디한 것이다(김영삼, 「세월호 '사건'과 '사건' 이후 문학의 가능성」, 『감성연구』 제16권, 전남대학교 호남연구원, 2018, 82쪽).

참고문헌

강내희, 「의림과 시적 정의, 또는 사회미학과 코뮌주의」, 『문화과학』 제53권, 문화과학사, 2008.

고길섶, 「지역적 문화행동과 사회미학의 실천」, 『문화과학』 제53권, 문화과학사, 2008.

김득중, 『'빨갱이'의 탄생: 여순사건과 반공 국가의 형성』, 선인, 2009.

김미덕, 「공감, 정체성, 탈동일시」, 『사회와 철학』 26, 사회와 철학 연구회, 2013.

김백영·김민환, 「학살과 내전, 공간적 재현과 담론적 재현의 간극: 거창사건추모공원의 공간분석」, 전진성·이재원 엮음, 『기억과 전쟁』, 휴머니스트, 2009.

김석윤, 「다크 투어리즘 유형화 및 자원적용 연구」, 제주대학교 관광개발학과 박사학위논문, 2014.

김영삼, 「세월호 '사건'과 '사건' 이후 문학의 가능성」, 『감성연구』 제16권, 전남대학교 호남연구원, 2018.

김형중, 「문학과 증언: 세월호 이후의 한국문학」, 『감성연구』 제12권, 전남대학교 호남연구원, 2016.

김홍중, 「마음의 부서짐」, 『사회와 이론』 제26권, 한국이론사회학회, 2015.

데이비드 하비, 구동회·박영민 옮김, 『포스트 모더니티의 조건』, 한울, 1994.

도미니크 라카프라, 육영수 엮음, 『치유의 역사학으로: 라카프라의 정신분석학적 역사학』, 푸른역사, 2008.

민웅기, 「역사자원의 문화콘텐츠화 과정에 내재된 포스트모던적 의미 -역사자원과 관광의 관계를 중심으로-」, 『인문학연구』 제44권, 조선대학교 인문학연구원, 2012.

박수현, 「근대문화유산관광의 진정성에 대한 고찰 -국내 다크 투어리즘의 발전 방향」, 『여가관광연구』 제25권, 관광종합연구소, 2016.

박영균, 「분단의 공간, DMZ의 탈구축 전략과 디지털스토리텔링」, 『시대와 철학』 제30권 3호, 한국철학사상연구회, 2019.

박영균, 「사건으로서 5.18과 인권의 정치」, 『철학연구』 제119집, 대한철학회, 2011.

박영균, 「한반도의 분단체제와 평화구축의 전략」, 『통일인문학』 제68집, 건국대학교 인문학연구원, 2016.

박영균·박민철, 「인문학적 통일 패러다임의 사회적 적용」, 『OUGHTOPIA』 제31권 1호, 경희대학교 인류사회재건연구원, 2016.

박은영, 「기억의 장소, 철원 노동당사 폐허」, 『서양미술사학회논문집』 제47권, 서양미술사학회, 2017.

박지희, 「공감(empathy)과 동정(sympathy)」, 『수사학』 제24권, 한국수사학회, 2015.

서 헌, 「다크 투어리즘의 부정적 측면에 관한 고찰」, 『관광레저연구』 제30권 10호, 한국관광레저학회, 2018.

손대현, 「포스트모던 사회에서 관광산업은 무엇인가?」, 『관광학연구』 제15권, 한국관광학회, 1991.

송영민·강준수, 「다크투어리즘에서의 실존적 진정성에 대한 고찰: 죽음 개념을 중심으로」, 『관광연구』 제32권 3호, 대한관광경영학회, 2017, 13쪽.

심창섭·정 철, 「다크투어리즘과 죽음 -봉하마을 관광경험의 근거이론적 분석-」, 『관광학연구』 제39권 5호, 한국관광학회, 2015.

알랭 바디우, 이종영 옮김, 『윤리학』, 동문선, 2001.

울리히 벡, 홍성태 옮김, 『위험사회: 새로운 근대(성)을 향하여』, 새물결, 1997.

이일열, 「역사관광 콘텐츠로서의 다크투어리즘에 대한 비판적 고찰 -반역사적 인식론 논의-」, 『한국관광학회 국제학술발표대회집』 제76권 3호, 한국관광학회, 2014.

이정훈, 「여순사건 사적지에 대한 다크투어리즘 적용 방안」, 『한국지역지리학회지』 제22권 4호, 한국지역지리학회, 2016.

인태정, 「포스트모더니즘과 관광에 관한 시론적 연구」, 『경제와 사회』 제88권,

비판사회학회, 2010.

장성곤·강동진, 「지속가능한 다크 투어리즘의 개념 정의와 전개과정 분석」, 『도시설계』 제18권 2호, 한국도시설계학회, 2017.

전진성, 「트라우마의 귀환」, 전진성·이재원 엮음, 『기억과 전쟁』, 휴머니스트, 2009.

전진성, 『역사가 기억을 말하다』, 휴머니스트, 2005.

정근식, 「4.3의 기억과 재현 그리고 다크 투어리즘」, 『4.3과 역사』 제13호, 제주 4.3연구소, 2014.

조아라, 「다크투어리즘과 관광경험의 진정성 -동일본대지진의 재난관광을 사례로-」, 『한국지역지리학회지』 제19권 1호, 한국지역지리학회, 2013.

질 들뢰즈, 「정동이란 무엇인가?」, 들뢰즈·네그리 외, 서창형 외 옮김, 『비물질노동과 다중』, 갈무리, 2005.

질 들뢰즈, 박기순 옮김, 『스피노자의 철학』, 민음사, 2004.

질 들뢰즈·펠릭스 과타리, 김재인 옮김, 『안티 오이디푸스: 자본주의와 정신분열증』, 민음사, 2014.

프레드릭 제임슨, 강내희 역, 「포스트모더니즘: 후기자본주의 문화논리」, 정정호·강내희 편, 『포스트모더니즘론』, 문화과학사, 1996.

한숙영·조광익, 「현대사회에서의 위험과 관광 -다크 투어리즘의 경우-」, 『관광학연구』 제34권 9호, 한국관광학회, 2010.

Henri Lefebvre, trans. Donald Nicholson-Smith, *The Production of Space*, Oxford UK&Cambridge USA: Blackwell, 1991.

한반도 분단극복과 생태주의의 결합
: '통일─생태학적' 정립을 위한 하나의 시론[1]

| 박민철 |

1. 왜, 한반도 통일은 '생태'적이어야 하는가?

울리히 벡(Ulrich Beck)은 '위험사회'에 직면한 현대인들의 존재론적 안전을 확보하기 위해 '성찰적 근대화'를 주장했다. 비판적 성찰의 수행과 이에 따른 정치적인 것의 전면화는 이러한 성찰적 근대화의 요소이다.[2] 하지만 한반도에서는 '생태위기'와 같은 근대적 위험뿐만 아니라 분단체제의 일상화된 위험이라는 이중적 위험이 서로 얽혀 있다. 그렇기에 울리히 벡이 말한 성찰적 근대화는 한반도가 직면한 위험을 해결하는 데 한계를 갖는다. 더군다나 한반도 분단체제의 구성원들은 분단국가들이 부여한 기준과 가치를 하나의 강력한 준거체제로 삼고 있다는 점에서 그 비판적 성찰의 가능성은 더욱 희박해진다.

한반도가 처한 이중적 위험의 얽힘은 '분단위험'과 '생태위기'의 해결이 동시적으로 이루어져야 함을, 다시 말해 한반도의 통일은 생태

---

1 이 글은 『서강인문논총』 제48집, 서강대학교 인문과학연구소, 2017에 게재된 논문을 수정·보완한 것이다.
2 울리히 벡, 홍성태 옮김, 『위험사회: 새로운 근대(성)을 향하여』, 새물결, 1997, 48쪽 이하.

적이어야 한다는 점을 보여준다. 물론 생태학적 관점은 이미 한국 사회에 스며들어와 있다. 한국 사회가 경험한 압축적인 자본주의 산업화는 생태계의 파괴를 더욱 증폭시켰으며, 이에 대한 반작용으로 생태적 의식은 증가했다. 그 결과, 비록 정도의 차이는 있겠지만 생태적 사유와 실천은 이미 우리의 많은 영역에서 확산되고 있다. 생태적 사유와 실천에 최상위의 이념적 지위와 윤리적 가치를 부여할 때, 그것을 '생태주의'로 규정할 수 있다. 그런데 사실 이러한 생태주의는 서로 다른 이데올로기들을 그 안으로 포함시킬 수 있는 거대한 이념적 포섭력을 갖는다. 안나 브람웰(Anna Bramwel)이 비유했듯 생태주의는 모든 종류의 대안적 사상과 사유를 담을 수 있는, 마치 '설득력 있는 상자'인 것처럼 보인다.[3]

하지만 이렇게 대안적 사상을 담으려는 생태주의의 활발한 확장 속에서도 한반도 통일을 직접적으로 사유하는 생태적 논의들은 쉽사리 발견하기 힘들다. 최근 들어 제시되고 있는 생태와 평화의 이념적 결합에 대한 연구[4]와 달리, 생태와 통일을 결합시키려는 '보다 적극적인' 시도는 쉽게 찾아볼 수 없다. 여기에는 무엇보다 통일문제와 생태문제가 위기인식과 문제해결 방법에 있어서 서로 다르다는 인식이 전제되어 있기 때문이다. 즉, '생태'와 '통일'은 그 가치가 내포하고 있는 최종 지점을 염두에 둘 때 상호 모순된다는 것이다. 근본적으로 생태 이념은

---

3 안나 브람웰, 김지영 옮김, 『생태학의 역사』, 살림, 2013, 374쪽.
4 대표적으로 박희병 외, 『녹색평화란 무엇인가』, 아카넷, 2013. 여기서 제시된 '녹색평화론'에 대한 비판에 대해서는 박영균, 「위험사회와 통일한반도의 녹색비전」, 『시대와철학』 제26권 1호, 한국철학사상연구회, 2015를 참고.

민족국가 건설과 같은 근대화 기획을 생태위기의 내적 원인으로 지적하면서 그것을 비판·극복하려는 가치지향으로부터 출발하지만, 통일은 곧 근대적 기획의 일환으로서 민족국가의 완성을 목적으로 하고 있다. 이렇듯 생태 이념이 통일국가의 형성이라는 근대적 문제 틀에 과연 적절하게 융해될 수 있겠는가라는 의문은 생태와 통일의 융합적 사유를 가로막아 왔던 계기였다.

　그러나 한반도의 분단극복은 단순히 이질적인 두 국가의 통일이 아니라 분열된 남북의 인간-사회-자연을 유기적으로 통합함으로써 '한반도 생명 전체'의 공존을 가져오는 문제라고 할 수 있다. 이때 생태주의는 한반도 분단을 단순히 체제와 제도를 넘어 생명 전체의 문제로 사유할 수 있게 해주면서 생명계 전체의 비평화적 관계를 초점화하는 데 유용하다. 그동안 한반도의 통일은 대체로 제도와 체제의 통일에 집중되었으며 인간, 사회, 자연을 포괄하는 한반도의 생명 전체와 연관된 문제로 확장시키지 못했다. 이를테면 흔히 통용되는 '분단체제론'은 한반도의 분단이 단순한 분단을 넘어 정치군사·경제·사회·문화 등 여러 영역에서 '체제'라고 불릴 만큼의 자기재생산 능력을 가지고 있다는 점을 드러내는 데 효과적이었지만,[5] 한반도 분단을 인간과 사회, 자연을 포괄하는 문제로 확장함으로써 한반도의 생명계 전체에 닥친 폭력적 상황과 억압을 특징적으로 인식하지는 못했다.

　탠슬리(A. G. Tansley)가 1935년 생물학적 관점에서 생물과 생물, 생물

5　이병수, 「한반도 평화실현으로서 '적극적 평화'」, 『통일인문학 제28회 국내학술심포지엄자료집』, 건국대학교 통일인문학연구단, 2017, 48쪽.

과 물리적 환경의 상호연관을 강조하기 위해 '생태계(ecosystem)'라는 용어를 제시한 이래,[6] '생태'는 단순히 생물학 영역에서의 적용을 넘어 인간, 사회, 자연이 맺는 유기적 관계의 지향을 포괄하는 가치론적 용어로서 확장되었다. 실제로 'ecosystem'의 'eco'가 그리스어 'oikos'에서 말하는 '집안 살림의 운영'이라는 의미를 어원상 담고 있다고 할 때, eco는 주거의 장소일 뿐만 아니라 생명 전체가 항상적으로 존재하고 상호작용하는 구체적인 터전을 의미한다. 이런 점에서 펠릭스 과타리는 자연보호나 환경오염만을 다루는 환경학적 문제들로부터 벗어나, 생태학적 대상을 '인간-사회-자연'이라는 다층적인 구도의 접합으로 인식했다.[7] 그의 의도는 생태문제를 단순히 환경에만 국한시킬 것이 아니라 인간-자연-사회를 포괄한 생명 전체의 영역으로 확장하고자 했다는 점이다. 따라서 생태적 관점은 한반도 분단을 다층적으로 인식하고 그것의 재생산 메커니즘과 극복방안을 다양하게 사유할 수 있도록 돕는다. 보다 구체적으로 한반도 통일문제와 생태주의의 결합은 다음과 같은 이유에서 요구된다고 할 수 있다.

첫째, 한반도의 분단문제와 생태문제는 서로가 서로를 규정하는 상호영향 관계에 놓여 있다는 점이다. 분단문제는 그 자체의 속성상 인간과 자연을 포함하는 한반도 생명계 전체에 직접적인 위협을 가하고 있

---

6 한면희, 『동아시아 문명과 한국의 생태주의』, 철학과 현실사, 2009, 30쪽. 물론 이러한 생태계라는 개념에 대해 신비주의, 절대적인 환원론 내지 비실체적 전체론이라고 비판하는 의견 역시 꾸준히 제기되었다. 이에 대해서는 정민걸, 「환경철학에서 생태적 접근의 한계」, 『환경철학』 제6집, 한국환경철학회, 2007, 227~228쪽.
7 펠릭스 과타리, 윤수종 옮김, 『세 가지 생태학』, 동문선, 2003a, 8쪽.

으며, 역으로 생태문제는 남북 사이의 갈등과 적대를 증폭시키는 계기가 된다. 이미 콘카와 월리스(Ken Conca and Jennifer Wallace)는 폭력적인 갈등과 환경악화가 다양한 방식으로 서로 이어져 있음을 지적하면서 전쟁으로 분열한 사회에서 환경협력을 통한 평화기획의 시도들이 중요하다고 역설한 바 있다.[8] 이들의 주장처럼 남북의 상호대결이 가져온 거대한 군사시설의 확대와 핵개발은 생태위기의 증가이기도 했다. 또한 북의 금강산댐과 황강댐 방류를 비롯하여, 군사적 경계 시야를 확보하기 위해 인위적으로 발생시킨 DMZ 내 산불 등은 동시에 분단위험의 증가이기도 했다. 적극적으로 의식되지 않았을 뿐, 분단위험이 상태위기를 확산시킨 동시에 생태위기가 분단위험을 증가시킨 사례를 찾는 건 그리 어렵지 않아 보인다. 실제로 "환경문제는 계급이나 지역, 민족에 기반을 둔 사회적 갈등과 연루될 때 더욱 폭발적으로 비화"[9]할 가능성이 크다는 지적은 다양한 지류의 생태담론에서 공통적으로 제기되던 부분이었다.

둘째, 생태 이념은 통일한반도의 실현에서 그 과정과 최종점을 조건 짓는 요소가 될 수 있다는 점이다. 인간·사회·자연의 비폭력적 평화관계를 생성하는 것이 근본적 의미에서 생태적 문제의식이라고 한다면,

---

8 Ken Conca and Jennifer Wallace, "Environment and Peacebuilding in War-torn Societies: Lessons form the UN Environment Programme's Experience with Postconflict Assessment", *Global Governance* Vol. 15, NO. 4, Published By: Brill, 2009, pp.485~504(박희병 외, 『녹색평화란 무엇인가』, 아카넷, 2013, 25~26쪽에서 재인용).

9 한면희, 「DMZ와 생태평화의 철학」, 『환경철학』 제10집, 한국환경철학회, 2010, 59쪽. 이런 점에서 전쟁과 폭력으로 분열된 국가들 사이에 환경협력을 통해 갈등을 해소하려는 전 세계의 다양한 시도들을 확인할 수 있다. 박희병 외, 앞의 책, 26쪽.

생태 이념은 곧 탈분단과 통일을 선취하는 문제이자 한반도 통일 이후를 이끌어 가는 규제적 이념이 된다. 생태주의는 현재 상황에 대한 평가와 보다 나은 삶에 대한 전망을 통해 특정한 규범들을 생산하는 한편, 거대한 변화를 만들 수 있는 구체적 전략을 가지고 있다는 점에서 통일문제에 이념 지향과 그것의 현실화 전략을 제공할 수 있기 때문이다. 한반도의 통일 이후 역시 마찬가지이다. 한반도 통일은 근대적 기획의 민족국가 형성에 머무는 것이 아니라, 평등·인권·민주주의·생태와 같은 보편적 가치의 실현을 통해 민족국가의 모순을 극복하는 새로운 형태의 공동체 건설을 요구하기 때문이다.[10]

이런 점에서 볼 때, 한반도 분단위험과 생태위기의 극복은 일련의 이론적이고 실천적 과정 속에서 보다 적극적으로 결합될 필요가 있다. 그러나 이제까지 한국의 생태담론은 분단체제와 상호영향 관계에 놓여있는 한반도의 특수한 생태위기를 철저히 다루지 못했으며,[11] 기존의 통일담론 역시 생태주의의 핵심주제들을 적극적으로 사유하지 못했다. 생태적 사유를 한반도 통일과 결합시키려는 몇몇의 연구들 역시 그 의의에도 불구하고 생태를 수사적이거나 선언적으로 사용하는데 머물고 있을 뿐, 이러한 결합이 가능할 수 있는 엄밀한 이론적 탐색으로 나아

---

10 실제로 "통일은 단지 우리 민족의 사회공동체 구축이라는 점뿐만 아니라 민족의 삶의 터전인 한반도의 생태공동체 건설이라는 점에서 의의를 가진다"(최병두, 「북한의 환경문제와 생태통일 전략」, 『황해문화』 제39집, 새얼문화재단, 2003, 183쪽).

11 일례로 논문검색사이트(www.riss.kr)에서 본 글의 주제이기도 한 '생태철학'을 키워드로 검색시 116편이 제시되지만, 한반도 통일과 관련된 생태철학은 16편에 불과하다(검색일: 2017년 1월 15일).

가지 못하고 있다. 이제 이로부터 생태문제와 통일문제를 총체적으로 사유할 수 있는 인식 틀, 방법과 대상, 목적과 세부 프로그램 등이 포함된 '통일-생태철학'의 필요성이 제기된다. 이런 점에서 이 글은 통일-생태철학을 '시론적으로' 제시하기 위한 목적 아래, ① 우선적으로 한반도 분단체제의 생태논리를 해명하는 동시에 통일문제와 생태문제의 결합을 방해했던 조건과 요소들을 살펴볼 것이다. ② 나아가 한반도의 특수한 생태위기를 몇 가지의 중층적 생태위기로 유형화할 것이다. ③ 마지막으로 '통일-생태철학'의 인식론적 기초 및 대상과 목적에 대한 몇몇의 개념화를 시도해보고자 한다. 궁극적으로 이 글의 목적은 생태주의적 성찰과 탈분단의 문제의식을 결합하고 확장하여 '한반도식 통일-생태철학' 정립의 가능성을 모색하는 데 있다.[12]

2. 한반도 분단체제의 생태논리: 생태 프레임의 왜곡과 오염

일반적으로 생태담론은 심화되는 생태위기의 근간에 '기계론적 세계관'의 보편적 확산이 놓여있다고 본다. 인간의 근대적인 도구 이성은 자연에 대한 유기체적 세계관을 기계론적 세계관으로 대체했다. 그리고 이러한 세계관에서 자연은 언제든 교체가 가능한 원자들로 이루어진 것으로 규정되었다. 17세기 과학혁명은 그것의 본격화를 알린 시작

---

12 이하의 글에서 기본적으로 '생태계'는 인간, 사회, 자연을 포함한 생명계 전체를 의미한다. 특별한 경우를 제외하곤 자연은 인간 외부의 환경을 부각시킬 때만 사용하고자 했다.

점이었고, 이를 기반으로 가능했던 18세기 산업혁명은 기계론적 세계관의 확고한 지배를 결정짓는 마침표였다. 생태위기는 이렇듯 기계론적 세계관의 확산 속에서 시작되었다. 이때 기계론적 세계관의 확산은 자본주의의 발전과 뗄 수 없는 연관성을 지닌다.

알랭 리피에츠(Alain Lipietz)는 "'생산을 위해 생산하도록' 사람들을 밀어붙이는 사회-경제구조와 멘탈리티 전체"[13]로서 자본주의적 생산주의를 생태위기의 원인으로 지목했다. 분명하게, 기계론적 세계관은 자본주의의 사회경제적 속성과 그 성격에 있어서 정확하게 일치했고, 이 둘의 결합은 자연에 대한 인간의 지배를 보편화시켰다. "끊임없이 자원과 노동력을 투입하여 새로운 잉여가치를 창출함으로써 재생산되어야만 살아남을 수 있는 자본주의적 생산 양식과, 단순한 법칙으로 환원될 수 있는 하나의 물리적 기계인 자연을 활용하여 인간의 필요를 충족시키는 것이 바람직하다고 보는 기계적 세계관은 썩 잘 어울리는 한 쌍이었다."[14]

20세기 후반 세계에서 공통적으로 일어난 생산지상주의의 전면화는 한반도 역시 예외일 수 없었다. 물론 사회주의와 자본주의라는 이데올로기의 차이가 현존했지만 생산지상주의는 분명 공통적이었다. 그런데 분단이라는 특수한 맥락은 한반도의 생산지상주의를 더욱 극적으로 발전시켰다. 분단체제 아래 남북은 체제경쟁의 일환으로서 경제 개발에 치중하였다. 이로써 남북 공히 자연은 언제든 일방적 약탈이 가능한

13 알랭 리피에츠, 박지현·허남혁 옮김, 『녹색희망』, 이후, 2002, 44쪽.
14 이상헌, 『생태주의』, 책세상, 2011, 56쪽.

경제적 자원으로써 취급되었으며 그 과정에서 한반도의 환경은 처참하게 파괴되었다. '국가주도형 약탈적 개발주의'가 한반도 전체에 경쟁적으로 확산된 것이다. 이렇듯 한반도의 체제경쟁과 함께 국가주도형 개발주의로 인한 생태계의 급속하고 광범위한 오염이 단기간 집중적으로 이루어졌다는 점은 다른 지역의 생태위기와 구별되는 독특성을 갖는다.[15]

그런데 이와 같은 반생태적 국가주도형 개발주의에 대한 비판이 한반도에서 일정한 민주화가 진척된 1987년 이후 차츰 제기되었다.[16] 특히 과도한 개발을 제한하고 장기적이고 합리적인 방식으로 자연을 관리하는 것에 목적을 둔 '환경주의'에 대한 요구들이 등장하였다. 하지만 이러한 경우에 있어서도 자연은 언제나 인간을 위한 대상으로 전락할 수밖에 없었다. 핵심은 인간이 자연을 보호하면서 유지하고 관리하는 주체가 되는 것이 아니라, 인간이 자연과 '함께' 동시에 '따로' 공존할 수 있는 대안은 찾는 데 있다. 그런데 더 큰 문제는 한반도에서는 자연의 관리와 보호에 있어서 그 주체가 곧 국가로 자임된다는 점에서 발

---

15 조명래는 '개발주의'를 "자연환경이나 자연 자원을 착취하고 이용하며 이를 통해 기술, 경제, 산업의 진흥을 도모하는 행위와 이를 둘러싼 가치를 이념화하는 표현"으로 정의하면서, 개발주의 이념이 한국사회의 지배적이 되었다고 규정한다. 또한 이때 이러한 개발주의 이념의 성장과 구체화는 결국 국가(지도자)의 억압적 통치를 바탕으로 성립되었다고 지적하고 있다. 조명래, 「한국 개발주의의 역사와 현주소」, 『환경과 생명』 통권 37호, 환경과 생명, 2003, 34~37쪽. 인용은 34쪽. 그런데 이러한 개발주의의 확산은 한국뿐만 아니라 북한 역시 공통적이었다. 이에 대해서는 민기채, 「북한의 생태 이데올로기 및 실천에 관한 고찰」, 『통일문제연구』 통권 제62호, 평화문제연구소, 2014를 참고.

16 김철규, 「한국의 개발주의와 환경갈등」, 『한국사회』 제9집 1호, 고려대학교 한국사회연구소, 2008, 100쪽.

생한다. '개발과 보존'이라는 상반된 프레임 속에서도 국가는 그 지위를 상실하지 않는 것처럼 보인다. 이는 분단체제에서 국가의 자연에 대한 관리주체의 자임이 군사정치적인 필요성과 직결되었기 때문일 것이다. 결과적으로 오늘날 국가주도의 생태적 규제가 강화되었으며 이러한 생태적 규제는 토지 이용이나 자본 투자에 관한 각종 규칙과 제도, 세금, 보조금과 같은 것에 머물 뿐이다. 하지만 "그럴 때 나타나는 효과는 사회적 삶에서 타율규제가 강화된다는 점이다. […] 행정당국, 가격체계 같은 '규제장치들'은 소비자나 투자자들이 별다른 고민 없이 행동하게 만든다."[17]

이렇게 '별 다른 고민'이 없기에 발생하는 생태적 의식의 공백을 국가가 절대적으로 차지하게 되고 이러한 국가중심적 생태논리는 다수의 지지를 받는 보편적 관점으로 작동하고 있다. 그런데 여기서 분단이라는 구조적 조건은 국가 중심적 생태 프레임과 논리를 가능하게 하는 결정적인 요소였다. 분단과 체제경쟁은 분단국가주의의 강화를 불러왔으며, 이러한 국가주도성 강화는 왜곡된 생태프레임 확산 및 한반도 생태 악화의 원인이 된다.

우선적으로 분단국가는 결국 자연생태에 대해 우리들이 자율적으로 만들 수 있는 규범과 기대, 윤리적 원칙들을 거부하고 국가중심적인 보존 내지 개발논리를 일방적으로 강요한다. 예컨대, 국가가 주도한 '자연보호 캠페인' 아래 자연은 단순히 '사람이 없는' 야생의 형태로 상징

---

17 앙드레 고르스, 임희근·정혜용 옮김,『에콜로지카』, 갈라파고스, 2015, 54쪽.

화될 뿐이다.[18] 실제로 '그린벨트(Greenbelt)'와 같이 특정 공간을 대상으로 한 보존 프레임은 '국토개발' 내지 '부동산 정책'과 대칭적으로 위치함으로써 국가통치의 한 형태를 반영하는 것으로부터 결코 자유로울 수 없는 것처럼 보인다. 개발 역시 마찬가지이다. 조명래는 신개발주의의 변종으로서 '녹색토건주의'라는 개념을 제시하면서 이 속에서 담긴 모순을 지적했다. 녹색토건주의는 "환경존중 시대에 녹색을 거부할 수 없어 부득이 녹색으로 윤색된 토건 개발"이자, "내면에서는 자연환경을 유기적인 착취의 대상으로 보는 논리와 방식"[19]인 것이다. 조명래가 지적한 녹색토건주의의 근간에는 자연에 대한 개발과 착취의 주체로서 국가주도성의 강화, 그리고 그러한 국가주도성이 왜 한반도에서 가장 절실하게 드러나는지라는 문제의식이 전제되어 있다.

한반도 분단체제에서 발생한 생태위기는 2005년 실시된 '예일 콜럼비아 환경지속가능성 지수 평가'에서 146개 국가 중 남은 122위, 북은 146위를 차지했다는 결과[20]에서도 여실히 드러난다. 다른 국가와 달리, 자본주의 산업화의 발전단계가 아직은 서구 여러 나라들에 비해 충분하지 않은 한반도가 위와 같은 결과를 보이고 있다는 점은 분단체제로 인해 중층적으로 발생하고 증폭된 한반도 생태위기의 예외적 심각성을 보여준다.

이렇듯 분단체제는 생태문제에 대한 국가중심적 사유를 강화시키면

18 폴 로빈슨, 권상철 옮김, 『정치생태학: 비판적 개론』, 한울 아카데미, 2008, 267쪽.

19 조명래, 『녹색토건주의와 환경위기』, 한울아카데미, 2013, 18쪽.

20 김계중, 「DMZ, 생명과 평화의 공간」, 동국대학교 북한학연구소 편, 『DMZ 생태와 한반도 평화』, 아카넷, 2006, 60쪽에서 재인용.

서 생태윤리의 건전한 논의와 발전을 가로막는 심급으로 작동했으며 생태 프레임이 오염되고 전도되는 지점을 만들어 냈다. 이 속에서 생태적 의식과 사유, 결정과 실천은 분단국가의 독점적 판단 아래에 놓이게 되고, 인간과 자연이 맺는 생태적 연계는 배제된다. 그리고 이것은 다시금 한반도 생태계의 오염과 훼손을 강하게 불러왔다. 결국 다시 마주하게 되는 핵심은 분단국가주의로 인해 인간-사회-자연이라는 생태적 구성요소들이 개별적으로 분리되었으며, 나아가 생태위기와 분단위험이 강한 연관관계 속에서 증가하게 되었다는 점이다.

3. '통일'과 '생태'의 이론적 접합 가능성
: 한반도 생태위기의 특수성

강조하지만 한반도 분단체제는 생태위기와 분단위험이 동시적으로 증가하고 있다는 점을 특징으로 한다. 즉 한반도 생태위기의 특수성은 분단체제가 야기한 생태위기가 중층적으로 존재하고 있으며 이때 그러한 중층적 생태위기가 강력한 상호연관관계 속에서 또 다시 증폭되고 있다는 점이다. 따라서 한반도 생태위기는 기존 생태담론의 인식을 조금 빗겨나가는, 다시 말해 전 세계의 일반적 생태위기와 달리 한반도 분단체제로부터 발생한 특수한 형태의 생태위기라고 할 수 있다. 물론 여기서 예컨대 성차별, 지역갈등, 생태위기와 같은 한반도의 모든 위험과 갈등을 분단으로 환원시켜버린다는 비판이 제기될 수 있다. 그럼에도 불구하고 핵심은 분단환원론이 아니라, 한반도 생태문제에 대한 '분단체제의 매개작용'이 어떤 정도로, 어떤 방식으로 작동하느냐를 인식하는 문제이다. 한반도 분단체제가 만든 중층적 생태위기는 다음과 같이 설명될 수 있다.

첫째, 한반도 생태위기의 가장 아래 층위엔 자연지리적 분단으로 인한 '인간 생활세계의 훼손'이 놓여 있다. 군사분계선을 기준으로 한 한반도의 자연지리적 분단은 그 자체로 생태계의 단절을 가져다 준 사건이었으며, 그러한 생태계의 단절은 지난 70여 년 동안 지속되면서 인간 생활세계의 훼손을 동시적으로 증가시켜왔다. 예를 들어 군사분계선을 기점으로 남북 각각 2km씩 인위적으로 설정한 4km의 'DMZ'와 그 인근의 '민간인출입제한지역'은 생태적 순환체계의 단절 및 다양한 생태위기들의 발생을 동시적으로 보여준다. 특히 DMZ 후방 10km에 이르는 '민간인출입통제지역'은 인간 생활세계가 남북으로 분단된, 나아가 일상생활의 제한 및 인간-자연의 자연스러운 소통의 단절을 보여주는 대표적인 지역이라고 할 수 있다.

광범위한 이 지역의 끈끈하게 인간적 유대관계가 순식간에 피아(彼我)로 구분되었으며, 거주와 출입이 제한되었으며, 자유로운 순환적 경작은 인위적인 개발로 전환된 것이다. 결국 생활세계의 훼손은 곧 하나의 생태위기로서 인간과 인간, 인간과 사회, 인간과 자연 사이의 자발적이고 능동적인 소통의 가로막힘을 의미한다. 오래 전 앙드레 고르스(Andre Gorz)는 생태주의 운동의 핵심에 인간-자연-사회가 맺는 일상적이고 호혜적인 상호관계의 회복이 놓여야 할 것을 주장했다. 그는 그러한 호혜적 상호관계를 '생활세계'로 규정하면서 이러한 영역은 국가의 타율적 지배로 인해 '잃어버린 필요영역'이라고 역설했다.[21] 한반도의 자연지리적 분단이 한반도에 거주하는 인간 삶의 생활세계를 분열·왜곡시켜왔다는 점에서 앙드레 고르스의 지적은 의미를 갖는다.

하지만 자연지리적 분단이 가져온 생활세계의 분열·왜곡은 한반도의 경우 단순히 '잃어버린 필요영역'의 수준에만 그치는 것이 아니라 남북의 정서, 생활문화, 가치관의 적대적 분열을 재생산한다는 사실에 더욱 주목할 필요가 있다. 마치 DMZ와 접경지역이 '반공교육'을 위한 하나의 교육공간으로 활용되듯이, 공간적으로 분리된 남북의 자연지리는 서로에 대한 정서적 적대와 증오를 낳는 물질적 토대가 되고 있기 때문이다. 이런 점에서 인간 생활세계를 포괄하는 생태계 영역의 회복은 생태위기뿐만 아니라 분단위험을 극복하는 필수조건이 된다.

둘째, 한반도 생태위기에는 분단체제의 체제경쟁과 군사적 대치가 야기한 '자연에 대한 직접적인 오염과 약탈적 지배'가 추가될 수 있다. 즉, 앞서 언급한 '예일 콜럼비아 환경지속가능성 지수 평가'에서도 알 수 있듯이, 남북의 체제경쟁과 생산지상주의는 자연을 언제든 활용 가능한 하나의 자원으로써만 규정했으며, 이로 인해 발생한 생태계의 급속한 파괴와 오염은 분단 70여 년 동안 전 세계에서 유래를 찾기 힘들 정도로 심각하게 가중되어왔다는 점이 중요하게 인식될 필요가 있다. 남북은 각각 자본주의와 사회주의 이념 속에서 공통적으로 개발주의를 근대화의 목적으로 추구해왔다.[22] 이러한 개발주의는 단순한 산업화의 확산과 추진을 넘어, 생산력의 극대화를 통한 '비교우위의 선점'을 목

---

21 앙드레 고르스, 앞의 책, 57쪽.
22 안승대,「한국 통일교육에 대한 생태주의의 적용가능성에 관한 연구」,『동아인문학』제19호, 동아인문학회, 2011, 437~438쪽.

표로 남북의 체제경쟁 속에서 더욱 급속도로 강화되어왔으며, 자연파괴 역시 서구의 모습과는 달리 급속하게 진행되었다. 이 시기 '사회주의 강성대국 건설'과 '정부주도형 경제개발'이라는 분단국가주도형 개발주의는 자연에 대한 약탈적 지배와 직접적인 오염을 더욱 가중시킨 동력이 되었다.

나아가 남북의 군사적 대치 역시 자연에 대한 직접적인 오염과 지배를 가져왔던 원인이 된다. 예를 들어 한반도 군사분계선은 남북 생태계의 분단 그 자체로서 설명될 수 있으며, 70여 년의 기간 동안 축적해 온 자연파괴를 보여준다. 대표적으로 여러 실증적인 DMZ 관련 지역연구에서 지적하고 있듯이 군사주둔과 군사활동, 각종 개발사업과 농업활동으로 인한 이 지역의 환경파괴는 이미 간과할 수 없는 수준에 이르고 있다.[23] 오히려 DMZ와 인근의 접경지역이 '생태의 보고(寶庫)'라는 주장은 하나의 신기루에 불과하다는 최근의 주장[24] 역시 일정 정도 설득력을 확대해가고 있다. 또한 전국 곳곳에 분포되어있는 군 주둔지 건설로 인한 자연의 훼손, 사격훈련의 실탄으로 인한 토양의 중금속 오염, 군 주둔지의 오폐수 방류로 인한 수질오염 등은 군사기밀이라는 명목 아래 아직 실태조차 파악되지 않았으며 최근에서야 그 문제를 제기하는 수준에 도달했을 뿐이다.[25]

---

23 김귀곤·박미영·최희선, 「DMZ 자연생태계의 현황과 보전」, 동국대학교 북한학연구소 편, 『DMZ 생태와 한반도 평화』, 아카넷, 2006, 218~277쪽.

24 김재한, 「DMZ 연구의 오해와 논제」, 『통일문제연구』 통권 제56호, 평화문제연구소, 2011, 130쪽.

25 군사시설과 관련된 환경오염을 다룬 연구 역시 여전히 소수에 불과하다. 대표적으로 강철구, 「우리나라 군부대 환경관리의 문제점과 개선방안: 경기 북부지역을

셋째, 한반도 생태위기에는 분단국가들이 자연을 정치적 수단으로 활용해왔던 '생태적 공간의 국가적 독점과 반생태화'가 추가될 수 있다. 한반도의 약 10%를 차지하는 전국 곳곳의 '군사시설보호구역'[26]은 생태적 공간에 대한 국가적 독점을 잘 예시한다. 이러한 공간은 현재까지 우리들의 생태적 의식과 각성을 허용하지 않은 채, 국가 주도의 독점적 공간으로 활용되고 있다. 앙리 르페브르(Henri Lefebvre)는 우리가 살고 있는 사회를 '일차적 자연', 공간을 그러한 사회가 만들어 낸 '이차적 자연'으로 규정했다. 이로써 공간은 생산물이자 생산자라는 이중적 위치 속에서 경제적 관계, 사회적 관계의 토대가 된다. 그런데 그가 공간을 이렇게 규정한 이유는 "중앙집중식의 집약적 공간 조직은 이익을 극대화함으로써 정치권력과 물질생산을 위해 봉사한다"[27]는 사실을 폭로하기 위해서였다. '공간의 생산'이라는 테제는 분단체제의 생태위기를 설명하는 데 유용하다. 이를테면 생태적 공간에 대한 국가적 독점의 강화는 분단체제의 메커니즘을 재생산하려는 정치권력의 목적과 강하게 연결되어 있기 때문이다.

실제로 남쪽만 놓고 볼 때, 분단체제가 '생산한' 전국의 군사시설보호구역은 그린벨트 면적인 3862km²의 2배가 넘고 서울시 면적의 15

사례로」, 『환경정책』 제10권 2호, 한국환경정책학회, 2002를 참고.

26 '군사시설보호구역'은 '군사시설보호법'(법률 6870호)에 의거한 '군사시설을 보호하고 군 작전의 원활한 수행을 위해 국방장관이 설정하며, 민간인의 출입이나 건축 등 군사 활동을 방해하는 각종 행위를 금지 또는 제한할 수 있도록 규정한 지역'을 의미한다.

27 앙리 르페브르, 양영란 옮김, 『공간의 생산』, 에코리브르, 2011, 23~34쪽. 인용은 34쪽.

배에 달하는 8,970km²에 이른다. 이 지역은 한편으로 공간 본연의 질서와 시간이 사상되어 버린 채, 군사시설과 군사훈련 등으로 야기된 오염과 훼손이 심각하게 전개되고 있다. 동시에 이 지역은 다른 한편으로 국가 이외의 어떠한 참여도 용납하지 않은 채 남북의 적대적 대립을 재생산하는 '반생태적 공간'으로 활용되고 있다. 이 지역에서 재생산되고 있는 반공주의와 군사주의는 군사정치적 도구로 자연을 대상화하는 인식의 강화와 함께, 생태적 사유의 확산을 가로막고 있다. 결국 이러한 반생태적 공간은 인간과 인간, 인간과 자연, 인간과 사회가 맺는 생태적 관계를 단절시키는 장소가 된다.

'생태적 공간의 국가적 독점과 반생태화'라는 테제는 그래서 더욱 중요하다. 이는 기존의 한반도 생태담론에서 철저히 다뤄지지 못한 문제라는 사실 외에도, 앞서 제기된 '왜, 통일은 생태적이어야 하는가?'라는 질문에 대한 직접적인 해명이 될 수 있기 때문이다. 하지만 그동안 적대적인 두 분단국가들이 분단의 유지를 위해 수행한 생태공간의 국가적 독점에 대해서는 철저하게 논의되지 못했다. 분단체제는 국가권력의 정당화와 강화를 위해 남북 두 분단국가들이 수행해 왔던 적대적 상호의존체제이다.[28] 이 때 이러한 인식을 생태계와의 관계로 넓힌다면, 분단체제의 분단국가들은 생태적 공간에 대한 국가의 독점이라는 '구

---

28 '적대적 상호의존', '공생적 적대관계(symbiotic antagonism)', '거울영상효과 (mirror image effect)', '대쌍 관계동학(interface dynamics) 개념 등으로 규정되는 분단국가들의 상호의존적 관계는 결국 "남북관계를 권력안정화와 강화에 이용할 수 있도록 조장하는 분단체제상의 적대적인 두 정권의 연관 작용 매커니즘"인 것이다. 이종석, 『한반도 평화통일론』, 한울아카데미, 2012, 34쪽.

조적 공모 관계'로 연결되어 있다고 할 수 있다.

실상 생태적 공간의 독점화는 기계론적 세계관이 만든 필연적인 결과였다. 인간중심주의와 결합한 근대적 물리학은 시간과 공간을 분리시키고 공간의 물리적 법칙을 파악함으로써 이곳을 지배할 수 있다고 생각했다. 이런 점에서 오늘날 생태위기는 "바로 근대의 분열된 시공간관, 이로 인한 죽은 공간으로서의 장소 그리고 이 사회 체계의 장소 귀속 탈피에 그 원인"[29]을 두고 있다. 그런데 한반도는 분단으로 인해 이러한 '죽은 공간으로서의 장소'의 확대가 가장 극적으로 전개되었고, 그러한 분리가 현재까지 가장 활발히, 그리고 가장 적대적으로 유지되고 있는 지역이다. 분단국가에 의해 독점화된 생태계는 생성과 순환이라는 시간 개념이 사상되어버린 채 생태위기를 증폭시키고 있으며, 반생태적 공간의 확장은 또한 한반도의 긴장관계를 증폭시켜오고 있기 때문이다.

이렇듯 한반도의 특수한 생태위기는 오늘날까지 지속적으로 증폭되고 있다. 더욱이 한반도 분단의 상호적대성은 이러한 생태위기를 기반으로 더욱 강화되고 있다고 할 수 있다. 조금 강하게 비유하자면, '인간 생활세계의 훼손' 그리고 '자연에 대한 직접적인 오염과 약탈적 지배'가 분단체제를 유지시켜왔던 '물질적 토대'였다고 한다면, 분단국가주의가 수행한 '생태공간의 국가적 독점과 반생태화'는 분단의 적대성을

---

29 문순홍, 『생태학의 담론』, 아르케, 2006, 332쪽. 문순홍은 기든스의 논의를 빌려와 '장소 귀속 탈피' 개념이 생태 위기의 이유로 제시한다. 기든스의 장소 귀속 탈피 개념은 어떤 장소들이 지역적인 맥락과 맺는 정치, 경제, 문화적 상호 관계의 상실을 의미한다.

더욱 강하게 만들어왔던 '상부구조'였다. 뿐만 아니라 인간 생활세계의 훼손, 자연에 대한 직접적인 오염과 약탈적 지배, 생태적 공간의 국가적 독점은 개별적으로 작동하는 것이 아니라, 각각이 서로 결합되어 한반도 생태위기를 중층적으로 증폭시키고 있다. 바로 이런 점에서 한반도의 생태위기는 "자연에 문제가 생겨서 이로 인해 인간사회의 지속적 존립이 위협받는 상황"[30]이라는 일반적 정의를 넘어선다.

4. '통일-생태철학'의 시론적 제기
: '어떻게' '무엇을' 다루며, '어떤 것'을 목적하는가?

1) '통일-생태철학'의 인식론적 기초

한반도 생태위기가 분단체제와 맞물려 증폭된다고 한다면, 생태주의와 결합이 가능한 '확장된' 통일철학 내지 통일문제와 밀접히 연관된 '한반도 식' 생태철학이 요청된다. 주지하듯 철학은 어떤 대상에 대한 앎을 획득하기 위한 학문에 그치지 않는다. '통일'이든 '생태'든 어떤 가치에 대한 인식의 심화는 곧 윤리와 이념의 영향 속에서 세계관, 인식 패러다임, 실천양식 등의 전환을 요구하는 철학을 만날 수밖에 없기 때문이다.[31] 따라서 '통일-생태철학'의 핵심은 분단체제의 분단위험과 생태위기를 총체적으로 인식함으로써 특정 문제 대상을 초점화하고 이를

---

30 문순홍, 위의 책, 47쪽.
31 한면희, 『동아시아 문명과 한국의 생태주의』, 철학과 현실사, 2009, 43쪽.

넘어설 수 있는 구체적인 가치지향을 드러내 주는 것에 있다. 이때 펠릭스 과타리(Felix Guattari)의 생태철학은 유용하고 핵심적인 관점을 제공한다.

앞서 언급했듯 펠릭스 과타리는 인간-자연-사회를 포괄한 생태계 전체의 영역을 생태철학의 대상으로 삼고자 했다. 결국 그가 말한 생태주의는 인간-사회-자연이라는 생태계의 구성요소들이 개별적으로 그리고 상호적으로 만들어 순환적 생명계 건설을 목적으로 한다. 분명 생태주의에 있어서 인식주체의 이해와 실천으로부터 분리된 선험적 '자연'을 상정하거나 자연에 과도한 이념적인 지위를 부여하는 것은 거부되어야 할 것이다. 이와 동시에, 인간 외부의 자연을 인간 및 인간 사회에 의한 구성물로 환원시키는 방식 역시 거부되어야 한다.[32] 이는 인간과 자연의 평화적 관계를 상호모순 관계로 전복시키는 계기가 되기 때문이다. 결국 자연에 대한 유기적 세계관의 형성을 호소하는 낭만적 생태주의와도 거리를 두어야 하며, 동시에 자연을 위해 사회제도의 변혁과 구축에 초점을 맞추는 합리적 생태주의와도 차별을 두어야 한다.

이런 이유에서 펠릭스 과타리는 전자의 방식에 대해선 인간과 자연 사이에서 발생하는 필연적인 연관 및 이에 근거한 사회실천의 가능성을 발견하기 힘들다고 지적하고, 후자의 방식에 대해선 새로운 생태적 주체성의 생산이라는 전제 없이 사회제도에 대한 변혁을 추구한다는 것은 한계를 갖는다고 비판한다.[33] 결국 그가 의도한 최종목적은 인간-

---

32 권정임, 「현대 생태사회론과 생태철학」, 『시대와 철학』 제17권 4호, 한국철학사상 연구회, 2006, 19~21쪽.

33 펠릭스 과타리, 윤수종 옮김, 『세 가지 생태학』, 동문선, 2003a, 43~54쪽.

자연-사회를 대상화하는 세 가지 생태학을 결합시켜 '생태적 주체성'을 생산하고, 나아가 그들이 자연과 사회를 매개로 수행하는 '생태학적 실천'을 만들어 내는 것에 있었다. 이를테면, 이것은 '인간-사회-자연'이라는 생태학적 환경이 요구하는 서로 다른 활동들, 구체적으로 생태적 주체성을 생산하기 위한 '정신생태학', 끊임없이 자율적으로 변화할 수 있는 사회체를 구성하기 위한 '사회생태학', 자연과 인간의 대립적 관점을 넘어서서 새롭게 자연을 재창조하기 위한 '환경생태학'을 접합시켜 새로운 생태적 실천을 만들어 내는 것이었다.[34]

통일-생태철학은 인간-사회-자연을 생태적 대상으로서 총체적으로 결합시키고자 했던 펠릭스 과타리의 생태철학적 구상을 차용할 수 있다. 하지만 과타리의 생태철학은 각각의 생태학적 환경이 제시하는 실천적 요구들을 분명하게 제시하는 반면, 그것들이 어떻게 접합되고 상호작용하는지에 대해서는 충분히 설명하지 못했다. 다시 말해 과타리의 생태철학은 '인간-사회-자연'라는 생태적 대상 속에서 발생되는 생태위기와 극복방안을 각각 주장하고는 있음에도 불구하고, 인간-자연-사회의 관계에서 중층적으로 발생하는 한반도의 생태위기를 설명하는 것에 있어서는 일방 적용할 수 없다.

이런 점에서 통일-생태철학은 우선적으로 한반도의 생태계를 구성하는 인간-사회-자연의 삼각구도를 인식하는 한편, 여기서 발생하는 각각의 생태위기를 명확히 인식할 필요가 있다. 즉, 3장에서 살펴봤듯이 한반도의 생태위기는 분단체제가 야기한 '인간 생활세계의 훼손'(인

---

34 펠릭스 과타리, 위의 책(2003a), 57쪽.

간), '자연에 대한 직접적인 오염과 약탈적 지배'(자연), '생태적 공간의 국가적 독점과 반생태화'(사회)라는 중층적 생태위기의 결합으로 이해되어야 한다. 나아가 이러한 한반도의 중층적 생태위기가 상호복합적으로 연관되어 발생하고 있으며 이러한 반생태적 상황 각각은 강력한 상호연관관계 속에서 증폭되고 있다는 사실을 인식할 필요가 있다.

이를테면 자연지리적 분단은 인간 생활세계의 훼손과 자연에 대한 오염 및 약탈을 증가시켰다. 나아가 이러한 결과들은 다시금 생태적 공간의 국가적 독점과 반생태화를 가능하게 만든 조건들이 되었다. 그리고 생태적 공간의 국가적 독점은 또 다시 인간 생활세계의 훼손과 자연 파괴를 증가시키는 조건이 된다는 것이다. 이와 같은 의미에서 한반도 생태위기는 분단체제를 중심으로 작동하면서 한반도의 생태위기와 분단위험을 동시적으로 증폭시키는 '반생태적 순환구조'로 규정할 수 있다. 따라서 한반도의 생태철학은 분단체제를 중심으로 '인간', '자연', '사회'의 내부에서 발생하는, 그리고 이러한 생태적 요소들이 반생태적 순환구조를 맺으면서 증폭시키는 생태위기와 분단위험을 총체적으로 사유할 필요가 있다.

2) '분단생태'를 대상화하기

통일-생태철학이 한반도의 반생태적 순환구조를 총체적으로 인식해야 한다고 한다면, 그러한 총체적 인식의 대상이 개념적으로 명료해질 필요가 있다. 특히 분단체제가 한반도 생태위기의 근간에 놓여있다는 점은 그 해결에 있어서 분단의 극복을 가장 먼저 떠오르게 만든다. 하지만 생태적 메커니즘의 회복이 직접적으로 분단의 극복을 가져올 수 없는 것과 마찬가지로, 분단극복으로서 통일이 곧 생태문제의 해결을 가져올 것이라고 생각할 수 없다. 국가를 세운다는 목표에 집착할 때 이미 인간의 인간에 대한 지배, 인간의 생태계에 대한 지배를 전제로 한다는 인식이 어느 정도 전제되어 있기 때문이다. 1장에서 언급한 통일과 생태의 동시적 사유를 가로막았던 인식에서도 확인할 수 있듯이, 생태적 공동체의 건설에 있어서 기존 국가는 투쟁해야 하는 대상이지 협력하거나 화합할 대상은 아니라는 '사회생태론'의 문제제기는 바로 이러한 이유에서 분명한 의의를 갖는다.

하지만 이러한 지적은 한반도의 현실에 비추어 볼 때 한편으로 과도한 문제제기일 수 있다. 이념의 실현은 구체적인 현실 속에서 이념의 오염과 세속화를 전제로 할 수밖에 없다. 분명 '녹색의 국가화', '녹색의 자본화'는 경계해야겠지만, 녹색과 국가의 근본적 이념이 합일될 수 없다는 관념적 틀로서 '국가의 녹색화'라는 전략적 유용성을 거부할 순 없다.[35] 뿐만 아니라 오늘날 생태담론에 있어서 국가에 대한 이중적 입장이 공존하고 있다는 이론적 배경, 게다가 분단국가의 반생태적 상황이 보여주는 현실적 타당성을 놓고 볼 때, 국가의 녹색화는 '최소한의' 과정적인 필요성을 확보할 수 있다. 이는 한반도 생태위기의 진정한 극복을 위해선 통일한반도의 건설이 과정적으로 필요하다는 주장으로 나아가기 위한 전제조건이다. 결국 생태주의는 인간-사회-자연을 포괄하는 생태계 전체가 개별적으로 그리고 상호적으로 만들어 내는 호혜적

---

35 박영균, 「위험사회와 통일한반도의 녹색비전」, 『시대와철학』 제26권 1호, 한국철학사상연구회, 2015, 179쪽.

소통관계의 회복을 핵심적인 가치지향으로 삼는다.[36] 이때 구체적으로 생태철학은 인간을 포함한 자연 전체의 운영을 살피는 것, 나아가 그러한 운영과 호혜적 상호관계의 단절, 한쪽에 의한 한쪽의 억압과 배제, 궁극적으로 인간-자연-사회의 비평화적 관계 생성을 막기 위한 이론과 실천으로 이해하는 것이 타당할 것이다.

그런데 현재 한반도의 생태적 조건은 순환적이고 호혜적인 상호 관계성이 단절된 '분단생태'로 규정할 수 있다. 즉 분단생태는 한반도 분단이 남북의 인간-사회-자연이 교차적으로 맺는 생태적 순환을 중단시킴으로써 오히려 상호 대립과 적대를 끊임없이 재생산하고 있는 한반도의 반생태적 상황 전체를 의미한다. 구체적으로 분단생태는 ① 한반도 구성원 전체의 생활세계 훼손을 의미한다. 이를테면 남북의 평화로운 일상적 삶의 어려움, 상호 적대와 원한의 증폭, 그것을 인식하지 못하고 오히려 정당화하는 문화 일반 생성 등이라고 할 수 있다. ② 한반도 분단체제가 발생시킨 자연환경에 대한 직접적인 오염 일반을 의미한다. 한국전쟁, DMZ로 대표되는 분단, 70여 년 동안 지속된 휴전체제 속에서 자연환경의 직접적인 파괴는 지속적으로 축적되어 왔다. 뿐만 아니라 여기에는 생산지상주의 및 분단국가주도형 개발주의가 야기한 자연환경의 오염과 약탈적 지배 등이 추가될 수 있다. ③ 순환적이고 호혜적인 상호관계를 자율적으로 맺을 수 있는 생태영역이 분단국가에 의해 독점 당하고 있고, 그러한 독점이 만들어 반생태적 상황 전

---

36 존 S. 드라이제크, 정승진 옮김, 『지구환경정치학담론』, 에코리브르, 2005, 345 ~346쪽

체를 의미한다. 대표적으로 전국의 '군사시설보호구역'과 같이 생태적 고려의 대상이 되지 못하는 공간의 반생태적 국가독점화 및 그러한 공간의 확장이 포함될 수 있다. ④ 마지막으로 '분단생태'는 분단체제로 인해 생태적 의식과 가치가 왜곡되어 버린 현재 상황을 의미한다. 여기에는 생태철학의 영역에서 한반도 전체가 사유되고 있지 못하는 상황뿐만 아니라, 생태적 주체의 생산 및 그들이 수행한 생태적 실천이 가로막혀 있다는 점이 포함될 수 있다.

사실 분단생태라는 새로운 개념의 주조와 사용은 통일-생태철학의 핵심대상을 설정함으로써 그 구체성을 확보하는 한편, 더 나아가 이를 통해 세분화된 담론의 장을 확대하고 철학적 실천을 추동하기 위한 의도에서 비롯된 것이다. 그리고 이때 그러한 새로운 개념은 통일철학과 생태철학의 결합이 궁극적으로 향하는, '있어야만 할 것'을 사유할 수 있도록 돕는다.

3) '통일생태(계)'의 구축

분단생태를 넘어 '있어야만 할 것'은 생태적 이념과 가치가 구체적으로 실현되는 '통일생태'이다. 통일생태는 앞서 언급했듯 인간-자연-사회라는 생태계 전체의 호혜적인 상호관계성 회복에 대한 가치지향을 드러내기 위한 개념적 조어이다. 그런데 여기서 짚고 넘어가야 하는 것은 특정 이념이 현실에서의 실현으로 나아가기 위해서는 그것을 가능케 해주는 의미론적이고 시공간적인 '실천지평'이 필요하다는 점이다. 따라서 통일생태는 관념론적 생태구조가 아니라, 한반도의 구체적인 시공간에서 새롭게 구축되어야 하는 의미론적인 생태영역을 의미한다.

사실 지역·장소·영역·공간에 대한 논의는 다양한 흐름의 생태담론에서 핵심을 차지한다. 그것은 'eco'의 어원인 'oikos'의 의미상 필연적일 수밖에 없기 때문이다. 생태주의 관점에서 지역 내지 장소는 생태적 가치의 실현을 가능하게 만들 수 있는 공간이 된다. 그래서 근본생태론과 사회생태론 모두 장소(place)적 맥락에서의 생태적 공동체 구성을 핵심전략으로 추진해왔다. 머레이 북친(Murray Bookchin)이 강조하는 '자기통치의 코뮌적 지역자치체', 앙드레 고르스가 주장하는 '자율규제의 사적영역', 펠릭스 과타리가 말하는 '자기준거적인 실존적 영토'라는 개념어들은 생태적 공간의 생성이 생태주의의 핵심지향이라는 점을 잘 보여준다.[37] 하지만 오해해서는 안 될 것은 이러한 장소와 공간에 대한 논의가 '그린벨트'와 같이 가시적으로 확인가능하고 구체적으로 경계화된 영역만을 의미하지는 않는다는 점이다.

오히려 표준화되고 추상화되며 구획화된 공간이 아니라, 사회적 시간에 의해 형성되고 행위자들의 의미 부여에 의해 창조되는 '공간성의 회복'이 생태주의의 핵심가치이다. 이런 의미에서 이상헌은 다음과 같이 주장한다. "현대적 사회 체제의 공간 조작 방식은 '무장소성(placelessness)'을 특징으로 한다. 무장소성이란 개인이나 집단에게 의미 있는 장소가 없어지고, 특정 장소가 지닌 의미 역시 인정하지 않는 잠재적 태도를 의미한다. 현대 사회가 획일적이고 표준화된 공간을 생산하면서 만들어진 결과라고 할 수 있다. 생태주의는 이러한 무장소성

---

37 순서대로 머레이 북친, 서유석 옮김, 『머레이 북친의 사회적 생태론과 코뮌주의』, 메이데이, 2012, 144~164쪽; 앙드레 고르스, 앞의 책, 73~78쪽; 펠릭스 과타리, 윤수종 옮김, 『카오스모제』, 동문선, 2003b, 19쪽.

에 도전하면서, 자연환경과 인간의 문화가 함께 진화하여 안정화되었던 공간을 의미 있는 장소로 재구성하는 일에 집중하고자 한다."[38] 따라서 '통일-생태철학'은 생태계의 호혜적 상호 관계를 새롭게 구축함으로써 한반도 통일을 점진적으로 실현할 수 있는 재구성된 공간 내지 장소, 즉 '통일생태(계)'의 구축을 목표로 한다. 이러한 통일생태(계)의 의미는 구체적으로 다음과 같다.

첫째, 통일생태(계)는 생태적 가치를 회복하고 현실화시킬 수 있는 '거주 가능한 실존적 생태영토'를 의미한다. 이때 '거주 가능함'은 단순히 인간이 '머물러 살고 있다'는 것을 넘어, 생태계의 구성요소로서 인간-자연-사회 각각이 생태적 순환 메커니즘과 상호 호혜적인 관계 속에서 존재할 수 있는 상태를 의미한다. 한반도 생태위기는 이러한 실존적 생태영토의 필요성을 더욱 강하게 요구한다. 앞서 언급한 바대로, 분단국가들은 우리들이 자율적으로 존재할 수 있는 실존적 생태영토를 '분단권력의 전략'[39] 속에서 독점해왔기 때문이다. 하지만 실존적 생태영토의 국가적 독점이 마주하는 것은 결국 인간-사회-자연의 생태적 연계가 가능하지 않는 '무장소성'의 광범위한 확산일 뿐이다.

펠릭스 과타리는 현대사회가 개인적이고 집단적인 '실존적 영토'를 손상시킴으로써 주체성에 거대한 공백을 만들어냈다고 지적했다. 여기

---

38 이상헌, 『생태주의』, 책세상, 2011, 37~38쪽.

39 포스트식민주의 이론가인 조앤 샤프는 공간, 장소, 경관이 "의식적 무의식적으로 사회적 기술로서 사용되었고, 도시, 마을 혹은 플랜테이션 거주자들을 편입시키고 범주화하고 훈육, 조정, 개조하가는 권력의 전략으로 사용되었다고 사용되었다"고 지적한다. 조앤 샤프, 이영민·박경환 옮김, 『포스트식민주의 지리』, 도서출판 여이연, 2011, 102쪽. 그런데 이는 분단국가주의에서도 마찬가지이다.

서 그는 생태적 실천이 주체성의 회복을 통해서만 가능하며, 또한 그러한 주체성은 개인의 잠재성을 현실로 만들 수 있는 실존적 영토로부터 생산될 수 있다고 주장한다.[40] 생태적 삶의 실현은 '실존적 영토의 회복'이 전제조건인 것이다. 구체적으로 펠릭스 과타리가 유형화한 세 가지 생태학의 공통적인 원리는 우리가 직면한 실존적 영토를 '자폐적인 즉자'로서 받아들이는 것이 아니라, 인간적인 기획과 생태적 실천에 입각하여 '거주 가능한' 개방적 공간으로 탈바꿈시키는 것이었다.[41] 물론 이러한 그의 사유는 한반도 생태계가 자신의 실존적 영토를 국가에 의해 탈취당하고 있다는 사실에서는 타당성을 갖지만, 그러한 실존적 영토의 회복 자체가 분단체제로 인해 가로막혀 있다는 점에서 일방적용 할 수 없다. 따라서 실존적 생태영토의 회복과 변증법적으로 결합할 수 있는 또 다른 통일생태의 공간 형성이 필요하다.

따라서 둘째, 통일생태는 자기준거, 자율규제, 자기통치를 통해 분열된 생활세계를 회복시킬 수 있는 자율적 생태공간을 의미한다. 앞서 언급했듯 과타리, 고르스, 북친은 공통적으로 '자기준거', '자율규제', '자기통치'라는 메커니즘 속에서 생태적 가치와 의의를 구현시킬 수 있는 구체적인 공간의 생성을 주장했다. '자기준거', '자율규제', '자기통치'

---

40 펠릭스 과타리, 앞의 책(2003b), 19쪽. 사실 과타리 사유의 시작을 차지했던, 즉 새로운 주체성을 발견하고자 했던 방법론으로서 '분열분석'은 그의 언명처럼 "실존을 분기시킬 수 있는 새로운 촉매적 핵심 지대를 발명하는 것"이었다. 펠릭스 과타리, 위의 책(2003b), 32쪽.

41 펠릭스 과타리, 앞의 책(2003a), 38~39쪽. 신승철은 과타리의 이러한 관점에 대해 자연과 인간의 유기적 관계가 사회의 변증법적 관계망으로 나타난다고 보면서 사회의 연결망에 변화의 실마리가 시작될 수 있다는 것으로 규정한다. 신승철, 『펠릭스 과타리의 생태철학』, 그물코, 2011, 64~66쪽.

의 핵심은 특정 공간의 가치의 기준을 국가와 아버지와 같은 초자아에 두는 것이 아니라, 인간 스스로부터 자율적으로 정립된 가치에 따라 규정하는 것에 있다.[42] 그들의 논의들을 차용하면 통일생태는 주체들이 외부적 타율규제가 아니라 자기자신의 기준과 가치에 따라 의미를 부여해서 만들어 진 생태적 공간이라고 할 수 있다. 북친은 자기통치의 코뮌적 지역자치제를 자신이 제창한 사회생태론의 핵심에 두었다.[43] 이 때 이러한 코뮌은 '계급과 위계구조로 인해 인간과 자연생명계가 입었던 여러 상처들이 회복되는 장소', '공통된 유대감에 기초한' 그리고 '인간이 전향적 이성적으로 세계에 관여하는 장소'를 의미한다.[44] 이렇듯 자연공간에 대한 국가의 반생태적 독점화가 끝나는 지점에서 생태계의 상처가 회복되는, 그리고 공통된 유대감에 기초한 생활세계의 회복을 불러올 수 있게 하는 생태적 공간이 시작될 수 있다.

즉, 통일생태는 ① 생태계의 고유한 가치와 의미를 표출하고 현실화시킴으로써 인간-사회-자연이 호혜적 상호관계 속에서 공존할 수 있는 실존적 생태영토, ② 자기준거, 자율규제, 자기통치 등의 이념을 통해 훼손되고 오염되고 상처받은 인간-자연-사회가 스스로를 치유할 수 있는 자율적 생태공간을 의미한다. 이렇듯 통일생태는 반드시 인간, 사회, 자연을 기저로 각각 생성되는, 나아가 이러한 세 가지 요소들이 상호 매개되어 새로운 영역이 창조될 때에야 비로소 가능하다. 하지만

---

42 신승철, 『철학, 생태에 눈뜨다』, 새문사, 2015, 180쪽.
43 머레이 북친, 앞의 책, 76쪽.
44 머레이 북친, 위의 책, 148쪽.

이러한 실존적 생태영토와 생태적 공간을 만들어 내기 위한 또 다른 실천들이 존재하지 않는다면, 그러한 영역을 차지하는 것을 결국 또 다른 반생태적인 지배와 억압, 흐름과 기도들일 것이다.

5. '통일-생태철학'의 정립과 확산을 위한 몇 가지 조건들

생태적 사유는 대안적 유토피아를 설정하라는 요구, 즉 '에코토피아(ecotopia)'에 대한 청사진을 내놓으라는 요구와 항시적 긴장관계를 유지해야 한다. 만약 그러한 강요된 질문에 호응할 경우, 보수화되고 자본주의화된 '생태론자들만의 이상사회'를 제시하는 데 그치기 때문이다.[45] 따라서 중요한 것은 존재와 당위, 현실과 이상의 변증법적 긴장에 입각한 생태적 사유의 지속된 실천이다. 한편 생태적 사유는 분명 통일이라는 이데올로기보다 넓고 깊은 이념적 지위를 갖는다. 생태는 통일 이전과 이후에도 지속적으로 영향을 줄 수 있는 통일한반도의 규제적 이념이다. 게다가 통일한반도에서는 생태위기가 사라질 것이라는 전망은 말 그대로 유토피아적 환상에 불과하다. 따라서 한반도의 통일 과정과 그 이후에도 주도적 이념으로 작동할 수 있는 생태주의의 실현과 그 지속을 위해선, 나아가 통일-생태철학의 정립을 위해선 다음과 같은 영역에서의 새로운 실천이 동반되어야 한다.

첫째, '통일-생태적' 감수성의 회복이다. 인간과 자연의 상호의존성

---

45 문순홍, 앞의 책, 30쪽.

과 호혜적 관계성을 인식하는 생태적 감수성의 회복은 생태담론에서 지속적으로 제기되어왔던 실천양식이었다. 그러한 이러한 생태적 민감성을 한반도 분단문제로 확장시킨다면 그것은 '통일-생태적 감수성'으로 규정할 수 있다. 이를테면 '통일-생태적 감수성'은 자연에 대한 의식인 책임성을 넓혀 국가권력의 자연에 대한 독점을 민감하게 받아들이는 한편, 자신의 활동을 스스로 통제하고자 하는 열정인 자율성과 함께 소외되고 밀려난 이들과의 연대라는 기본가치들 인식할 수 있는 능력일 것이다. 즉, 이는 한반도에 존재하는 모든 직접적, 구조적, 문화적 폭력에 반대하고[46] 생명권의 보존과 실현을 요구하는 감수성을 의미한다. 이러한 감수성의 회복은 고립되고 억압되고 체계적으로 종속된 주체성을 극복하고 생태적 주체를 생산하는 과정을 동반한다. 따라서 이러한 '통일-생태적' 감수성은 생태적인 통일한반도 건설에 있어서 중요하게 작동할 수 있으며, 수많은 행동양식의 변화를 추동시킬 수 있다.

둘째, 이를 기반으로 '통일-생태적 윤리학'을 구축하려는 시도이다. 캐롤린 머천트(Carolyn Merchant)는 자연에 대한 기계론적 사고가 유기체적 자연관의 핵심이었던 가치, 목적, 조화라는 개념들을 없애버리는 동시에 자연 속에 오직 '물질과 힘'만을 남겨두었다고 지적한다. 사라지는 것은 '윤리적 가치'들이고 남게 되는 것은 물리적 법칙인데, 그러한 전환이 곧 "경제발전에 필수적인 자연의 지배와 조작에 대한 미묘한 면죄부를 제공한다"[47]는 것이다. 이런 점에서 필요한 것은 자연에 대

---

46 요한 갈퉁, 강종일 외 옮김, 『평화적 수단에 의한 평화』, 들녘, 2000, 19~20쪽.
47 캐롤린 머천트, 허남혁 옮김, 『래디컬 에콜로지』, 이후, 2001, 89~90쪽.

한 윤리적 시선의 회복이다. 그런데 이러한 통일-생태적 윤리는 미시적 공간, 곧 분단국가들에 의해 독점화된 자연공간과 사회적 공간에 대한 비판적 성찰이 필요하다는 점에서 보다 유용할 수 있다. 예를 들어, 지역 사이, 문명 사이, 사회 사이, 인간과 환경 사이, 인간과 인간 사이에서 발생하는 비평화의 다양한 양상들이 확대·심화되고 있다는 점에서, 폭력의 발생 요인을 거시적 차원에서만 분석할 수 없으며, 미시적 공간 속에서 고찰해야 할 필요성은 매우 크다.

그런데 위의 두 가지는 곧 새로운 주체의 형성이라는 문제의식을 반영한 것이다. 하지만 이것으로는 불충분하다. 주체의 형성은 구체적인 미시정치와 일상적 실천을 통해서만 가능할 수 있기 때문이다. 따라서 셋째, 통일-생태정치의 시작과 로컬 운동의 세부 프로그램 실행이 필요하다.[48] '지구적으로 사고하고 지역적으로 행동하라', '지역적으로 사고하고 지구적으로 행동하라'라는 구호는 생태주의 운동의 핵심을 드러내 주는 표어였다. 생태주의의 실현은 자신이 살고 있는 주위 환경을 책임지고자 하는 바람과 적극적인 실천으로부터 시작된다. 이는 곧 우리 이웃들과 함께 살고 있는 자신의 외부 세계에 대한 적극적인 권리행사인 것이다. 지역적 책임을 상기시키고 그러한 책임을 지구적 차원에서 고양시켜 고민하는 것. 반대로 지구적 차원에서의 책임을 지역적 차

---

[48] 예컨대, 조명래는 녹색사회를 구현하기 위한 세부 프로그램으로서 '녹색상품 소비의 제도화', '맞춤형 녹색교육의 제도화', '녹색 공공영역의 구축', '녹색문화의 육성' 등을 제시한 바 있다. 조명래, 『녹색토건주의와 환경위기』, 한울아카데미, 2013, 307~312쪽. 바로 이러한 세부 프로그램은 로컬운동의 실천적 각론이 될 수 있다.

원에서 실현시키는 것[49]은 생태정치의 시작이다. 바로 이런 점에서 생태정치는 로컬 운동을 동반하게 된다. 로컬 운동의 기반 속에서 시작되는 통일-생태정치는 한반도 분단체제에 균열을 가져올 수 있는 민주주의의 실험장, 분단국가주의에 종속된 주체가 아니라 새로운 통일한반도를 구성할 수 있는 시민적 주체의 형성을 가져올 수 있다.

49 알랭 리피에츠, 박지현·허남혁 옮김, 『녹색희망』, 이후, 2002, 83~89쪽.

참고문헌

강철구, 「우리나라 군부대 환경관리의 문제점과 개선방안: 경기 북부지역을 사례로」, 『환경정책』 제10권 2호, 한국환경정책학회, 2002.

권정임, 「현대 생태사회론과 생태철학」, 『시대와 철학』 제17권 4호, 한국철학사상연구회, 2006.

김계중, 「DMZ, 생명과 평화의 공간」, 동국대학교 북한학연구소 편, 『DMZ 생태와 한반도 평화』, 아카넷, 2006.

김용환, 「환경문제와 인간중심적 생태철학」, 『인문과학연구』 제36집, 강원대학교 인문과학연구소, 2013.

김재한, 「DMZ 연구의 오해와 논제」, 『통일문제연구』 통권 제56호, 평화문제연구소, 2011.

김철규, 「한국의 개발주의와 환경갈등」, 『한국사회』 제9집 1호, 고려대학교 한국사회연구소, 2008.

머레이 북친, 서유석 옮김, 『머레이 북친의 사회적 생태론과 코뮌주의』, 메이데이, 2012.

문순홍, 『생태학의 담론』, 아르케, 2006.

문종길, 「심층생태론은 생태위기의 철학적 대안이 될 수 있는가」, 『환경철학』 제1집, 한국환경철학회, 2002.

박영균, 「위험사회와 통일한반도의 녹색비전」, 『시대와 철학』 제26권 1호, 한국철학사상연구회, 2015.

박명규, 「녹색평화의 문제의식과 쟁점들」, 박희병 외, 『녹색평화란 무엇인가』, 아카넷, 2013.

신승철, 『펠릭스 과타리의 생태철학』, 그물코, 2011.

신승철, 『철학, 생태에 눈뜨다』, 새문사, 2015.

안나 브람웰, 김지영 옮김, 『생태학의 역사: 에콜로지의 기원과 전개』, 살림, 2013.

안승대, 「한국 통일교육에 대한 생태주의의 적용가능성에 관한 연구」, 『동아인문학』 제19호, 동아인문학회, 2011.

알랭 리피에츠, 박지현·허남혁 옮김, 『녹색희망』, 이후, 2002.

앙드레 고르스, 임희근·정혜용 옮김, 『에콜로지카』, 갈라파고스, 2015.

앙리 르페브르, 양영란 옮김, 『공간의 생산』, 에코리브르, 2011.

양해림, 「독일에서 환경철학의 역사」, 『환경철학』 제3집, 한국환경철학회, 2004.

요한 갈퉁, 강종일 외 옮김, 『평화적 수단에 의한 평화』, 들녘, 2000.

울리히 벡, 홍성태 옮김, 『위험사회: 새로운 근대(성)을 향하여』, 새물결, 1997.

이상헌, 『생태주의』, 책세상, 2011.

이종석, 『한반도 평화통일론』, 한울아카데미, 2012.

정민걸, 「환경철학에서 생태적 접근의 한계」, 『환경철학』 제6집, 한국환경철학회, 2007.

조명래, 『녹색토건주의와 환경위기』, 한울아카데미, 2013.

조앤 샤프, 이영민·박경환 옮김, 『포스트식민주의의 지리』, 도서출판 여이연, 2011.

존 벨라미 포스터, 박종일 옮김, 『생태혁명』, 인간사랑, 2010.

존 S. 드라이제크, 정승진 옮김, 『지구환경정치학담론』, 에코리브르, 2005.

최병두, 「북한의 환경문제와 생태통일 전략」, 『황해문화』 제39집, 새얼문화재단, 2003.

캐롤린 머천트, 허남혁 옮김, 『래디컬 에콜로지』, 이후, 2001.

Ken Conca and Jennifer Wallace, "Environment and Peacebuilding in War-torn Societies: Lessons form the UN Environment Programme's Experience with Postconflict Assessment", *Global Governance* Vol. 15, NO. 4, Published By: Brill, 2009.

폴 로빈슨, 권상철 옮김, 『정치생태학』, 한울, 2008.

펠릭스 과타리, 윤수종 옮김, 『세 가지 생태학』, 동문선, 2003a.

펠릭스 과타리, 윤수종 옮김, 『카오스모제』, 동문선, 2003b.

한면희, 『동아시아 문명과 한국의 생태주의』, 철학과 현실사, 2009.

한면희, 「DMZ와 생태평화의 철학」, 『환경철학』 제10집, 한국환경철학회, 2010.

CHAPTER 2

분단체제에서 DMZ와 탈구축 전략

인문학적 통일 패러다임의 사회적 적용
: 하나의 사례로서 'DMZ 디지털스토리텔링'[1]

| 박영균·박민철 |

1. DMZ와 인문학

제국주의 식민지 지배의 결과이자, 동서 냉전체제의 산물이었던 한반도 분단은 아직까지도 존속되고 있다. 오늘날 이러한 한반도의 분단을 상징적으로 보여주는 것은 'DMZ'이다. 협의의 의미에서 DMZ는 엄밀하게 볼 때 군사분계선을 중심으로 한 4km의 공간을 의미한다. 하지만 군사분계선 남방 25km에 해당하는 '민간인출입통제선(민통선)'과 민통선 이남 20km 이내의 '접경지역'을 DMZ와 동일한 공간으로 규정하고 있는 의견들도 존재한다. 이들 지역 역시 민간인의 산업 및 기타활동이 제한되어있는 낙후된 환경이기에, DMZ와 유사한 특성을 갖는다는 이유에서이다.[2] 이러한 광의의 의미에 따를 때, DMZ는 1,528km^2, 약 7억 평으로, 한반도의 약 10%에 해당하는 매우 광범위한 지역이 된다.

---

1 이 글은 『OUGHTOPIA』 제31권 1호, 경희대학교 인류사회재건연구원, 2016에 게재된 논문을 수정·보완한 것이다.
2 이러한 의미에서 본 논문은 'DMZ' 지역을 군사분계선 이하 2km(비무장지대) 외에도 민간인통제지역(CCZ: Civilian Control Zone), '접경지역지원특별법'에 의한 접경지역 등을 포함시키는 넓은 의미로서 규정하고자 한다.

하지만 우리들에게 주로 각인되어있는 DMZ의 이미지는 주로 협의의 의미에서 사용되는, 즉 남북이 군사적으로 직접 대치하고 있는 공간을 가리킨다. 여기서 남과 북은 중무장한 채로 한 치의 빈틈도 없이 대치하고 있다. 외국인들이 바라보는 DMZ 역시 별반 다르지 않다. 실제로 각 나라의 '구글(google)'에서 DMZ를 검색했을 때 나오는 대표적인 정보는 남북의 군사적 대치상황이 다수를 차지하고 있다.[3] 이렇듯 DMZ는 한반도뿐만 아니라 전 세계 여러 나라들에 있어서도 군사적 적대와 전쟁의 공포를 떠올리는 대표적인 장소로 자리 잡게 되었다.

그러나 최근 들어 광의의 의미로서 DMZ에 대한 인식이 확산되면서 이 지역에 대한 사회적 인식이 점차 변화하고 있다. 먼저, 한반도 평화체제 건설에 대한 인식과 더불어 그 시작점으로서 분단의 상징인 DMZ를 평화적으로 이용하고자 하는 범정부 차원의 인식이 발전되어 왔다. 박근혜 대통령은 2013년 5월 '미국 상·하원 합동연설'과 8월 '8.15 경축사'에서 김대중 정부가 최초로 제기한 'DMZ 세계평화공원' 구상 계획을 구체적으로 표명하였다. 이는 그동안 대립과 갈등의 공간으로 규정된 DMZ를 새롭게 구성하자는 문제의식의 표명이라고 할 수 있다. 이와 더불어 DMZ의 평화적 활용을 위한 법적 기초 및 제도화에 대한 연구들도 활발히 진행되었다. 예컨대, 가장 최근에는 DMZ의 평화로운 활용을 위한 법률로서 'DMZ세계생태평화공원특별법' 제정을 추진하는 의견,[4] DMZ의 활용을 주도적으로 준비하고 실행에 옮길 수 있는

3 이용재, 「DMZ의 정치적 이미지 분석에 관한 연구」, 『정치커뮤니케이션연구』 제22집, 한국정치커뮤니케이션학회, 2011, 193쪽.
4 최주영·유상균, 「DMZ 세계생태평화공원 실현방안 연구」, 『국토계획』 제50권 1호,

'DMZ 정책조정위원회'를 건설하자는 의견[5] 등이 그러하다.

다른 한편, 이런 분위기와 함께 DMZ의 평화적 이용에 대한 사회적·문화적 관심 역시도 확장되고 있는 추세이다. 예를 들어 아직까지도 대체로 안보관광이기는 하지만, 이전과 다른 DMZ 관광투어와 답사들이 지자체 주도로 만들어지면서 이와 관련된 다양한 교육·문화산업들이 활성화되고 있다. 또한, DMZ의 평화적 이용에 대한 사회적 관심이 증대됨에 따라 학문적인 영역에서도 관심이 증가하고 있다. 실제로 논문 검색 사이트를 통해 'DMZ' 키워드를 제시했을 때 2015년 현재 학위논문은 211편, 국내 학술지 논문은 581편, 단행본은 732편에 이르고 있으며 그중에서도 2011년부터 현재까지 최근의 연구 성과물 편수가 가장 많다는 점 또한 특징적이라고 할 수 있다.[6]

최근 고조되는 DMZ에 대한 한국사회의 관심은 분단의 상징인 DMZ를 다가올 미래에 있어서 다른 공간으로 탈바꿈시키고자 하는 의지와 연결되어 있다. 바로 이런 점에서 주목해야 할 것은 DMZ의 과거와 현재가 '분단'을 상징하고 있다면 미래의 DMZ는 '통일'의 상징이 될 수밖에 없다는 점이다. DMZ는 분단과 전쟁으로 인해 자연생태계와 인간 생명이 모두 파괴되었던 상처를 고스란히 간직하고 있는 공간이다. 하지만 DMZ에 거주하는 사람들과 생명들은 그런 상처를 딛고 오늘날 새

대한국토·도시계획학회, 2015.

5 정시구, 「박근혜정부의 DMZ 세계평화공원 조성 정책의 함의」, 『대한정치학회보』 제23권 3호, 대한정치학회, 2015.

6 1991년부터 2015년까지 논문검색 사이트(www.riss.kr)에서 'DMZ'를 키워드로 제시했을 때 나온 결과이다(검색일: 2015년 11월 27일).

로운 삶의 터전을 일구고 있다. 따라서 미래의 공간으로서 DMZ는 이런 상처를 딛고 남과 북의 주민들이 통일을 만들어가는 공간이 되어야한다.

하지만 '미래의 공간으로서 DMZ가 앞으로 어떤 공간이 되어야 할까?'라는 질문에 대한 구체적인 비전은 아직 체계적으로 제시된 적이없다. 그런데 이러한 비전 제시에는 인간 자신에 대한 성찰과 인간이처한 조건을 탐구하는 인문학의 적극적 역할이 필요하다. 따라서 지금우리들에게 요구되는 과제는, '인문학'적 가치와 이념 위에서 '미래의통일 공간'으로 DMZ를 바꾸어 갈 수 있는 인문적 비전과 전략을 제시하는 것이다. 이때 인문학과 디지털 기술의 만남은 통일문제에 대한 인문적 비전과 전략을 구체화하고 사회적으로 확산시킬 수 있는 새로운방법론이 될 수 있다. 왜냐하면 먼저 DMZ라는 주제는 역사·사건·장소·대상·개념·인물, 스토리와 같이 디지털 콘텐츠화와 높은 연계성을갖기 때문이다. 나아가 통일과 인문학의 결합이 디지털 기술을 통해 실천적으로 구현될 때, 디지털 기술의 대중성으로 인해 사람들의 일상 속으로 통일 문제를 접근할 수 있는 가능성이 확장되기 때문이다.

구체적으로 이 글은 첫째, DMZ에 대한 기존 프레임이 DMZ의 진정한 의미를 상징화하는 데 실패하고 있다는 점을 지적하고, '분단극복을위한 인문적 비전 제시'라는 근본 목적에 따라 DMZ의 가치를 새롭게창조할 수 있는 인문학적 통일 패러다임의 필요성을 서술할 것이다. 둘째, 생명·평화·치유라는 인문 패러다임을 통한 DMZ 재상징화의 방향과 지향점을 소개하는 한편, 이러한 인문적 패러다임의 사회적 확산을위한 한 사례로서 디지털 기술과의 결합을 소개할 것이다. 마지막으로 셋째 인문학적 통일 패러다임의 사회적 적용의 한 사례로서 철원 지역을 대상으로 한 'DMZ 디지털스토리텔링' 플랫폼을 소개하고, 이것이 갖는 의의와 확장가능성에 대해 논의할 것이다.

2. DMZ를 규정하는 프레임 전환의 필요성과 인문학적 통일 패러다임

공간적 확장 및 의미론적인 부상에도 불구하고 지난 60여 년간 DMZ 지역은 여전히 과거지향적 프레임에 묶여 있다. 이때 기존의 DMZ를 바라보는 프레임은 대체적으로 다음과 같은 세 가지 틀에 의해 규정되고 있다. 첫째, '생태주의 프레임'이다. 이것은 DMZ에 풍부한 생물 종들이 존재한다는 사실을 강조하면서 자연생태계 보존만을 내세우고 있다. 둘째, '경제주의 프레임'이다. 이것은 DMZ 내 살고 있는 사람들의 경제적 낙후성을 지적하면서 주민들의 소득 증진 및 남북 경제 활성화를 위한 개발을 주장하고 있다. 셋째, '안보주의 프레임'이다. 이것은 DMZ가 현재 남북의 군사적 물리력이 대치하고 있는 공간이라는 점에 주목하면서 이를 안보교육의 장으로 활용해야 한다고 주장하고 있다.

'생태주의 프레임'과 '경제주의 프레임'은 기본적으로 인간과 자연을 이분법적으로 대립시키고 있다. 이것은 '가장 평화로운 생태의 현장'과 '가장 극심했던 전쟁의 상흔'이라는 이중적 대비효과를 통해 극적으로 구현된다.[7] 하지만 인간과 자연의 대립이라는 이분법적 접근은 인간과 자연의 생명체들이 함께 상호작용하면서 살아갈 수밖에 없다는 평범한 진리를 간과한다. 인간을 배제한 자연 중심의 보존논리는 DMZ 지역 내에 거주하는 주민들의 생존조건과 삶의 질을 배제하고 있으며, 자연을 배제한 인간 중심의 개발논리는 인간 또한 자연생태계의 일부이기에 자연의 파괴가 곧 인간의 파괴를 의미한다는 것을 간과하고 있다. 또한, '안보주의 프레임'은 DMZ가 대표적인 분단의 현장이자 남북의 무장(武裝)이 상호 대치하고 있는 공간이라는 점에서 이를 안보교육의 체험적 장(場)으로 활용하려는 데에만 방점을 두고 있을 뿐이며, 그보다 훨씬 중요한 평화의 가치를 체험하는 장이 될 수 있다는 점을 간과하고 있다. 게다가 통일교육의 관점에서 볼 때, '안보주의 프레임'은 남북의 화해협력이 아니라 남북 대결의 군사적 대결을 강화하여 오히려 서로 간의 대결을 부추기는 냉전적 사고의 확산을 불러오고 있다.

이런 점에서 DMZ가 한국전쟁의 승리와 '반쪽 짜리 평화'를 위한 여러 전시 공간으로 활용되고 있는 현실도 그리 이상하게 보이지 않는다. 전쟁이 남긴 상처와 고통을 자각하고 그에 따른 교훈을 받아들이는 데 활용되기보다는, 전쟁 승리의 영광과 환희를 채색하는 공간이자 남북의 적대성을 더욱 확장시키는 반공교육의 공간이 되어버린 것이다. 실제로도 DMZ는 남북을 구분짓는 최전선이자 안보교육의 장소로 정부가 독점한 공간이었지, 우리들이 자유롭게 오고갈 수 있고 관심을 둘 수 있었던 지역이 아니었다. 시간이 흘러 DMZ 지역이 우리들의 관심 속에 어느 정도 자리잡게 되었지만 그 시간은 그리 길지 않을뿐더러 여

---

7 박은진, 「DMZ 세계평화공원 기본 전략과 필요성」, 『북한』 제506권, 북한연구소, 2014, 26쪽.

전히 낯선 '금기의 공간'으로 유지되고 있다.

하지만 DMZ는 한국전쟁과 적대적 대립을 지속하는 한국사회, 나아가 국제적으로 상징화될 수 있는 가치를 가지고 있는 로컬적 공간이다. 그런데도 이들 세 가지 프레임은 DMZ의 풍부한 공간적 특이성을 사상하고, DMZ를 남북대치 또는 폐쇄된 공간으로 '박제화'함으로써 DMZ가 가지고 있는 의미와 가치의 다양성을 제거하고 있다. 무엇보다 '인간 대 자연', '안보', '상처'에 의해 강하게 규정되는 기존 DMZ 프레임은 분단을 만들어온 과거와 그 트라우마에 의해 지배되며, 이와 같은 과거의 지배는 분단형 인간을 재생산할 뿐이다. 그런데 '분단형 인간'이 아닌 '통일형 인간'을 생산하기 위해선 DMZ에 대한 새로운 프레임의 전환과 이에 기반한 재상징화가 필요하다.

DMZ의 재상징화를 위해선 무엇보다도 먼저 DMZ가 가지고 있는 로컬적 특이성을 파악하고, 이 지역이 가진 잠재적 가치의 실현 방향을 모색할 필요가 있다. DMZ의 '로컬리티(locality)'는 다음의 세 가지이다. 첫째, 남북의 군사적 대치 현장이자 둘째, 남북 분단의 역사가 응축된 공간이며 셋째, 전쟁으로 폐허가 된 척박한 땅에서 종의 다양성이 살아 있는 생태계의 터전이자 사람들의 삶이 숨 쉬는 공간으로 바꾸어 온 강인한 '생명의 역사'가 있는 공간이라는 점이다. 하지만 남북의 군사적 대치 현장으로서 DMZ를 '안보'라는 프레임으로 상징화하게 될 때, 그것은 오늘날 세계화의 관점에서 퇴행적인 냉전적 사고가 되며 지역적으로는 대한민국 내부로 갇히는 결과를 낳게 될 우려가 있다. 따라서 DMZ의 로컬적 특이성을 최대한 살리면서도 그것을 보편적 가치의 구현체로 상징화할 필요가 있다.

예를 들어 '남북의 군사적 대치 현장'이라는 DMZ가 가진 이미지는 국내적으로 보면 '안보'가 먼저 떠오르는 공간으로 상징화되지만, 인류 보편적 가치의 차원에서 보면 그것은 '평화'라는 가치를 지닌 공간으로 재상징화될 수 있다. 마찬가지로 '남북 분단의 역사가 응축된 공간'이라는 DMZ가 가진 로컬리티는 우선적으로 전쟁의 공간으로서 전쟁의 아픔과 북에 대한 적개심을 불러일으키는 공간이지만, 오히려 '극복'의 대상이자 '치유의 공간'으로 재상징화할 수 있다.

　물론 최근 들어 DMZ를 남북의 평화와 화해를 만들어갈 수 있는 새로운 공간으로 탈바꿈하자는 견해가 확산되고 있는 것도 사실이다. 이와 함께 DMZ 내 'UN사무국설치'와 같은 다양한 평화시설을 마련하고 '세계평화공원'을 건설해 국제적인 관광명소로 만들자는 의견, 남북의 교류와 협력이 직접적으로 가능한 '남북경제협력공단'을 추가로 만들자는 견해, 이산가족과 남북의 당국자들이 모임을 할 수 있는 '평화광장'과 '국제회의장'을 만들자는 의견까지 다양하게 제시되고 있다. DMZ를 한반도의 평화와 통일을 위한 거시적인 전략 속에서 모색하는 경향이 최근 대두되고 있는 것이다.

　하지만 '미래적 가치구현의 공간으로서 DMZ'에 대한 연구는 아직 체계적으로 진행되지 못하고 있다. 이제까지 대부분의 DMZ 연구는 니체가 말한 '원한 감정'과 같은 '과거'에 묶여 있다. 이러한 '과거'는 분단과 전쟁, 이데올로기적인 대립이다. 따라서 중요한 것은 DMZ를 보편적인 이념과 가치에 따라 새로이 만들어갈 수 있는 '미래의 공간'으로 탈바꿈시키는 것이다. 동시에 그러한 전략은 전쟁이 남긴 상처에 대한 치유를 고민할 수 있는 '과거'의 가치, 또한 거주 주민들의 현실적 삶을 지속가능한 것으로 만드는 '현재'의 가치, 동시에 통일과 평화의 비전을 제시할 수 있는 '미래'의 가치를 포괄할 수 있어야 한다. 즉, DMZ를 과거-현재-미래의 가치와 희망이 서로 소통하고 화합할 수 있는 통시적 공간으로 탈바꿈할 수 있는 전략이 필요하다. 그런데 인문학의 적극적 개입은 바로 이 지점에서 요구된다고 할 수 있다.

DMZ가 필요로 하는 새로운 해석과 의미 부여는 인간의 근원적 가치에 주목하고 이를 실천으로 옮기는 인문학의 토대 위에서 이루어질 수 있다. 근본적으로 인문학은 인간 자신의 가치와 의미를 찾아내고 정립하고자 하기 때문이다. 반면 자연과학은 인간 밖의 외부 세계를 탐구한다. 여기서 관찰자와 관찰 대상은 다르다. 하지만 인문학에서 관찰자와 관찰 대상은 일치하며, 관찰자 자신이 학문의 목적으로 존재하게 된다. 왜냐하면 인문학은 인간 그 자신의 존재 가치와 의미를 만들고 그 자신의 형상을 스스로 도야해 가는, 본질적으로 미래지향적인 '실천적인 학문'이기 때문이다. 따라서 DMZ가 더 이상 특정한 역사적 사건으로 인해 만들어진 '과거의 공간'이 아니라, 어떤 이념과 가치에 따라 새롭게 만들어갈 수 있는 '미래의 공간'이라는 인문적 비전을 유지할 필요가 있다.

그것은 바로 〈그림 2-1〉에서 보듯이 '인간 대 자연'의 대립이 아니라 양자 모두를 함께 보듬고 있는 '생명(life)'의 패러다임으로, 단순히 적을 제압하는 관점의 '안보'가 아니라, 보다 더 적극적으로 양자 간의 관계를 회복함으로써 궁극적인 안보를 실현하는 '평화(peace)'의 패러다임으로, 도려내야 할 병적 대상의 전제로부터 출발하는 '상처'가 아니라 자연과 인간의 공존 속에서 서로에게 남겨진 상처를 같이 아파하고 어

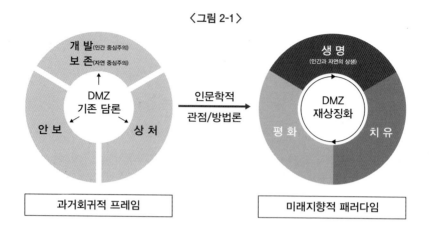

〈그림 2-1〉

개 발 (인간 중심주의)
보 존 (자연 중심주의)

DMZ
기존 담론

안 보   상 처

과거회귀적 프레임

인문학적
관점/방법론

생 명 (인간과 자연의 상생)

DMZ
재상징화

평 화   치 유

미래지향적 패러다임

루만질 수 있는 '치유(healing)'의 패러다임으로 DMZ를 재상징화하는
것이다. 기존 프레임을 극복하고 '생명', '평화', '치유'라는 인문가치의
패러다임을 통해[8] DMZ를 재상징화하려는 인문적 기획은 다음과 구체
적인 지향점을 갖는다.

첫째, 인간과 자연이 상생하는 '생명의 터전'으로서의 DMZ이다.
DMZ는 자연환경 생태계가 보존·회복되면서도 그 안에 살고 있는 인
간과의 상호공존이 가능할 수 있는, 이른바 '생명 가치의 우선적 공간'
이 되어야 한다. 자연 중심의 보존논리는 DMZ 지역에 거주하는 인간
의 삶의 조건을 사상시킬 우려가 있으며, 인간 중심의 개발논리는 인간

---

8 본 글에서는 '프레임'과 '패러다임'을 의미론적으로 대비시켰다. '프레임'이 학문
적으로 체계화된 논리적 구조에 대한 반성이나 성찰 없이 일상적으로 우리에게
주어진 인식론적 틀을 따라 특정 대상을 보는 것이라고 한다면, '패러다임'은 인
간과 대상 사이의 상호관계에 대한 체계적이고 논리적인 성찰을 수반하는 학문적
성과를 기반으로 하여 대상을 바라보는 것이다. DMZ를 규정하는 인식의 전환이
갖는 의미가 분명해지기 때문이다.

이 포함된 자연생태계를 경제적 이윤창출을 위한 수단으로 전락시킬 우려가 있다. 오히려 자연 중심의 생태담론과 인간 중심의 개발담론도 아닌 이 양자를 포괄해서 생명 중심의 가치관 속에서 이해할 때, DMZ 는 자연환경 생태계와 인간의 상호공존이 가능할 수 있는 '생명의 공간'이 될 수 있다.

이때 이러한 '생명'은 인간뿐만 아니라 외적 대상으로서 '자연'을 포함시켜, 생태계 생명체들과 인간, 더 나아가 그들 사이에 서로 복잡하게 연결되어있는 상호작용 전체를 의미한다. 따라서 생명이라는 키워드는 개발 혹은 보존이라는 이분법적 논리와 함께 여전히 분열되어있는 DMZ를 '상호 연관되어있는 전체'로 인식하면서 개체로 분할되어있는 파편적 인식을 극복하도록 만들 수 있는 개념이다. 생명 가치 중심의 DMZ 패러다임이 확고하게 구축되게 된다면 DMZ는 앞으로 자연생태계의 보존지역, 인위적으로 끊어진 남북의 자연생태계 복원지역, 자연과 인간의 평화로운 상호공존 지역이라는 의미로까지 확장 가능할 것이다.

둘째, 미래지향적 '평화 통일의 공간'으로서의 DMZ이다. DMZ는 전쟁과 분단 이후 계속되어 온 남북한의 대립과 갈등을 해소하고 남북한의 신뢰를 바탕으로 한 미래지향적인 '평화 통일의 공간'이 되어야 한다. 정전협정이 맺어진 지 60년이 넘는 시간이 지났지만, 지금도 우리에게는 전쟁이 다시 일어날지도 모른다는 두려움이 남아 있다. 특히, DMZ는 이러한 남북 주민들의 공포가 끊임없이 재생산되는 공간이었다. 물론 많은 사람들이 DMZ를 남북의 평화를 상징하는 곳으로 만들기 위해 노력하고 있지만, 그와 같은 노력이 실질적인 결실을 맺고 있지는 못하다. 이런 점에서 평화와 통일을 의미하는 새로운 상징적 공간으로 DMZ를 재구축하는 시도가 요구된다고 할 수 있다.

현재 '평화' 개념은 과거와 같은 군사적 대결, 직접적 폭력 등이 사라진 상태를 가리키는 소극적 개념에 머물고 있다. 하지만 평화는 폭력 유발의 구조적 조건이 제거된 상태를 가리키는 적극적 개념으로 나아갈 필요가 있다. 한반도의 분단극복을 위해서는 평화개념의 확장이 선차적이며 이를 위해선 평화 패러다임 하에서 DMZ를 구성하는 것이다.[9] 평화 가치 중심의 DMZ 패러다임은 DMZ를 남북한과 전 세계의 평화를 상징하는 곳으로 탈바꿈시켜 대내적으로는 남북의 통일을 앞당기는 데 기여할 뿐만 아니라 대외적으로는 남북의 극한적 대립을 사회문화적 통합으로 바꾼 '세계 유일'의 국가라는 긍정적인 이미지를 제공함으로써 국가의 이미지를 개선하는 공헌하게 될 것이다.

셋째, 상처와 고통에 대한 '치유의 땅'으로서의 DMZ이다. DMZ는 인간과 자연 모두가 받아온 상처의 치유 공간이 되어야 한다. DMZ는 생태적 가치의 보존 장소이기도 했지만, 한편으론 인위적으로 끊어져 단절적으로 존재하는 남북의 자연생태계를 고스란히 보여주는 장소이자 군사작전이라는 명목 아래 인위적으로 산불을 놓는 등 무분별하게 발생한 자연훼손의 장소이기도 하다. 동시에 DMZ는 과거·현재·미래

---

9 "DMZ평화는 DMZ를 단순히 전쟁의 부재상태가 아니라 전쟁이나 폭력을 근원적으로 제거하기 위해 정치군사, 경제적, 문화적 요인 등 복합체적으로 존재하고 있는 여러 가지 평화위협 요인들을 분석하여 하나하나 단계적으로 해결해 나가는 과정, 또는 해결한 상태"이다. 장영권, 「DMZ평화: 의미, 구축 전략, 과제」, 『통일전략』제12권 1호, 한국통일전략학회, 2012, 96쪽.

에 걸쳐 이곳과 관계를 맺는 사람 및 자연생태계 전체가 DMZ라는 존재 때문에 받은 상처를 가지고 살아가는 장소이기도 하다. 그렇기에 현재 사람들은 생태분단과 자연훼손만을 문제 삼거나 역으로 인간의 상처에만 몰두하는 경향을 가지고 있다. 하지만 DMZ는 자연의 인위적 분단과 훼손, 그리고 지역 주민들의 역사적 아픔과 고통에 상호적으로 공감할 때, 이를 극복하기 위한 '치유의 가치'가 역설적으로 드러나는 공간이 될 수 있다.

이때 치유(healing)는 '치료(therapy)'와 다르다. 치료는 도려내야 할 병적 대상을 전제하지만, 치유는 생명 에너지가 다시 흐르도록 함으로써 생명의 활력을 되살려내는 것을 의미한다. 치유 패러다임은 바로 이와 같은 생명 에너지의 활성화 전략이라고 할 수 있다. 현재 DMZ에서 작동하는 상처는 분단의 역사와 남북 대치의 상황이 남긴 상처만이 아니라, 인간이 자신의 이익을 위해 자연을 무차별적으로 개발하거나 정치군사적 도구로 사용하여 남기게 된 상처도 존재한다. 따라서 현재 인간과 자연 모두에게 남겨진 상처 양자를 모두 고려하면서 인간 내부, 생태 내부가 아니라 양자의 상호 선순환적인 공진화 속에서 양자 내부의 치유 가능성을 모색할 필요가 있다. 게다가 치유 패러다임은 상대적으로 과잉화된 경제·생태적 가치 대신 '자연 대 자연', '자연 대 인간', '인간 대 인간' 사이의 공존과 화해의 가치를 우선시함으로써 DMZ의 평화적 활용과 관련된 실질적이고 구체적인 대안들을 가져다 줄 수 있다. 다음의 표는 이와 같은 '생명', '평화', '치유'라는 인문가치의 패러다임을 통해 재상징화된 DMZ 지역 내의 장소들을 재배치·재계열화해 놓은 것이다.

<표 2-1> '생명'·'평화'·'치유'의 인문가치들로 재규정된 DMZ

지역		주요 장소
강화	생명	저어새 서식지(서도면 부속섬), 강화갯벌, 저습지, 초평도, 잔점박이물범 서식지(백령도), 진강산과 능묘, 전등사
	평화	제적봉평화전망대, 연미정, 광성보, 해안가 철조망, 교동평야, 고인돌 공원과 강화지석묘
	치유	교동도 및 대룡시장, 후포밴댕이마을, 용두레마을, 농경문화관 및 화문석문화관, 삼랑성과 전등사
김포	생명	후평리 철새도래지, 김포향교, 한재당, 우저서원
	평화	문수산성, 애기봉전망대, 평화누리길
	치유	대명항, 덕포진, 염하수로 철책길
파주	생명	율곡습지공원, 허준선생묘, 재두루미도래지, 화석정, 반구정, 자운서원, 황포돛배두지나루
	평화	장산전망대, 판문점, 임진각, 제3땅굴, 오두산통일전망대(통일동산), 도라산전망대
	치유	통일촌, 해마루촌, 헤이리예술마을, 도라산역, 통일공원, 통일연못, 자유의 다리, 경원선 철도중단점, 쇠꼴마을, 적군묘
연천	생명	임진강유원지, 동막골유원지, 한탄강관광지, 재인폭포, 고대산, 백학저수지, 전곡리유적 및 선사박물관, 초성김치마을, 급수탑, 열두개울
	평화	태풍전망대, 열쇠전망대, 1.21무장공비침투로, 제1땅굴, 철도중단점(신탄리역)
	치유	임장서원, 황포돛배, 나룻배마을, 새둥지마을, 숭의전지
철원	생명	고석정, 철원두루미관, 순담계곡, 직탕폭포, 토성민속마을, 삼부연폭포, 이태준생가터, 지뢰매설지역(한탄강변)
	평화	월정리역, 철원평화전망대, 백마고지, 삼천봉전적비, 제2땅굴, 승리전망대
	치유	노동당사, 대마리(토지분쟁지역), 양지리(실향민 마을), 미수복지구합동망배단, 함경북도민망향대, 김화군민망향탑, 김화지구반공합동순의비, 도피안사, 수도국지, 금강산전철다리
화천	생명	곡운구곡, 광덕산, 거례리수목공원, 붕어섬, 벌떡약수, 숲으로다리, 삼일계곡
	평화	칠성전망대, 충렬탑, 화천발전소탈환전공비, 파로호전적비, 조국과자유수호전적비, 643고지전투전적비, 사창리전투전적비, 사내지구충혼탑, 꺼먹다리, 인민군사령부막사, 대성산지구전적비
	치유	가곡 '비목'의 고장, 파로호(구.구만리저수지), 경화공원, 은행나무길, 감성마을, 동구래마을, 미륵바위
양구	생명	광치자연휴양림, 국토정중앙천문대, 정중앙배꼽마을, 양구생태식물원, 두타연, 직연폭포, 천미계곡, 후곡약수터
	평화	을지전망대, 양구전쟁기념관, 양구통일관, 피의능선전투전적비, 공수리순직지비, 백석산지구전투전적비, 도솔산전투전적비, 양구전투위령비, 방산방공위령탑, 6.25참전충훈비, 제4땅굴

양구	치유	박수근미술관, 이해인시문학관, 펀치볼, 파로호, 소양호
인제	생명	원대리자작나무숲, 방태산자연휴양림, 하추자연휴양림, 소양강둘레길
	평화	백골병단전적비, 연화동전적비, 인제지구전투전적비, 충혼탑, 병갑설화순직장병충혼비, 현리지구전투전적비, 충혼비, 향로봉지구전투전적비, 연화동안보전시관, 한석산전적비
	치유	자유수호희생자위령탑, 박인환문학관, 산촌민속박물관, DMZ평화생명동산
고성	생명	송지호철새관망타워, 거진등대, 소똥령마을, 화진포, 송지호
	평화	DMZ박물관, 통일전망대, DMZ박물관, 351고지전적비, 호림유격전적비, 당포함전몰장병충혼탑, 충혼비, 화랑사단전적비, 반공의거순국비, 충혼탑, 6.25한국전쟁참전용사공적비, 향로봉전투전적비
	치유	명파해변, 이승만화진포기념관, 화진포의성(김일성별장), 이기붕별장, 오호어촌체험마을

3. 하나의 사례
: 철원 지역을 중심으로 한 'DMZ 디지털스토리텔링'

DMZ를 '생명'·'평화'·'치유'라는 세 가지의 인문가치들로서 재상징화하기 위한 전략은 디지털 기술과의 결합을 통해 그 의미와 효과가 확대되고 사회적으로 확산될 수 있다. 왜냐하면 디지털 기술은 인간의 삶을 감각적으로 변화시킬 수 있는 '수행적 힘'을 갖기 때문이다. 우선, 디지털 기술들은 물리적인 시·공간의 장벽을 넘어서 사람들의 소통과 환류를 만들어내는 '소셜 네트워크'를 창조하였다. 여기서 대중은 기존의 TV에서 보듯이 수동적인 수용자에 머무는 것이 아니라, 능동적 참여를 통해 정보와 의미를 직접 만들어내는 적극적인 생산자가 되어 가고 있다. 둘째, 디지털 기술들은 시각-문자-소리와 같은 텍스트들을 결합시켜 가상현실을 생산함으로써 실재보다 더 실재적인 것처럼 보이는 세계, 즉 '하이퍼 리얼리티(Hyper-Reality)'의 세계를 창조하고 있다.

나아가 디지털 기술이 이러한 DMZ에 대한 실천인문학적 성격과 부합할 수 있는 이유는 무엇보다 DMZ가 갖는 특성 때문이다. DMZ는 디지털 콘텐츠화에 반드시 필요한 소재라 할 수 있는 '역사'·'사건'·'장소'·'대상'·'개념'·'인물'·'스토리'와 같은 요소를 종합적으로 가지고 있다. 예를 들어 DMZ에는 '한국전쟁'이라는 '역사적 사건'을 통해 발생하게 된, 한국 내 9개의 시와 군을 지나가는 길이 248km, 폭 4~20km의 '특정한 장소와 대상'을 포함하고 있으며, 나아가 그러한 장소와 대상에 직간접적으로 연관된 다양한 '인물'과 '스토리' 등이 존재하고 있다. 실제로 이는 DMZ가 영화, 연극, 소설과 같은 다양하게 확장된 문화콘텐츠의 원천소스로 자리 잡고 있는 상황을 통해서도 확인할 수 있다.

접근이 용이하지 않다는 이유이기도 하지만, 많은 웹사이트를 통해 확인할 수 있듯이 DMZ는 이미 디지털 방식의 영상화를 통해 많은 사람들에게 이해되고 있다. 하지만 현재의 방식들은 DMZ라는 텍스트를 기존 프레임으로부터 구축된 단순 정보로 재현함으로써 그 장소의 개별적이고 평면적 소개에 그치고 있으며, 그 텍스트에 대한 심층적이고 종합적인 이해에 도달하지 못한다는 한계를 갖는다. 현재 DMZ에 대한 디지털 콘텐츠들은 ① 관광객 유치를 위한 상업적 이해나 지역 홍보용으로 제작되어 단순히 단편적인 정보를 제공하는 그치고 있으며, ② '안보, 평화, 생태'라는 다소간 서로 충돌하는 가치들에 근거한 프레임에 맞춰 각 장소들을 작위적으로 묶어 놓음으로써 DMZ을 접하는 사람들에게 가치적인 혼란을 유발하고 있으며, ③ DMZ 내 각 장소들이 갖는 고유성을 살리면서도 그것들을 '자연-인간-역사(사물)'라는 전체적 맥락 속에 위치시키는 '맥락화'와 '의미화'를 결여하고 있다.

핵심은 앞서 말했듯 DMZ가 '역사'·'사건'·'장소'·'대상'·'개념'·'인물', '스토리' 등이 총체적으로 결합된 물리적 공간이자, 미래적 가치구현의 공간이라는 사실이다. 게다가 DMZ에는 역사 속에서 사람들의 충돌이 남긴 아픔과 구조적 폭력에 의한 상처들, 그리고 상처들을 나누고 극복해왔던 이야기들뿐만 아니라 서로의 충돌이 낳았던 역사적 교훈에 관한 이야기들이 존재한다. 따라서 이들 각 장소들 속에 숨 쉬고 있는 의미들을 찾아내어 이를 '인문가치' 속에서 맥락화하고 시각화함으로써 종합적이고 심층적인 방식으로 DMZ를 이해하기 위한 새로운 '플랫폼'이 요구된다. 'DMZ 디지털스토리텔링'은 바로 이런 플랫폼을 생산하기 위한 전략에 기초하고 있다.

구체적으로 'DMZ 디지털스토리텔링'은 'DMZ의 재상징화를 위한 인문적 기획'을 아젠다로 삼으면서, 디지털 기술을 활용해 DMZ를 여러 가지 길(Road)이 포함된 인문적 공간으로 새롭게 구현하는 데 목적을 둔다. DMZ 내 각 공간들의 고유한 의미들을 드러내면서도 이들을 다감각적인 방식으로 형상화함으로써, '생명'·'평화'·'치유'라는 세 가지의 인문가치들을 효과적으로 상징화하는 것이다. 구체적으로 DMZ 내 존재하는 특정 장소·인물·사건·자연생태·역사에 생명, 평화, 치유와 같은 가치를 부여하고, 그것의 연계망을 구축하여 하나의 스토리를 갖는 '의미 구조화된 길'을 디지털 기술을 통해 제시하는 것이다. 이것은 요즘 새롭게 확산되고 있는 '디지털인문학'의 방법론이기도 하다. '디지털인문학'의 가장 두드러지는 특성은 활자화된 책을 읽는 것과 같은 인문정보의 평면적이고 일차원적인 인지적 차원을 넘어서, 여러 개

넘·장소·사건·인물·역사와 같은 요소들의 의미계열을 새롭게 구축하고, 이를 통해 새로운 의미와 정보를 만들어간다는 점에 있다.

그런데 'DMZ 디지털스토리텔링'은 일반적인 디지털인문학의 특성을 유지하면서도 '사실(의미)의 관계망'을 '가치의 관계망'과 결합시키고 있다는 점에서 다르다고 할 수 있다. 예를 들어 철원 지역 노동당사의 경우, 평면적 지식은 노동당사에 대한 일반정보를 포함하여 그곳에서 벌어진 전쟁의 흔적과 학살의 경험을 개별적으로 드러낸다. 하지만 디지털인문학은 디지털 기술을 통해 특정 장소와 다른 장소의 관계망을 구축하고 재맥락화함으로써 각 장소가 지닌 로컬리티 자체와 정보의 확장을 시도한다. 다시 말해 '노동당사'는 앙상하게 남은 건물 외벽과 그 외벽의 포탄흔적이 보여주듯 극심한 좌우대립과 상호 간의 희생을 지시하는 의미체이기도 하지만, '평화'에 대한 우리들의 희망을 상기하는 장소가 되기도 한다.

〈그림 2-2〉에서 보듯이 이런 의미의 구조체는 결국 특정한 가치의 흐름을 지니게 되고, 이러한 가치의 흐름은 하나의 '길'이자 하나의 '스토리'가 된다. 예를 들어, 철원 '노동당사'를 일제강점기의 수도 관리시설이자 또 다른 학살의 현장으로 소개되고 있는 '수도국지'와 연결하면 그것은 철원의 근대화를 보여주는 것으로 의미와 정보가 계열화된다. 하지만 '노동당사'를 '백마고지'와 연결하면 그것은 분단으로 인한 남북의 치열한 영역 다툼 또는 전쟁의 참혹성을 드러내는 의미와 정보로 계열화된다. 따라서 각 장소의 의미와 정보는 하나로 고정되지 않는다. 그것은 의미의 연결망, 즉 그 계열이 가진 관계와 그 관계가 가진 스토리를 따라 다른 방식으로 의미와 정보를 생산하는 것이다.

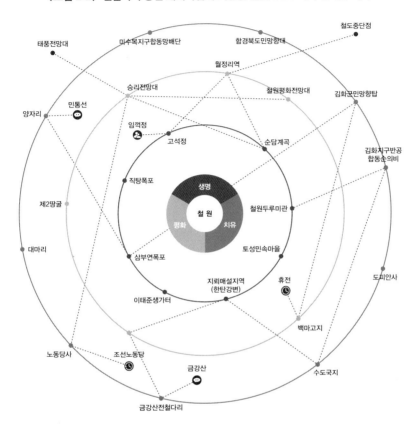

〈그림 2-2〉 인문학적 통일 패러다임에 기반한 철원 DMZ 지역 관계망 예시

　'생명의 길', '평화의 길', '치유의 길'은 아래에서 볼 수 있듯이 개별적인 '이야기'의 한 모델로서 디지털 기술을 통해 가시화된다. 이것이 특정 장소·인물·사건에 어떠한 '가치'와 '의미'를 부여하고, 그것의 연계망을 디지털 기술을 통해 구축하여 하나의 '의미구조체'로서 이야기를 생성해가는 '디지털스토리텔링' 방식인 것이다. 즉, 스토리텔링의 정의가 "전달하고자 하는 정보를 쉽게 이해시키고, 기억하게 하며, 정서

적 몰입과 공감을 이끌어내는 특성을 갖고 있으므로 주제를 전달할 때 쓸 수 있는 가장 효과적인 커뮤니케이션"[10]이라고 할 때, DMZ는 디지털 기술과 스토리텔링 기법이 매우 적합하게 활용될 수 있다.

하지만 '생명의 길', '평화의 길', '치유의 길'은 단선적이 하나의 길로 나타나지 않는다. 오히려 그것은 다양한 작은 이야기들의 복합체로 나타난다. '생명의 길', '평화의 길', '치유의 길'이라는 3개의 거대 의미 연계망을 만들어내는 것은 아래의 표에서 보듯이 세부 스토리들로 구성된 작은 의미망들이다. 따라서 DMZ의 '생명', '평화', '치유'의 재상징화는 생명, 평화, 치유라는 세 개의 의미망만을 통해 구축되는 것이 아니라, 소소한 스토리들이 만나고 헤어지면서 그와 같은 거대한 의미 연계망을 생성시키는 중층적 구조를 통해 구성된다.[11] 철원 지역만을 예로 들어본다면, 이와 같은 세부 스토리 및 이에 기반한 DMZ 디지털 스토리텔링은 다음과 같이 구성되어 있다.

10 김도영, 「스토리텔링을 통한 DMZ관광 상품화에 관한 탐색적 연구」, 『벤처창업연구』 제10권 1호, 한국벤처창업학회, 2015, 85쪽.

11 현재 DMZ를 관할지역으로 포함하는 각 지자체에서는 DMZ 인근 문화유적지 등을 소개하는 '관광안내 표지판' 및 '관광안내 책자'를 제작하고 있다. 하지만 여기서 활용되는 스토리텔링은 해당 장소가 지닌 의미와 가치를 온전히 표현하지 못하고 있으며, 생태 혹은 안보 프레임으로 구축된 일면적인 서술 양상을 띠고 있는 실정이다.

<표 2-2> 철원 지역 12개의 길과 스토리텔링

구분	길 이름	장소(경로)
생명의 길	개척의 땅, 민북마을	철원읍 월하리-관전리-대마1리-대마2리-김화읍 생창리-유곡리-갈말읍 동막리-정연리-동송읍 이길리-양지리-근남면 마현1리-마현2리
	만년의 역사가 바위에 새겨진다 : 철원 용담대지와 주상절리	고석정-승일교-마당바위-송대소-대교천협곡-태봉대교-직탕폭포-무당소-오덕리-칠만암
	겨울 철새, 두루미 길	양지리 철새마을-토교저수지-철원평야-철원 두루미관-샘통-학저수지
	서(書), 화(畵)에 기록된 아름다운 길을 걷다	삼부연폭포-용화저수지-용화동(용화동마을)-느치계곡-석천계곡-석천사-매월대-화적연
평화의 길	끊어진 철도 길에서 평화를 희망하다	신탄리역-백마고지역-(구)철원역-월정리역-금강산철교(정연철교)-암정교
	적대적 대립의 공간에서 새로운 평화를 기획하다	구 철의삼각전적관-백마고지전적지-철원평화전망대-제2땅굴-금강산철교-멸공 op철책선-승리전망대
	평화의 왕국을 꿈꾸던 궁예의 길	도피안사-금학산-궁예도성터-석등-어수정-한탄강-치마대
	역사의 흔적, 지속된 생명의 터전	바위그늘유적-지석묘-토성-철원성산성
치유의 길	일제강점기의 삶과 근대 식민의 한(恨)	(구)철원역사-제2금융조합-얼음창고-농산물검사소-철원제일감리교회터-새우젖고개-수도국지-철원향교-촌뜨기길-대한수도원
	역사는 패주로, 철원사람들은 비극적 영웅으로 기억하다	보개산성-성동리성-패주골-명성산-군탄리-개적봉굴-느치골-한잔모텡이골-망봉-야전골-왕재고개-계현-기갑선-항서밭골
	경계없는 삶 속에서 통일을 상상하다 : 이태준의 삶과 문학기행	대마리 이태준 흉상-이태준 생가터-경원선 철교-독서당-율리리
	전쟁의 폐허 속에서 생명이 자란다 : 소이산 생태숲길	소이산 생태숲 녹색길 - 총 구간: 지뢰꽃길(1.3km), 생태숲길(2.7km), 봉수대 오름길(0.8km)

이렇듯 각각의 작은 길들에도 고유한 스토리텔링이 있으며 의미화된 관계망이 존재한다. 또한, 이렇게 관계망 속에 들어온 각 장소들은 그 의미계열을 따라 독특한 고유성을 부여받는다. 따라서 각 장소들은 그것에 연결망에 의해 다시 각각의 장소 독특성에 따른 의미-정보가

구성되는데, 인문지식을 따라 정보화된 스토리텔링은 다음과 같다. ①
'역사-지리-생태-사회문화적 지식'을 종합하여 생명, 평화, 치유의 인
문가치들로서 재구성하는 것들과 ② 그런 정보들을 다양한 디지털 기
술들을 활용하여 '문자+시각+음향' 텍스트들로 구현하는 것들이다. 각
각의 콘텐츠들의 구성은 다음과 같다.

〈그림 2-3〉

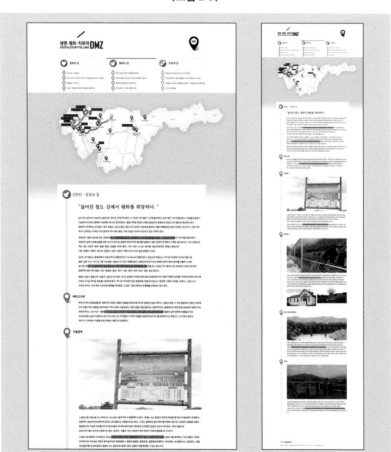

〈그림 2-4〉가 보여주듯이 '인문지식으로 본 스토리텔링' 란은 그 장
소가 담고 있는 역사적 사실들에 대한 정보 및 그 속에서 드러나는 분
단의 상처와 그 상처를 치유할 수 있는 의미들에 관한 스토리텔링으로
구현된다. '인포그래픽스 콘텐츠' 란에서는 각 장소의 과거와 현재 모
습을 연속적으로 재현하고 그 장소와 연계되어 파생될 수 있는 다면

적 정보를 시각적으로 재현한다. '멀티미디어 콘텐츠'는 각 장소에 대한 다양한 문학·예술·영상매체들의 콘텐츠화 정보를 제공한다. '옛 이야기'는 각 장소에서 생산되거나 활용되고 있는 민속자료들을 가공하여 제공하고, 'DMZ의 사람이야기'에서는 각 장소에 얽힌 사람들의 삶의 궤적과 의미들을 '음향' 등을 제공함으로써 그 장소가 지니는 보편적 가치와 의미를 구체화시킨다.

아울러 '지식나누기'는 이런 다양한 매체들을 활용한 정보들과 의미들을 네트워크로 연결함으로써 대중들이 일방적으로 이를 받아들이는 것이 아니라 그 스스로 참여하여 각 장소의 정보와 의미를 함께 만들어가는 '열린 텍스트'이자 '소통을 통해 생성되는 텍스트'의 역할을 수행한다. 마지막으로 '스토리텔링 연계망'은 각 장소가 생명·평화·치유라는 상위의 스토리에 포함되는 동시에, 중층적으로는 맥락화된 개별 스토리라인(길)을 구성하고 있음을 시각적으로 보여줌으로써 '가치의 관계망'을 제시하는 역할을 수행한다.

4. 인문학적 통일 패러다임의 사회적 적용으로서 'DMZ 디지털스토리텔링'의 확장가능성과 의의

인문학적 통일 패러다임의 사회적 적용으로서 'DMZ 디지털스토리텔링'은 분단의 상징인 DMZ를 '생명', '평화', '치유'의 세 가지 인문 패러다임으로 재규정하고 의미화하기 위한 디지털-인문적 기획이며, 나아가 그러한 인식을 사회 전반에 확산하기 위한 실천인문학의 모델이기도 하다. 이때 이러한 연구가 가지는 의의는 다음과 같다.

첫째, 이 연구는 '분단극복을 위한 인문적 비전 제시'라는 목표 하에 DMZ를 재상징화하고 의미의 연결망을 창조함으로써 DMZ의 가치를 새롭게 조망하고 있다. 둘째, 이 연구는 통일과 인문학의 결합을 디지털 기술을 통해 실천적으로 구현함으로써 '분단형 인간'을 '통일형 인간'을 바꾸어 가는 문화혁명의 길을 열어놓고 있다. 셋째, 이 연구는 일반적으로 사람들이 주목하는 데이터베이스 구축이라는 차원을 벗어나 디지털 기술을 인문학의 비전과 가치들 속에서 구현함으로써 디지털인문학이 가진 '수행적인 힘', 즉 사람들의 삶과 인식, 가치를 바꾸어갈 수 있는 가능성을 보여줌으로써 '디지털인문학'의 새로운 장을 열어놓고 있다.

하지만 이것은 연구 확장에 있어서 하나의 예에 불과하다. 오히려 중요한 것은 이러한 연구의 확장이 가져올 수 있는 본 연구의 학문적·실천적 의의이다. 'DMZ 디지털스토리텔링'은 디지털인문학의 고유한 사례로서만이 아니라, 타 학문에 긍정적 영향을 끼칠 수 있는 선도적인 연구로서 기능할 수 있다.

첫째, '평화학'의 외연 확장과 저변의 확대를 가져올 수 있다. 현재 평화학의 '평화' 개념은 소극적으로는 과거 군사적 대결, 직접적 폭력 등이 사라진 상태를 가리키던 것에서, 나아가 폭력 유발의 구조적 조건이 제거된 상태를 가리키는 것에 이르기까지 확장되고 있다. 그런데 이러한 담론들의 한계는 평화 개념이 너무 추상적이거나 이념적인 형태로서만 이해되면서 사람들로 하여금 평화의 구체적인 실현에 대한 실천적 고민을 불러오지 못하고 있다는 점이다. 그런데 'DMZ 디지털스토리텔링'은 적극적인 평화개념의 일상적 체험과 쉬운 이해, 그리고 이에 대한 실천적 구현을 디지털 기술을 통해 체험적으로 제공하고 있다.

둘째, 인간다움의 가치에 기반하고 있는 '통일학'의 구체적 실천 사례를 제공하고 있다. 기존 통일학은 정치경제적 제도 통합 논의를 중심으로 발전해왔다. 하지만 통일은 제도적 분단을 극복하는 문제만이 아니라, 사람들의 몸과 마음에 새겨진 분단을 극복하는 문제이기도 하다. 특히 DMZ는 그러한 통일학의 한계를 보여주는 대표적인 사례이기도 했다. 이러한 영향력 탓에 DMZ에 대한 기존 논의 역시 민통선 사람들의 삶의 조건과 처지에 대한 고려가 부족한 채 이 사람들 '바깥'에 있는 경제적 가치, 생태적 가치에 대한 논의에 치중되어왔다. 하지만 'DMZ 디지털스토리텔링'은 DMZ를 규정하는 관점의 중심에 민통선 사람들의 상처와 고통의 치유를 놓음으로써, 분단극복을 위한 일상적 실천의 중요성 및 거기에서 발생할 수 있는 어려움에 관한 미시적 연구들을 촉발시킬 것이다.

셋째, 세계사적 의미를 갖는 '지역학'의 연구사례를 제공할 수 있다. 현재의 지역학은 대체로 특수성과 보편성을 공존시키지 못하고 지역성을 어느 한쪽의 것으로만 환원시켜버리는 '범주의 협소함'에 빠지거나, 과도하게 투영된 외부자의 시선과 일방적으로 축소된 내부자의 시각이라고 하는 '관점의 오류'를 지닌 경우가 많다. 특히, DMZ 지역학은 DMZ를 특정한 하나의 행정지역으로 국한시켜 이해하거나 중앙정부와 같이 외부에서 부과한 안보 프레임을 통해 이 지역을 이해하려고 시도한다. 반면 'DMZ 디지털스토리텔링'은 DMZ의 로컬리티 자체에 주목한다. DMZ의 로컬리티는 전쟁과 분단의 60여 년이 넘는 시간들이 만들어낸 역사·문화·인간들의 삶·자연생태계가 총체적으로 결합되어있는 일종의 물리적 공간이자 '의미 공간'이다. 따라서 'DMZ 디지털스토리텔링'은 세계사적이며 보편적 의미를 갖는 지역학의 연구사례를 제공할 수 있다.

게다가 'DMZ 디지털스토리텔링'은 단순히 학문적 의의만을 갖고 있는 게 아니라, 실천적 의의 또한 가지고 있다. DMZ 연구와 디지털 기술의 융합은 이론적 지식의 형태를 체험적 감각을 가진 지식으로 바꾸어 놓음으로써 남북의 민족적 사회통합에 기여하는 매체가 될 것이다. 남북 적대의 상징이었던 DMZ를 디지털 기술을 통해 평화와 생명의 공간으로 재상징화하는 디지털 기술의 구현은 이를 체험하는 사람들로 하여금 남북의 분단 속에서 적대화되어 있던 상태로부터 벗어나 치유와 화해, 생명의 힘과 평화의 가치를 되새기는 사유의 시간을 부여할 것이다. 따라서 'DMZ 디지털스토리텔링'은 남북 주민들의 몸과 마음에 새겨진 배타성과 적대성을 치유할 수 있는 경험들을 제공하는 '체험적'이고 '실천적'인 장이 될 것이다.

참고문헌

김도영, 「스토리텔링을 통한 DMZ관광 상품화에 관한 탐색적 연구」, 『벤처창업
　　연구』 제10권 1호, 2015.

김성민·박영균, 「분단의 트라우마에 관한 시론적 성찰」, 『통일에 대한 인문학적
　　패러다임』, 선인, 2011.

김성민·박영균, 「인문학적 통일담론과 통일인문학: 통일패러다임에 관한 시론
　　적 모색」, 『철학연구』 제92집, 철학연구회, 2011.

김정수, 「DMZ에 관한 남북한 논의 변천과 향후 과제」, 『평화학연구』 제11권 1
　　호, 세계평화통일학회, 2010.

김진환, 「DMZ의 미래와 인문학: 시각과 과제」, 『통일문제연구』 제24권, 평화문
　　제연구소, 2012.

김　현, 「디지털 인문학」, 『인문콘텐츠』 제29호, 인문콘텐츠학회, 2013.

문화재청, 『문화유적분포지도-철원군』, 2005.

박삼옥 외, 『사회·경제공간으로서 접경지역: 소외성과 낙후성의 형성과 변화』,
　　서울대학교출판부, 2005.

박영균, 「로컬리티와 인문학의 만남」, 『대동철학』 제53집, 대동철학회, 2010.

박영균, 「분단의 아비투스에 관한 철학적 성찰」, 건국대학교 통일인문학연구단,
　　『통일에 대한 인문학적 패러다임』, 선인, 2011. 2.

박은진, 「DMZ 세계평화공원 기본 전략과 필요성」, 『북한』 제506권, 북한연구소,
　　2014.

이병수, 「남북관계에서 소통과 치유의 문제」, 『한민족문화연구』 제43권, 한민족
　　문화학회, 2013.

이병수, 「분단 트라우마의 성격과 윤리성」, 건국대학교 통일인문학연구단, 『통일
　　에 대한 인문학적 패러다임』, 선인, 2011.

이상훈, 「DMZ에 대한 인문·사회적 연구의 지평을 열자」, 『철학과 현실』 제87호,
　　철학문화연구소, 2010.

이시우, 『민통선 평화기행』, 창비, 2003.

이용재, 「DMZ의 정치적 이미지 분석에 관한 연구」, 『정치커뮤니케이션연구』 통권 22호, 한국정치커뮤니케이션학회, 2011.

장영권, 「DMZ평화: 의미, 구축전략, 과제」, 『통일전략』 제12권 1호, 한국통일전략학회, 2012.

전영선, 「르네데땅트(Rena-detent); 인간 이해를 통한 평화구상」, 『한국평화연구학술대회』, 한국평화연구학회, 2013.

정시구, 「박근혜정부의 DMZ 세계평화공원 조성 정책의 함의」, 『대한정치학회보』 제23권 3호, 대한정치학회, 2015.

조 민, 「한반도 통일 비전과 접근 전략」, 지구촌평화연구소 편, 『통일한반도를 향한 꿈: 코리안 드림』, 도서출판 태봉, 2012.

철원군지 증보편찬위원회, 『철원군지 상·하』, 강원일보 출판국, 1992.

철원문화원, 『철원의 변천사-사진으로 보는 철원 100년』, 철원문화원, 2009.

최주영·유상균, 「DMZ 세계생태평화공원 실현방안 연구」, 『국토계획』 제50권 1호, 대한국토·도시계획학회지, 2015.

평화나눔회, 『강원도 민간인 지뢰피해자 전수조사 보고서』, 2011.

한명희, 「DMZ 관련 문화콘텐츠 현황과 전망」, 『국제어문』 제52집, 국제어문학회, 2011.

함광복, 『할아버지, 연어를 따라오면 한국입니다』, eastward, 2002.

분단체제의 공간성
: DMZ와 접경지역의 로컬리티를 중심으로[1]

| 박민철 |

1. 분단의 '공간' 혹은 '장소'[2]

한반도 분단이 지속되어온 지 어느덧 70여 년이 흘렀다. 여러 가지
가 있겠지만, 분단의 일관된 질서가 끊임없이 재생산되고 상호의존적
으로 유지되어왔던 핵심적 이유는 '적대성'이라는 사회심리적 기제가
작동해왔기 때문이다. 흔히 '분단체제'라 일컬어지는 분단질서의 재생
산은 이러한 적대성을 정치적으로 활용하여 개인과 집단을 분단권력에
종속시키고, 이로부터 이질적인 반대세력을 효율적으로 통제했던 바로

---

1 이 글은 『시대와 철학』 제28권 3호, 한국철학사상연구회, 2017에 게재된 논문을
수정·보완한 것이다.

2 일반적으로 (인문)지리학에 있어 '장소' 개념이 개인화되고 특수화된 의미를 지닌
다고 한다면, '공간' 개념은 모든 사람들에게 제공될 수 있는 보편적이고 객관적
인 의미를 지닌다고 규정된다. 장소와 공간 개념의 구분에 대해서는 데이비드 하
비, 박영민 옮김, 「공간에서 장소로, 다시 반대로: 포스트모더니티의 조건에 대한
성찰」, 『공간과사회』 통권 5호, 한국공간환경학회, 1995, 32~71쪽 참고. 그러나 도
린 매시는 공간과 장소의 담론적 구별과 이론적 차이를 거부한다. 공간은 장소적
맥락에서, 장소는 공간적 맥락에서 상호적인 의미를 가지기 때문이다. 도린 매시,
박경환·이영민·이용균 옮김, 『공간을 위하여』, 심산, 2016, 30~34쪽. 이런 점에서
본 논문은 공간이라는 용어를 우선적으로 선택할 것이며, 구체적이고 일상적인
특정 장소의 의미가 부각되어야 할 경우에 장소를 사용할 것이다.

그 지점에서 가능했다. 결국 한반도 분단은 정치경제와 같은 제도적인 차원을 넘어 구성원들의 사회문화·심리·가치지향 전반을 포섭하는 문제가 된다. 달리 말해 분단체제는 단순한 체제(System)을 넘어 사람들의 삶과 행위 양식, 의식-가치, 생활문화와 결부되어 재생산된다.

이러한 분단체제에 대한 이해에 있어서 공간에 대한 성찰은 필수적이다. 생활문화, 가치지향 등 인간의 삶은 분명 '공간' 내지 '장소'라는 물리적 기반 위에서 영위되기 때문이다. 하지만 대개 분단체제와 관련해 공간이나 장소에 대한 고찰은 특정 주제화되지 못했으며, 따라서 논의 역시 활발히 전개되지 못했다. 한반도 분단 및 통일과 관련된 공간, 지리, 지역에 대한 연구는 대체로 동아시아라는 정치지리학적 관점, 남북지역의 경제개발과 관련된 경제지리학적 관점, 북한 지역의 관광 및 DMZ와 접경지역의 개발과 관련된 사회·문화지리학적 관점이 대다수를 차지했다. 그러나 이러한 관점들은 한반도 전체를 단일한 공간에 위치시키고 통일을 이론적으로 전제하는, '통일국토론' 내지 '통일지리학'에 다름 아니다.[3]

하지만 우선적으로 살펴봐야 할 것은 분단체제의 유지·강화가 공간

---

3 김기혁, 「한국 인문지리학 분야에서 북한 연구의 동향과 과제」, 『대한지리학회지』 통권 176호, 대한지리학회, 2016, 713쪽. 한편 이민부와 김걸은 '통일지리학(Geography for Unification)'을 주장하는데, 이것은 시간적 개념으로는 통일연구, 통일 대비 연구, 통일국토 연구, 동북아와 환태평양의 지정학적 지리연구이며, 공간적 개념으로는 한국지리, 북한지리, 남북한 접경지역 및 북중-북러의 접경지대, 동북아와 환태평양 지역을 포함하는 연구이다. 하지만 사실 남북한의 통일국토를 전제로 한다는 점에서 김기혁의 구분과 대동소이하다. 이민부·김걸, 「통일지리학의 연구동향과 과제」, 『대한지리학회지』 통권 177호, 대한지리학회, 2016, 874~875쪽.

형성과 맺는 상관성이다. 한반도 분단의 지속은 분명 분단체제의 유지라는 목표 달성과 그 과정의 효율성을 높이기 위해 활용되는, 특정 공간의 형성 과정과 일치했다. 매우 포괄적으로 분단체제의 형성과 지속은 한반도의 사회·물리·환경적 공간이 재구조화되는 역사적 과정이라고 할 수 있다. 따라서 분단이 특정 공간을 통해 유지되어왔으며, 이렇게 구획된 공간이 한반도 분단을 다시금 강화시키고 있다는 사실을 인식하는 것은 매우 중요하다.[4]

　뒤에서 살펴보겠지만 분단이 하나의 체제로서 기능한다면, 그 '상부구조'는 상호적대성과 대립적인 이데올로기이며 '토대'는 그러한 것들을 구성하고 표현하는 한반도 전체의 공간이 된다. 실제로 개인의 삶에 커다란 영향을 끼치는 지식체계, 가치관, 사회규범 등은 그 물리적 기반으로서 공간에 의해 뒷받침된다. 이런 의미에서 일찍이 미셸 푸코는 당대의 '지식(에피스테메)'을 공간과 관련지어 이해할 것을 요구했다. 푸코의 맥락에서 공간은 근대적 정치권력의 형성과 직결되어 있다. 푸코의 사유를 보다 적극적으로 가져올 때, 분단이라는 지금 현실의 정치-권력구조가 그 토대가 되는 공간적 영토 위에서 생성, 발전, 유지된다는 사실 역시 가져올 수 있다. 즉, 분단은 분단질서와 이데올로기를 재생산하는 특정 공간을 확대해가면서, 그 체제의 강고함을 지속시켰다.

4　지리학을 비롯하여 문화학, 영화학, 사회학, 매체학, 철학과 같은 전통적인 분과학문 영역에서 '공간'에 대한 사유의 중요성이 강조되고 있다. 최근 이러한 범학문들의 공간에 대한 관심 확장을 하나의 방법론적 측면에서의 전환으로 공식화함으로써 '공간적 전회(Spatial Turn)'란 개념화가 이루어지고 있다. 외르크 되링·트리스탄 틸만 엮음, 이기숙 옮김, 『공간적 전회』, 심산, 2015를 참고.

따라서 분단체제는 그 자신을 존립시키기 위한 필수적인 물적 토대로서 특정 공간을 필연적으로 전제한다. 분단체제의 구성원들은 끊임없이 분단체제가 만들어 낸 지리적, 의미론적 공간 속에서 살아간다. 대표적으로 DMZ 및 접경지역의 공간은 분단체제가 의도하는 공간 형성 메커니즘이 고스란히 누적되어 재현되는 공간이다. 하지만 DMZ와 접경지역의 공간들은 휴전선으로 대표되는 분단의 상징기호 내지 물신화된 자연공간으로서만 축소되어 이해되었을 뿐, 분단체제와 연관된 공간적 사유 속에서 다뤄지지 못했다. 오히려 "공간은 의도적인 사회적 실천들에 의해 창출된다는 점에서 언제나 정치적, 이데올로기적, 전략적이다"[5]라는 점을 이 공간들에 대한 해석의 지침으로 활용할 필요가 있다.

분명 DMZ와 접경지역은 분단의 의미체계와 함께, 분단체제의 재생산 메커니즘을 포착해 낼 수 있는 하나의 '텍스트'이다. 따라서 분단체제의 공간성을 사유한다는 것은 분단체제 강화와 결부된 다층의 양식들, 다시 말해 권력 주체·문화적 양식·관념과 가치체계·행위와 실천 등을 분석하고 의문을 제기하는 것이다. 이를테면 분단이 남긴 DMZ, 민간인출입제한지역, 접경지역의 사례처럼, 이제까지 남북의 일상적인 생활세계와 생태적 순환을 가능하게 해 왔던 유기적 공간은 분단질서를 상징화하는 특정 공간으로 전도되었다. 분단이 이렇게 새로운 공간을 생산한 이유는, "사실 모든 유형의 사회들에서 경제적·정치적 권력의 근본적인 원천으로서 공간에 대한 접근과 지배는 중요한 의미를"[6]

---

5 전종한 외, 『인문지리학의 시선』, 논형, 2008, 305쪽.

가지기 때문이었다. 결국 분단의 극복은 새로운 공간의 형성이라는 과제와 연결된다.

그런데 새로운 공간을 탄생시키기 위한 실천에 앞서 필요한 것은, 그러한 분단체제의 공간 형성 전략과 논리에 대한 비판적 재인식이다. 또한 그러한 비판적 인식 속에서 이 공간에 필요한 새로운 의미체계와 가치지향을 확인하는 일이다. 이 글은 바로 이 지점에서 출발한다. 이하에서는 한반도 분단체제가 장기지속이라는 그 자체의 목적을 위해 DMZ와 접경지역을 어떻게 재생산하고 활용하고 있는지, 그리고 이러한 공간 속에서 분단권력의 이데올로기와 지배적 헤게모니가 어떤 방식으로 활성화되고 있는지를 살펴볼 것이다. 최종적으로 이 글의 목적은 한반도 분단 및 그것의 극복을 염두에 둘 때 반드시 고려해야만 하는 공간적 사유의 필요성을 환기하고, 분단극복을 위한 새로운 공간 형성 전략과 그 논리를 시론적으로 제시하는 것에 있다.

2. 분단체제의 공간 형성 전략들

'사회적으로 생산되어진 공간' 또는 '사회 내 정치나 권력 관계에서 파생되어진 공간'에 대한 개념적 접근은 20세기 이후 지리학의 큰 흐름이자 인문지리학의 기본 관점이다. 이러한 관점으로부터 본 논문의 핵심은 '분단체제에 의해 파생되고 생산된 공간' 및 '그러한 공간에 의한

6 최병두, 『근대적 공간의 한계』, 삼인, 2002, 28쪽.

분단체제의 보다 강화된 재생산'으로 요약된다. 한반도의 분단을 '체제'로 규정할 때,[7] 그 핵심은 분단 지속의 메커니즘을 밝히려는 것에 있었다. 그런데 분단의 메커니즘은 분단이 만들어 낸 특정 공간의 복합성을 개념화하고 거기에 함유된 논리들을 추적·발견할 때 보다 분명하게 밝혀질 수 있다.

1) 분단체제의 공간 형성 전략 1: 공간의 국가적 독점화와 이중적 경계짓기

공간은 지배 이데올로기를 표현하고 실행시킴으로써 국가가 의도하는 권력 관계를 충족시킨다.[8] 벤담이 제안하고 훗날 푸코가 철학적으로 개념화한 '파놉티콘(Panopticon)' 사례를 적극적으로 수용한다면, 우리에게 익숙해져 있는 어떤 공간과 특정 시설들은 분명 우리들을 지배 권력에 길들이는 데 이바지하는 도구이다. 공간 구조와 특정 시설의 배치는 권력이 작동하는 방식을 반영하고 그것을 가시적으로 보여줌으로써 우리들의 순응을 효과적으로 이끌어낸다. 여기서 이러한 인식을 재차 분단체제에 적용시킨다면, 분단체제의 공간 형성은 다른 말로, 분단체제의 순응을 위한 정치적으로 도구화된 공간의 형성이다.

비슷한 맥락에서 전종한은 공간 내지 장소의 독해를 위해 ① 생산자가 누구이며 어떤 것을 활용했는지, ② 공간 형성의 배후에 전제된 관

---

7 백낙청은 한반도 분단의 독특성을 설명하기 위해 '분단체제론'을 제창했다. 핵심은 남북의 두 체제가 강한 상호연관성을 맺으며 자기재생산능력을 갖춘 하나의 체제를 이룬다는 점이었다. 백낙청,『분단체제 변혁의 공부길』, 창작과 비평사, 1994, 15~21쪽.

8 에드워드 소자, 이무용 외 옮김,『공간과 비판사회이론』, 시각과 언어, 1997, 91~92쪽.

념, 이념, 가치관은 무엇인지, ③ 공간이 드러내보이고자 하는 정치적 상징성과 전략은 무엇인지, ④ 공간 형성에 함유된 권력의 범위와 경계 확장은 어떠한지 등을 세밀하게 살펴야 한다고 주장한다.[9] 분단체제의 공간 형성에 대한 분석은 이 네 가지 방식 모두가 적용될 수 있다. 즉, 분단체제는 '분단권력'이 '분단질서'를 유지하고자, '특정 이데올로기'를 활용하여 오랜 기간 '정치적 상징성'이 강하게 내포된 공간과 장소를 형성했으며, 이 공간과 장소들은 '특정 권역'을 넘어 지속적으로 확대되고 있기에 그 흐름과 범위를 비교적 정확하게 반영하고 있다는 것이다.

이러한 관점에 따라 분단체제의 첫 번째 공간 형성 전략을 바로 '공간의 국가적 독점화와 이중적 경계짓기'로 규정할 수 있다. 앙리 르페브르는 우리가 살고 있는 사회를 '일차적 자연', 공간을 그러한 사회가 만들어 낸 '이차적 자연'으로 규정하는 한편, 공간이 개인과 사회의 발전에 강력한 영향을 준다는 의미에서 "(사회적) 공간은 (사회적) 생산물이다"라는 테제를 완성시켰다. 그런데 그가 공간을 이렇게 규정한 이유는, 공간을 정적이고 고정적인 것이 아닌 생산적이고 역동적인 실체로서 이해하면서 공간 조직이 결국 정치권력의 독점과 자본주의의 발전을 위해 '봉사한다'는 사실을 폭로하기 위해서였다.[10] 이러한 '공간의 생산'이라는 테제는 분단체제의 공간을 설명하는 데 유용하다. 분단은 결국 '공간-권력과 이데올로기-지식'이 맺는 상호 관계의 산물이기 때문

---

9 전종한 외, 『인문지리학의 시선』, 논형, 2008, 43쪽, 296~303쪽.
10 앙리 르페브르, 양영란 옮김, 『공간의 생산』, 에코리브르, 2011, 23~34쪽, 인용은 71쪽.

이다.

분단이 그 자체의 의미에서 경계짓기라는 필연적인 원리를 전제한
다고 할 때, 경계짓기로서 분단체제는 '인공적이고 새로운' 공간 형성
을 수행해왔다. 이러한 공간 형성의 대표적 사례가 바로 'DMZ', '민간
인통제보호구역', '접경지역'이라는 거대한 공간이다. 우선 군사분계
선 이하 2km의 DMZ를 포함하고 있는 지역은 서쪽의 강화로부터 시작
해, 김포시와 파주시, 연천·철원·화천·양구·인제군을 지나 동쪽의 고
성에 이르는 9개 시군을 포함한다. 더 나아가 여기서 분단체제는 군사
분계선 이하 20km 내외에 해당하는 '민간인통제보호구역'과 민통선
이남 20km 이내의 '접경지역'을 생산했다. 이 공간 모두는 군사시설보
호법에 따라 민간인의 거주와 출입 및 일상적 제반 활동이 제한되어있
다는 점에서, 또한 국가의 허용과 허락을 통해서만 공간의 활용이 가능
하다는 점에서 공통의 공간이다. 현재 분단체제 아래 국가가 독점하고
있는 공간은 DMZ 907km^2, 민간인통제보호구역 1369km^2, 접경지역
8,097km^2 등[11] 한국 전체 면적(100,210km^2)의 약 11%에 해당한다.

권력의 입장에서는 공간의 지배를 반드시 요구한다. "권력이 행사되
고 가시화되고 효과를 발휘하는 것은 바로 지리를 통해서, 즉 장소의
점유와 생산을 통해서"[12]이기 때문이다. 이때 공간의 지배는 '규제'로
표현된다. 이러한 규제는 권력의 존재 조건을 강화시키는 필수적인 장
치들이다. 단, 분단국가에 의한 규제는 국가에 대한 저항이 아닌 순응의

---

11 행정자치부, 〈접경지역 관련 각종 통계〉, 2013.12, 1쪽.
12 존 앤더슨, 이영민·이종희 옮김, 『문화·장소·흔적』, 한울아카데미, 2013, 98쪽.

방식으로 이루어진다. 여기서 목적은 규제의 내면화, 푸코 식으로 말해 '신체화된 규율'이기 때문이다. DMZ, 민간인통제보호구역, 접경지역에 집중되어있는 군사시설보호구역은 '규제의 내면화'라는 목적을 더욱 잘 예시한다. 군사분계선 이하 40km에 해당하는 막대한 공간의 지배는 '군사시설보호법'이라는 신성화된 규제를 통해 작동한다.[13] 결국 한국 전체 면적의 10% 이상이 되는 공간은 '군사시설보호법'(법률 6870호)에 의거해 '군사시설을 보호하고 군 작전의 원활한 수행을 위해 국방장관이 설정하며, 민간인의 출입이나 건축 등 군사 활동을 방해하는 각종 행위를 금지 또는 제한할 수 있도록 규정한 지역'이 된다.

분단체제의 공간 형성은 단순한 물리적 경계짓기를 넘어 분단권력의 규제를 다시 부과함으로써 그것이 우리의 삶에서 일상화되고 자연스럽게 내면화하는 것으로 나아간다(〈그림 2-5〉 참조). 그런데 공간의 국가적 독점화는 물리적 경계짓기와 규제의 내면화를 만들어 내면서, 다시 한번 그 숨겨진 의도를 실행한다. 그것은 물리적 경계짓기를 넘어 작동하는 사회적·의식적 경계짓기의 내면화이다. 경계는 사람들의 출입과 추방을 규정하거나 그 공간의 문화를 질서화하는 것에 목적을 둔다. 따라서 북에 대한 접촉의 불인정을 전제로 한 물리적 경계짓기는 그 특성상 또 다른 사회문화적·의식적 경계짓기 효과로 이행한다. 이미

---

13 정부의 공식적인 통계에 따르면 접경지역 내 군사시설보호구역은 해당 지자체의 행정구역 70% 이상을 상회한다. 구체적으로 파주시 91%, 연천군 94%, 철원군 99%을 비롯하여, 김포 75%, 화천 64%, 양구 52%, 인제 23%, 고성 65% 등에 이른다. 양구와 인제의 경우 산지가 대다수이기 때문에 면적비율은 자연스럽게 낮지만, 양구와 인제 지역을 제외할 때 접경지역의 군사시설보호구역 면적은 90% 이상을 상회한다. 안전행정부, 〈접경지역 발전종합계획(안)〉, 2011.7, 20~21쪽.

〈그림 2-5〉 강원도 철원 '백마고지 전적지'와 '전적지 근처 경고문'(2016.8.10)

출처: 통일인문학연구단.

존 앤더슨이 '지리적 경계짓기'가 곧 '문화적 질서화'와 반드시 결부된 다고 진단했듯이,[14] 국경과 철조망과 같은 물리적 경계짓기는 물리적으로 사람의 이동을 제약하고 경계를 넘어서서는 안된다는 규제를 내면화하고, 최종적으로 적대적인 타자의 구별을 가능하게 하는 사회문화적 질서를 낳는다.

이러한 사회문화적 질서화의 구체적인 표현은 한반도 분단체제에서 실상 적대적 타자로서 북을 인식하고 생각의 자기검열이 활발히 작동하는 상태라 할 수 있다. 국가의 공간 독점화가 낳은 물리적 경계짓기는 국가의 허용 여부를 신성한 기준으로 내면화함으로써 왜곡된 인식 내지 해서는 안 될 금기로써만 타자를 인식하게끔 하는 의식의 경계를 낳는다. 인식의 왜곡과 제한 그리고 생각의 자기검열, 그것이 바로 물리적 경계짓기로부터 필연적으로 이행되는 사회문화 및 의식적 경계짓기이다. 결국 공간의 국가적 독점이 의도하는 것은 개인을 공간 수용의

---

14 존 앤더슨, 앞의 책, 85~87쪽.

수동적인 사용자로서만 머물게 하면서, 분단의 사회문화적 질서에 순응하도록 만드는 것이다.

물론 일반적으로 우리들의 공간관은 정치적 공간 및 경제적 공간과 일치하며 해당 국가의 영토 경계선과 사회적 공간을 일치시킨다. 또한 모든 공간은 어느 정도 사회적인 경계짓기를 필수적으로 수반하게 된다. 하지만 경계짓기에 대한 판단의 핵심은 결국 출입에 대한 허용과 거부가 어떤 관계 내에서 이루어지고 있는지, 여기에서의 권력 관계는 무엇인지, 그리고 그 효과는 무엇인지를 밝히는 것에 있다. 예를 들어 경계짓기가 안과 밖, 소속과 낯섦 간에 뚜렷한 경계를 짓는 방식으로, 그 낯섦을 적대적으로 배제시키는 방식으로 이루어지고 있는 것은 아닌지를 살펴야 한다. 만약 그러한 경계짓기가 앞선 방식으로 작동하게 된다면, 그것은 실상 "개인에 대한 지배를 기술하려는 관점에 특히 적합"[15]하게 작동하는 것이다. 즉, 경계짓기의 이중적 수행은 특정 공간에 있어서 국가 이외의 어떠한 참여도 용납하지 않은 채, 이 공간을 국가 권력의 맹목적 수용과 함께 타자에 대한 적대적인 거리감을 낳는 물질적 토대로서 활용하는 것이다.

2) 분단체제의 공간 형성 전략 2: 전쟁 기념물의 설치와 물신화된 경계의 확산

분단체제의 공간 형성 전략은 언급했듯이 국가의 공간적 독점이 의도했던 이중적 경계짓기의 확산이다. 한편 이때의 분단권력은 내면화

---

15 마르쿠스 슈뢰어, 「공간의 부활」, 외르크 되링·트리스탄 틸만 엮음, 이기숙 옮김, 『공간적 전회』, 심산, 2015, 153~155쪽.

된 규제에 순응하고 의도된 이데올로기에 적용할 수 있도록 하는 여러 장치들을 활용한다. 분단체제의 공간 형성 전략은 여기서 두 번째 방식으로 이행한다. 즉, 분단체제의 두 번째 공간 형성 전략은 '전쟁 기념물의 설치 및 물신화된 경계의 전방위적 확대'로 규정할 수 있다.

공간이 항상 구체적 일상생활과 사회관계를 통해 형성되고 재형성되는 것에 반해, 분단체제의 공간 형성은 일상적 생활세계나 보편적 인간관계와 유리되고(물신화) 추상화되는(신비화) 과정과 결부된다. 특히 분단체제의 공간은 그 속에서 이루어지는 분단 이데올로기의 생산을 뒷받침하기 위해 다양한 인공적 구조물들을 포함시킨다. 이는 그러한 인공 구조물을 통해 선별된 기억을 양산하고 기획된 역사를 보급하기 위해서이다. 남북의 충돌은 결코 깊은 상처를 벗어나기 힘든 사건임에도 불구하고 그 상처를 치유하고 화해와 공존을 이야기하기보다, 상대에 대한 증오의 표식을 남기고 한쪽에 승리의 깃발을 꽂으며 '전쟁 기념물'을 건립하는 방식의 공간 생산 메커니즘이 작동하고 있다. 결과적으로 이것은 분단의 논리에 동의하고 그 논리를 자율적으로 실천하거나 표현하는 주체들의 생산이 목적이다.

전쟁 기념물은 전쟁에 대한 모든 기억이 아닌, 특정한 관점에 의해 선별되고 구성된 기억을 전달하려는 목적에서 생산된다.[16] 〈그림 2-7〉은 파주 임진각에 있는 '장단역 증기기관차'이다. 그 동안 이 녹슨 기관차는 전쟁의 상처를 드러내는 증거였으며 적에 대한 경각심과 적대감

16 김형곤, 「한국전쟁의 공식기억과 전쟁기념관」, 『한국언론정보학보』 통권 40호, 한국언론정보학회, 2007, 194쪽.

〈그림 2-6〉 경의선 장단역 기관차

출처: 문화재청 국가문화유산포털.

〈그림 2-7〉 파주 임진각으로 옮겨진 후(2017.3.15)

출처: 문화재청 국가문화유산포털.

을 일깨우는 알레고리로서 사용되었다. 이것은 반공과 관련된 잡지 및
신문기사, 문학작품, 심지어 교과서와 우편도안에 이르기까지 '총탄을

맞고 구멍이 나 있는' 열차가 반복적으로 사용되고 있다는 점에서도 쉽게 확인될 수 있다. 하지만 이 열차는 특정 의도에 따라 '생산된 역사'를 유포하는 데 사용되는 '반기념비'라고 할 수 있다. 장단역에 버려져 있다가, 임진각이라는 공간으로 옮겨진 기관차가 실상 적의 총탄이 아니라 아군(미군)의 사격으로 인해 구멍이 나고 파괴되었다는 역사적 사실, 또한 첨단기술이 '녹슨 기관차'의 상징이 유지될 수 있도록 자연적인 녹을 제거하고 인공적인 녹을 입혔다는 사실은 알려져 있지 않다.[17]

〈표 2-3〉 국가수호시설 현황 및 세부 구분

연도	2009	2010	2011	2012	2013	2014	2015	2016	2017
계	940	966	984	1,006	1,039	1,066	1,110	1148	1155
세부 구분	기념관	동상	탑 (비석)	사당	생가	조형물	기타(장소)		
계	21	58	1002	10		29	35		

많은 연구들은 '기억'이 사회적 이해 관심과 가치지향에 봉사하도록 조형되는 과정인 '기억의 정치'가 여러 인공적 구조물을 활용한다고 지적해왔다. 현재 남쪽에서 '현충시설'로 공식화되고 국가적 관리를 받고 있는 수많은 전적비와 추모비, 현충탑과 위령탑, 전공비와 여러 비석 등은 이데올로기적 상징물로서 여러 공간들을 구성하고 있다. 비석(기념비, 추모비, 전적비)과 탑(현충탑, 위령탑), 그 밖의 조형물과 상징물 등을 중심으로 한 기념물은 거의 대다수 한국전쟁과 관련된 인공적 구조물이며, 그

---

17 박은영, 「녹슨 기관차의 알레고리: '경의선 장단역 증기기관차'」, 『미술사논단』 제 37집, 한국미술연구소, 2013, 210~211쪽.

수는 〈표 2-3〉에서 볼 수 있듯이 현재 1155개에 이른다. 또한 그 수는 2009년 940여 개에서 2017년 1,155개까지 지속적으로 증가해왔다.[18]

이때 현대의 조형에서는 작품보다 작품의 배경을 이루는 공간이 다른 무엇보다 중심 역할을 수행하고 있다는 점을 기억할 필요가 있다.[19] 전쟁 기념물의 핵심은 강력한 시각적 체험과 함께 특정 공간과 장소 전체를 의도적인 시각으로 인지하는 데 있다. "강력한 상징적 이미지가 부여된 기념물과 조형물로 재현된 특정 장소와 공간은 이를 응시하는 대중들에게 '보는 것이 믿는 것'으로 인지시키는 것이다."[20] 달리 말해 전쟁 기념물은 특정 집단의 독특한 가치 체계와 이데올로기를 장려하고 보존하기 위해 만들어지고 유지된다. 일반적으로 기념물은 '기억이 공간과 만나 안주하는 기억의 터'이자, "과거사에 대한 집합적 해석이 형상화한 문화적인 상징물"로서, "기억의 정치의 물질·공간적 외화이며, 특정 사건이나 경험에 대한 국가·사회적 인식의 특성을 응축적"으로 보여주는 의미를 갖는다.[21] 하지만 분단체제 아래에서 생산된 전

---

18 국가보훈처 현충시설 정보 서비스(http://mfis.mpva.go.kr/) 검색일: 2017년 5월 21일. 〈표 2-3〉은 이 웹페이지의 통계표를 보고 재구성한 것이다. 참고로 일제강점 '36년'의 독립운동의 기념물은 2017년 현재 896개로서, '3년'의 전쟁을 기념하는 전쟁의 기념물보다 약 250여 개 적다.

19 슈테판 권첼, 이기흥 옮김, 『토폴로지』, 에코리브르, 2010, 419쪽.

20 오미일·배윤기, 「한국 개항장도시의 기념사업과 기억의 정치」, 『사회와역사』 제83권, 한국사회사학회, 2009, 47쪽.

21 순서대로 전진성, 『역사가 기억을 말하다』, 휴머니스트, 2005, 54~59쪽; 한성훈, 「기념물을 둘러싼 기억의 정치와 집단 정체성」, 『사회와역사』 통권 78호, 한국사회사학회, 2008, 39쪽; 윤충로, 「한국의 베트남전쟁 기념과 기억의 정치」, 『사회와역사』 통권 86호, 한국사회사학회, 2010, 151쪽.

쟁 기념물의 정치적 논리는 이러한 일반적 의미를 초월한다. 그것은 엄밀히 말해 전쟁이 남긴 상처와 고통에 대한 성찰적 기억보다는, 전쟁 승리의 영광과 환희를 채색하거나 남북의 적대성을 더욱 확장시키는 방식에 가깝다. 전쟁 기념물의 정치적 의도는 자신을 통해 특정 집단이 선호하는 이데올로기와 관념 체계를 드러내며, 이로써 우리들을 설득해 그 집단의 가치에 동의하고 그것을 지지하도록 만드는 데 있다.

탑과 비석은 그러한 목적달성에 가장 적합한 전쟁 기념물이었다. 이는 앞의 표에서도 알 수 있듯이 현재 전쟁 기념물의 86%가 탑과 비석이 차지하는 점에서도 확인할 수 있다. 그런데 탑과 비석이 효과적인 이유는 공간 전체의 의미를 재구성할 수 있을 만큼의 시각적 효과와 더불어, 건립에서의 편리성과 경제적 효율성, 나아가 무엇보다 분단국가주의, 반공주의와 군사주의 등 분단 이데올로기와 관련된 '서사(narrative)'의 선명한 활용이 가능했기 때문이다.

탑과 비석의 상징과 서사들은 한편으로 누가 그러한 의미영역에 포함되는지를 정의하고, 다른 한편으로 어떤 대상이 여기에 속하지 않는지를, 즉 '적'과 '우리'를 분리시키는 역할을 수행한다. 그런데 피아의 경계는 전쟁 기념물의 탑 그리고 비석과 결합되어 물신화되고 신비화된다. 여기서 또 다른 이행이 발생하는데, 피아의 이분법이 거대한 두 가지 확장력을 갖추게 된다는 점이다. 이를테면 첫째, 어떤 문화를 수용하고 어떤 문화를 거부할 것인지, 어떤 공동체를 배제할 것인지와 같은 의미의 확장과 함께, 둘째, 그러한 경계가 적을 지척에 둔 접경지역의 공간을 넘어서 전방위적으로 확산된다는 것이다. 특히 전적비는 적과의 전쟁을 승리로 채색하면서 피아의 명확한 경계선을 공간 속에서

〈그림 2-8〉 강원도 화천 '사창리지구전적비'(1957년 건립)

출처: 국가보훈처 현충시설정보서비스.

〈그림 2-9〉 제주도 신산공원 '제주도6.25참전기념탑'(2012년 건립)

출처: 국가보훈처 현충시설정보서비스.

드러내는데, 그것은 전후방을 가리지 않는다. '1957년과 2012년'이라는 서로 다른 시간, '강원과 제주'라는 서로 다른 장소에 건립된 〈그림 2-8, 9〉처럼, 적에 대한 경계의 장소는 훨씬 더 큰 스케일에서 지속적으로 재구성된다.

3) 분단체제의 공간 형성 방식 3: 적대적 서사에 의한 로컬리티의 재구성

전쟁의 이유와 과정, 적과 아의 호명방식, 피해의 규모, 승전의 결과들은 결코 우연적으로 서술된 것들이 아니다. 물론 기념물의 생산자가 의도한 의미를 해석할 때, 아주 다양한 견해와 평가가 있을 수 있으며, 나아가 시간의 흐름에 따라 해석의 방식 역시 달라질 수도 있다. 하지만 그러한 전쟁 기념물의 상징체계가 여전히 우리에게 통용되고 영향을 미치는 방식을 성찰해본다고 한다면, 결코 그 의도를 포용적으로 해석할 수는 없다. 특히나 전쟁 기념물들이 특정 이데올로기에 따라 상대에 대한 적대감을 환기시키고 지속시키기 위해 '강박증적인 서사'를 보이고 있다면 그 의도를 더욱 비판적으로 인식해야 한다. 예를 들어, 〈그림 2-10〉의 철원 '노동당사'와 '수도국지'[22] 앞에 세워진 근대문화유산 공식 표지판 설명에서는 '착취와 강제동원', '양민수탈', '체포, 고문, 학살', '시체', '반송장', '살육', '총살', '생매장' 등의 단어를 발견할 수 있다. 이러한 단어들은 "트라우마적 기억을 되살려 그것을 조절함으로써 내러티브를 형성하고 그 내용이 '노동당사'에 대한 '집단적 기억'이 되

---

22 철원 수도국지는 1937년 일제에 의해 옛 철원읍내에 세워진 상수도 시설로서, 조수조, 정수장, 관리소의 시설물이 남아있는 터이다.

〈그림 2-10〉 강원도 철원 '노동당사'와 '수도국지'(2016.8.10)

출처: 건국대학교 통일인문학연구단.

도록 고정"[23]시킨다. 이러한 강박증적인 서사는 전쟁 관련 인공구조물과 장소들에서 반복적으로 사용된다.

이를 통해 전쟁 기념물의 적대적 서사는 공간의 의미를 완전히 변형시켜 버릴 수 있는 문화적 질서를 갖게 된다. 그것이 가능한 이유는 기념물 자체가 주는 상징효과뿐만 아니라, 전쟁 기념물들이 특정의 가치체계와 이데올로기를 공간에 부과하는 강력한 분단권력을 수반하기 때문이다. 위의 노동당사와 수도국지가 놓인 공간 속에서 우리들은 분단과 일제강점의 역사적 비극을 인지하기 보다는 공포스러운 학살의 장소를 떠올린다. 이와 같은 '기억의 정치'는 필연적인 귀결로서 로컬리티의 재구성으로 이어진다. 예를 들어 분단체제의 공간 형성은 오랜 시간 속에서 인간과 자연공간이 상호적으로 만들어낸 호명 체계를 바꾸어 놓는다. 특정 자연공간은 그곳에 거주하던 인간에 의해 불렸던 이름

23 박은영, 「한국전쟁 폐허와 그 이미지 연구」, 홍익대학교 대학원 미술사학과 박사 학위 논문, 2012, 57쪽.

을 상실하고, 특정한 의도와 기억해야만 하는 역사에 따라 구성된 새로운 이름이, 예를 들어, 화천군의 '구만리 저수지'는 '파로호'로, 철원군의 이름 없는 야산들은 '백마고지'라는 이름이 주어졌다.

에드워드 렐프는 그 장소를 경험하는 사람과의 상호작용을 통해 만들어지는 장소의 고유한 특성을 '장소의 정체성'이라고 규정한 뒤, 장소의 정체성이 자본주의 경제체제에 의해 동질적으로 규격화 되고 나아가 상품화될 때 장소에 대한 비진정한 태도인 '무장소성'이 생겨난다고 지적했다.[24] 물론 서구 공간지리학의 일반적인 공간(장소) 생산 테제와 구별되는 한반도의 고유한 독특성은 위에서 살펴봤듯이, 분단체제에 의한 규정성이다. 하지만 분단체제의 공간 생산 전략이 분명 자본주의 공간 생산과 마찬가지로 사람들로 하여금 특정 가치와 이념을 무비판적으로 수용하고 그 민감성을 저해하는 것을 목적으로 한다는 점에서, 다시 말해 공간(장소)의 정체성인 로컬리티의 상실로서 무장소성을 초래했다는 점에서 공통적이다.

도시공간이 자본주의의 발달과 결부되어 있으며 이러한 도시 공간이 시간의 경과에 따라 점차 노후화·비효율화되어 효과적인 자본 축적의 장애물이 될 때, 그 공간은 폐기된다.[25] 하지만 분단체제의 공간 형성 전략은 이와 다르다. 분단체제 내 전쟁 기념물은 그 목적에 따른 기능이 더 이상 유지되지 못한다고 하더라도 그대로 '방치된다.' 도시공간의 역사가 자본 축적 과정과 결부된 건설과 파괴, 재건설의 역사라고

---

24 에드워드 렐프, 김덕현·김현주·심승희,『장소와 장소상실』, 논형, 2005, 108~110쪽, 197~239쪽.

25 최병두,『근대적 공간의 한계』, 삼인, 2002, 85쪽.

한다면, 분단체제의 공간 역사는 오직 건설과 보존의 역사일 뿐이다.

결과적으로 분단체제의 공간 형성이 마주하게 되는 현실은 로컬리티의 상실을 넘어선 로컬리티의 황폐화라고 할 수 있다. DMZ와 접경지역은 황폐화된 로컬리티의 재구성을 보여주는 대표적인 사례이다. 이 공간은 전쟁 승리의 영광과 환희를 채색하는 공간이자 남북의 적대성을 더욱 확장시키는 반공교육의 공간이다. 더불어 우리들이 자유롭게 오고갈 수 있고 관심을 둘 수 있었던 지역이 아니라, 여전히 낯선 '금기의 공간'으로 유지되고 있다. 오늘날 DMZ와 접경지역의 로컬리티는 다음과 같이 네 가지로 규정할 수 있다. 첫째, 남북 분단과 군사적 대치 현장이라는 물리적 공간. 둘째, 남북 분단으로 생성된 적대의 역사가 응축된 역사적 공간. 셋째, 분단과 적대의 물리적 공간과 역사적 공간이 만들어낸 분단문화의 표현공간. 넷째, 그러한 것들이 모두 결합된 '적대적 실천과 반복의 공간'이다.[26]

3. 분단체제의 공간 형성 논리들
   : DMZ와 접경지역의 몇 가지 사례

DMZ와 접경지역의 상징적 재현물들은 이데올로기적 담론의 감각적 유포를 통해 우리들의 진정한 이성과 경험을 왜곡시키거나 은폐할

---

26 박영균 외, 『생명·평화·치유의 DMZ 디지털스토리텔링』, 한국문화사, 2016, 78~79쪽.

수 있다. 분단체제 아래 DMZ와 접경지역은 그 시대의 특정 이데올로기를 반영하거나 정치적 힘의 이미지로서 가시화되었으며, 그 속의 구조물은 일정한 상징과 기호를 통해 특정 의미가 재생산되도록 조성되었다. 도린 매시는 공간의 의미를 '끊임없는' '상호 관계'에 의해 구성되며 이로 인해 '다수의 감정에 기초한 다중성'이 존재하는 영역으로 규정했다.[27] 그의 주장은 공간이 갖는 실천적 효과로서 정치적 개방성과 진보성을 드러내 주는 데 목적이 있었다. 하지만 공간에 대한 이러한 규정은 우리들이 목격하는 현실에 비춰볼 때, 분단체제의 공간에 적용시킬 수 없다. 오히려 분단체제의 공간은 상호관계보다는 관계의 단절을, 다중성보다는 분단권력 중심의 일원성을, 개방적인 구성원리보다는 '제한과 금지'의 일방적 폐쇄원리에 가깝다. 따라서 분단이라는 독특한 상황 아래에서 공간을 조형하는 '분단체제의 공간 형성 논리'에 대한 탐색은 더 중요해진다.

첫째, 분단체제의 공간 형성 논리는 그 이념적 토대인 '분단국가주의'로부터 출발한다. 분단체제를 유지·발전시키기 위한 남북 적대성의 재생산은 DMZ와 접경지역의 구체적인 일상생활 공간에서 이루어진다. 타자로부터 야기되는 위기와 위협의 강조는 DMZ와 접경지역에서 일상을 차지한다. 하지만 타자로부터의 위협은 극단적인 경쟁 상황에서 충성심과 소속감을 강화하는 효과를 불러오고, 바로 이로부터 "한 국가를 위해 결합되는, 그리고 '우리'와 직접적인 경쟁 관계에 있는 다

27 도린 매시, 앞의 책, 35~39쪽.

〈그림 2-11〉 충북 충주 '6.25참전기념비'(1995년 건립)

출처: 국가보훈처 현충시설정보서비스.

"6.25전쟁은 제2차 세계대전 이후 민주·공산이념의 대결이라는 냉전체계 속에서 소련과 중공의 지원을 받는 북한의 김일성이 대한민국을 공산화 할 목적으로 1950년 6월 25일 새벽에 기습남침을 자행함으로써 일어났다. 전쟁 초기 북한군은 우세한 군사력으로 개전3일 만에 수도 서울을 점령하고 두 달도 채 안되어 낙동강 선까지 남진하였다. 그러나 우리 국군은 군사력의 열세에도 불구하고 온 국민과 함께 총력전으로 공산 침략군에 대항하여 싸웠다. 유엔은 북한의 불법남침을 응징하기 위하여 한국에 대한 군사 원조안을 결의했고, 이에 따라 21개국이 유엔의 깃발아래 한국을 지원함으로써 공산 침략군을 격퇴하고 조국의 자유를 수호할 수 있었다."

른 국가들에게는 적대적인, 합착된 스케일의 정체성"[28]을 형성시킨다. 분단국가주의는 바로 이러한 정체성과 깊게 관련된다. 분단국가주의는 상대방에 대해 적대감을 기반으로 불신, 적대적인 우월성과 대결적인 배타성을 견지하는 태도를 통해 분단체제를 정당화하는 국가주의로 정의할 수 있다.

식민지 해방 이후 민족국가를 향한 열망은 상대에 대한 적대와 증오로 대체됨으로써 민족주의는 남북 적대를 명분으로 자기 체제의 정통성을 정당화하는 분단국가주의로 변모했다. 이미 강만길은 분단국가 민족주의의 개념을 각자의 정통성 확보를 위한 일종의 이념적 헤게모니 확보전략으로 전유하면서 이를 휴전선 이남과 이북으로만 한정시킨다고 지적했다. 식민지 시대의 민족주의가 좌우 이념을 극복하고 일제 식민지에 대항하는 통일전선을 이루는 이른바 '저항적 민족주의'의 모습이었다고 한다면, 분단시대의 민족주의는 자신의 통치권을 보장하기 위해 서로에 대한 배타적 태도만을 생산하는 '국가주의적 민족주의'로 전락해버렸다는 것이다.[29] 이것이 그가 말하는 '분단국가주의'이다. 따라서 분단국가주의는 "분단 국가 권력이 다른 한쪽의 권력에 대해 적용하는 적대성·배타성과 제 권력의 최고성 강조를 인정하고 동조하지 않을 수 없는 역사인식"[30]이다. 〈그림 2-11〉처럼 전쟁 기념물들은 분단국가가 요구하는 그 치밀한 논리인 분단국가주의를 교묘하게 설파한다.

---

28 존 앤더슨, 앞의 책, 198쪽.

29 강만길, 『한국민족운동사론』, 서해문집, 2008, 33~34쪽.

30 강만길, 『21세기사의 서론을 어떻게 쓸 것인가』, 삼인, 2002, 215쪽.

〈그림 2-11〉의 설명문에서 볼 수 있듯이, '북(중)=공산=불법=침략' vs '남(미)·UN=자유=민주=응징'의 의미계열화는 북에 대한 적대적 우월성을 드러내기 위한 전략이다. 이러한 상징적 의미는 분단체제에 살고 있는 구성원들의 의식과 행위를 지배할 뿐만 아니라, 합리성을 마비시키고 분단국가주의의 왜곡된 관계망 일반을 은폐시키는 데 활용된다. 분단체제 아래에서 형성되는 선과 악이라는 이분법적 세계관의 확산, 타자에 대한 적대성, 궁극적으로는 "상대에 대한 악마적 감정/인식"[31]은 이러한 분단국가주의의 공간 형성 전략이 도달하고자 했던 목적지이다. 이로써 분단국가주의는 일상생활적인 삶을 살아가는 구성원들의 신체에 각인된다. 나아가 분단체제의 신체들은 분단의 논리를 재생산하고 시대를 거쳐 전승된다.

이런 점에서 최근 분단의 국가주의에 대한 연구들은 군부독재의 종식과 민주주의의 발전에도 불구하고 남북의 적대성이 유지·강화되고 있음에 주목한다. 그래서 그러한 연구들은 이데올로기적 성격에 대한 분석이 아닌, 우리들 내면에 체화된 무의식에 가까운 습관적 행위양식으로서 '분단의 아비투스'란 문제의식에서 출발하고 있다. 핵심은 분단의 논리에 자발적으로 동의하고 그 논리를 자율적으로 실천하거나 표현하는 구성원들의 믿음과 성향체계를 탐색하는 것이었다.[32] 대표적으로, 분단국가주의는 '통행금지'라는 표어에 대한 순응을 통해 신체에

---

31 김기대, 「분단문화와 통일문화」, 『사회과학연구』 제35집, 강원대학교 사회과학연구원, 1996, 221쪽.

32 이에 대한 자세한 논의는 박영균, 「분단의 아비투스에 관한 철학적 성찰」, 『시대와 철학』 제21집 3호, 한국철학사상연구회, 2013을 참고할 것.

체득된다. '통행금지'는 지배권력을 유지하기 위해 동원되는 대표적인 통치수단으로서 우리가 바람직한 구성원이 되기 위해 따라야만 하는 정상의 범주를 규정한다.[33] 이로써 대다수 우리들은 국가가 사회적 삶에 부과해놓은 일반적인 방향에 자발적으로 동의한다. 실제로 자유로운 출입이, 그리고 분단체제의 경계를 넘어서는 것이 곧 불법이라는 것을 경고하는 장치들은 DMZ와 접경지역의 일상에서 수 없이 찾을 수 있다(〈그림 2-5〉 참조).

둘째, 분단체제의 공간 형성 논리는 '분단국가주의'라는 이념적 토대 이외에 그것을 뒷받침하는 '반공주의'를 이념적 질료로서 삼고 있다. 개인과 집단이 그들의 권력을 행사하는 방식, 그들이 유지시키려고 하거나 반대하는 질서는 특정 이데올로기의 선별로부터 시작된다. 또한 포섭력 높은 어떤 이데올로기는 다른 하위 이데올로기와 길항관계를 형성하면서 이념적 위력을 더하게 된다. 특히 반공주의는 분단국가주의의 핵심 이데올로기로서 분단체제의 내면화에서 결정적 의미를 지닌다. 반공주의는 특정 영역의 기능을 넘어 국가의 지배이데올로기로서 역할을 했으며 사회의 정신적 습속에까지 침투하고 있다.[34] 즉 반공주의는 개인의 자율성을 억압하는 국가주의적 동원의 정치적 상징으로써 일상적 사고의 영역에 깊이 스며들어있다.

권혁범의 정리와 인용에 따르면 반공주의는 공산주의에 대한 부정적 반응과는 차원을 달리하는, 그것에 대한 이성적 토론을 완전히 '압

---

33 존 앤더슨, 앞의 책, 100~102쪽.
34 이명희, 「반공주의 형성과 성차별주의」, 『아시아여성연구』 제46권 1호, 숙명여자대학교 아시아여성연구소, 2007, 217쪽.

<그림 2-12> 강원도 화천 '파로호'(2017.1.21)

출처: 건국대학교 통일인문학연구단.

> "이 전투에서의 전공으로 국군 제6사단은 이승만 대통령으로부터 부대표창을 받았으며 중공군 포로를 많이 잡았다고 해서 구만리 저수지를 파로호라고 명명하였고, 구만리 언덕의 화천발전소 뒷산에 이승만대통령이 친필로 쓴 전승비를 세우게 되었다."
>
> – 파로호안보전시관 설명문 중에서 –

도하는 감각', '가치판단에 일체의 사실판단을 종속시키는 상태', '분단 의식의 과잉사회화'이다. 따라서 분단체제의 반공주의가 제3세계나 미국의 반공주의와 다른 점은 모든 형태의 좌파적 사유의 금기, 그것의 표출이 법적, 사회적 탄압의 대상이 된다는 점에 있다.[35] 한국사회에서 반공주의가 뿌리를 내리게 된 결정적인 계기는 6.25전쟁이다. 강인철은 반공주의를 한국사회를 통합하는 일종의 시민종교로 보면서, 그 성스러운 장소로서 충혼탑을 예로 들었다. 이러한 종교적 요소들은 지배세력에게 이전에 지니지 못했던 대중적 호소력과 생명력, 헤게모니적 지도력을 제공해주는 대표적인 상징물들이 되었다.[36]

앞의 〈그림 2-12〉에서 볼 수 있듯이, 강원도 화천에 거대하게 자리 잡은 '화천 구만리 저수지', 아니 '파로호'는 반공주의의 서사가 집약되어 공간 전체의 질서를 반공주의로 탈바꿈시켜버린 대표적인 상징공간이다. 오늘날에도 남북을 이어주고 있는 도도한 물길은 생명이 사라져 간 비극의 의미를 탈각한 채, '중공군' 약 3만여 명을 수몰시킨 대표적인 승전의 장소로서만 기억된다. 일제 수탈을 상징하던 화천발전소 역시 반공주의의 지배세력이 세운 전쟁 기념비로 그 원래의 의미가 탈각되었다. 의도된 전승(戰勝)의 기억들은 남쪽 내부의 일상적인 삶과 문화 속에서 상호 적대와 원한, 분노를 주입한다. 이렇듯 반공주의는 공간에 대한 호명체계를 바꾸어 놓았으며, 이와 함께 그 공간의 공간성을 왜곡된 이데올로기로 전도시켰으며, 인간의 윤리와 가치체계를 혼탁하게 만들었다.

셋째, 분단체제의 공간 형성 논리에는 반공주의라는 이념적 질료 외에, '군사주의'가 추가될 수 있다. 분단상황의 적대성에 기반한 군사주의는 특히 군부독재 시대의 압축적 산업화 과정에서 생활도덕화되어

---

35 강인철, 「전쟁의 기억, 기억의 전쟁」, 『창작과비평』 제28권 2호, 창작과비평사, 2000, 348쪽.

36 권혁범, 『민족주의와 발전의 환상』, 솔출판사, 2000, 141쪽.

〈그림 2-13〉	〈그림 2-14〉
강원도 양구 '두타연'(2017.1.31)	'두타연DMZ지뢰체험장 표지판'
출처: 건국대학교 통일인문학연구단.	출처: 건국대학교 통일인문학연구단.

우리의 일상적 무의식에 깊숙이 자리 잡았다. 이러한 군사주의는 대체로 '전쟁과 군대에 관한 광범위한 일련의 관습, 이익, 위신, 사고를 대변하는 것', '시민의 생활 전체를 군대식 사고방식으로 바꾸는 움직임', '전투 혹은 강제적인 구조와 그 실행을 적극 찬양하는 일종의 이데올로기', '군의 민에 대한 압도적 우위, 군대의 운용방식에 의존한 사회정치적 문제를 해결하려는 경향' 등으로 설명된다.[37] 하지만 군사주의의 핵심은 '적'이라는 존재에 있으며, 그 존재의 유무가 중요한 것이 아니라 적이라는 이미지의 유지에 있다.

DMZ와 접경지역을 바라보는 일반적인 인식은 전쟁의 참혹한 결과와는 거리가 먼, 20세기의 산업화를 빗겨나가 고스란히 보존된 풍경 및 자연환경과 같은 특정한 미학적 인식이다. 이러한 물신화되고 신비화된 인식은 DMZ와 접경지역의 로컬리티를 왜곡시키는 한편, 분단체제

---

37 김병로·서보혁 편, 『분단폭력: 한반도 군사화에 관한 평화학적 성찰』, 아카넷, 2016, 70~71쪽.

의 은밀한 공간 형성 전략과 논리 역시도 은폐시키고 있다. 〈그림 2-13, 14〉는 그러한 은폐의 현장과 군사주의로 인해 '오염된' 공간의 모습을 고스란히 보여준다. 가장 최근인 2014년에 전쟁 이후 처음으로 개방된 강원도 인제의 두타연 계곡은 오염되지 않은 DMZ의 자연풍광을 고스란히 보여주는 장소로서 알려져 있다. 하지만 〈그림 2-14〉는 그 공간을 차지하고 있는 '지뢰체험현장'이다. 평화롭고 상호유기적인 생태환경의 공간 한편에는 적의 이미지를 유지시키는 상징물들이 자리하고 있다. 이것이 의도하고 있는 것은 결국, 적이 항상, 어느 곳에서도 존재한다는 이미지 효과 및 그것을 유지시킬 수 있는 뿌리 깊고 장기적인 공포심의 제공이다. 이러한 공간에 대한 사유를 통해 우리는 군사주의의 목적을 알 수 있다. 즉, 군사주의는 분단권력의 입지를 강화하고, 우리의 일상적 무의식에 깊숙이 침투하여 적이라는 이미지를 항상 제공하고 내부결속력을 강화시킴으로써, 남북의 적대성에 기반한 병영적 국가통제를 유지하기 위한 이데올로기이다.

4. 탈분단을 위한 새로운 공간 형성 전략 시론
  : '생명, 평화, 치유'의 DMZ와 접경지역

분단체제가 특정 공간들을 형성하고 그러한 공간들이 다시금 분단체제를 강화시킨다는 핵심주장은 상기할 때, 공간을 이데올로기화하는 것은 '공간을 길들이는 방법'이다.[38] 분단체제의 공간 길들이기는 DMZ와 접경지역을 분단체제 지속의 핵심 이데올로기를 재생산하는 공간으로 활용해온 역사 그 자체이다. 하지만 오히려 그러한 점에서 DMZ와 접경지역은 한반도 분단체제를 변화시킬 수 있는 '주체들의 실천의 장'이자 한반도 탈분단을 가깝게 매개할 수 있는 실체적 공간이 될 수 있다. 따라서 분단체제의 극복은, 분단체제의 공간 형성 전략과 논리를 이해하는 한편, 새로운 대안적 공간으로 전환하는 데 필요한 조건 및 실천이 어떻게 구성될 수 있는지를 규명하는 것으로부터 출발한다.

물론 공간 생산은 권력관계의 대칭성 속에서 강하게 규정되지만, 그 개방성 역시 가지고 있다는 점에 주목할 필요가 있다. 공간에 주목한 거의 모든 이론들이 공유했던 테제는 "공간이 사회적으로 생산된다고 가정하면 우리는 그 공간을 변화시킬 수도 있다는 것도 깨닫는다"[39]는 인식이었다. 공간의 생산 주체의 지배적인 의도는 은폐되고 교묘하게 작동하기에 수동적으로 받아들 수밖에 없지만, 공간의 사용 방식과 그것이 상징하는 관념에 도전하는 반응 역시 전혀 없다고 할 수 없다. 대안적 관념과 상징은 언제나 조용히, 그리고 묵묵히 전개된다. 중요한 것은 분단체제의 공간 형성이 국가가 조형하는 일방적인 방식에서만 전개된 것이 아니며, '미약하지만' 그에 대한 반작용이 함께 이루어졌다는 점이다.

기억의 전유는 권력의 통제와 그 실현을 위해 이루어진다. 그러나 "다양한 권력적 욕망이 아무리 기억을 통일적인 것으로 만들려고 분

---

38 도린 매시, 앞의 책, 116쪽.

39 에드워드 W. 소자, 「"시대정신"에서 "공간정신"으로: 공간적 전회에 대한 새로운 왜곡들」, 르크 되링·트리스탄 틸만 엮음, 이기숙 옮김, 『공간적 전회』, 심산, 2015, 298쪽.

투해도 기억은 결코 통일적이지 않으며, 언제나 하위의 서사들과 경쟁이 존재한다."[40] 예를 들어, 군사분계선을 맞닿고 있는 연천, 철원, 김포는 DMZ와 접경지역, 군사시설보호구역이 대다수의 공간을 차지하지만 역설적으로 그 공간의 정체성을 드러내고자 하는 각 지자체의 슬로건은 '통일한국 심장'(연천), '통일을 준비하는 철원'(철원), '평화문화 1번지'(김포)이다. 이렇듯 우리들에게 요구되었던 공간과 장소에 대한 기존의 일반적인 태도 자체를 비판적으로 성찰하면서, 변화 가능성을 가깝게 당겨올 수 있기 위해선 다음과 같은 공간 사유와 실천이 필요하다.

첫째, 대안적 공간사유이다. 그것은 분단국가주의, 그것의 이념적 질료로서 반공주의와 군사주의를 단단하게 유지시켜 주었던 공간의 경계와 질서화가 뒤틀리고, 희미해지고, 해체될 수 있는 상징적 '위반 행위'일 수 있다. 이미 푸코는 위반적 행위를 통해서 "경계는 질서로 바뀌고, 그어진 선은 의문의 대상이 되어버린다. 위반은 누가 통제되는 것인지에 대해서, 즉 권력에 대해서 의문을 제기한다"[41]고 역설했다. 나아가 그가 말한 위반 행위는 공간에 대한 새로운 인지적, 실천적 개념화로서 헤테로토피아(Heterotopia)로 이어졌다. 푸코가 말한 대안적 공간사유로서 헤테로토피아의 핵심을 조금 변형한다면, ① '전통적인 공간 기술 태도'를 해체함으로써 공간을 지배하는 권력을 탈중심화하고,[42] ② 양립 불가능한 이질적인 공간들이 실제 한 장소에 겹쳐 있는 인식을 구축함으로써 다른 공간에 대한 이의제기를 제기하는 한편,[43] ③ 이로써 경계짓기를 수행하는 분단체제에 대한 위반과 저항을 수반하여 변화를

---

40 오미일·배윤기, 앞의 논문, 74쪽.

만들어 낼 수 있는 고유한 공간을 생성하는 것이다.[44]

둘째, 새로운 '공간 윤리'의 모색이다. 대안적 사유는 새로운 윤리학을 요구한다. 공간에 주목했던 생태주의자 앙드레 고르스는 대안적 사유가, 인간으로 하여금 주체로서 행동하지 못하게 방해하는 모든 것을 문제삼을 수 있는 새로운 윤리학의 토대 위에서 세워질 수 있다고 보았다.[45] 경계의 삶이 만들어 낸 윤리학은 새로운 윤리학의 모습일 수 있다. 접경지역에 살고 있는 이들의 경험은 기존 질서에 대한 반복과 강박을 통해 타율적 주체로서 존재하면서, 적대적 타자로서 상징화된 상대를 낯설고 공포스럽게 느끼는 것이다. 하지만 접경지역의 안과 밖을 동시에 사유할 수 있는 경계의 사유는 낯설고 공포스럽지만, 동시에 언제나 타자와 맞닿아 있다는 점에서 그 낯섦에 대해 응답할 수 있다.[46]

〈그림 2-15〉처럼 경기도 파주의 적군묘지는 바로 낯섦을 받아들이는 실제 모습과 방식을 보여준다. 공포스럽고 두려웠던 상대는, 전쟁 이후에도 끊임없이 의도되고 강요된 적대심에도 불구하고 '애도'의 양식 속에서 조용하고 평화로운 공간에 자리 잡았다. 이때 경계는 나와 타자

---

41 존 앤더슨, 앞의 책, 2013, 108쪽.

42 슈테판 귄첼, 앞의 책, 127쪽.

43 미셸 푸코, 이상길 옮김, 『헤테로토피아』, 문학과지성사, 2016, 10, 13쪽.

44 김종곤, 「통일문화의 세 가지 키워드: 헤테로토피아·문화-정치·감성-이미지」, 『2017 통일연구네트워크 국제학술대회 자료집』, 건국대학교 통일인문학연구단, 2017, 95쪽.

45 앙드레 고르스, 임희근·정혜용 옮김, 『에콜로지카』, 갈라파고스, 2015, 12쪽.

46 손선애, 「'로컬에 대한 윤리'에서 '로컬의 윤리'로」, 『로컬리티 인문학』 제8호, 부산대학교 한국민족문화연구소, 2012, 188~189쪽.

출처: 건국대학교 통일인문학연구단.

사이의 역사적 아픔과 상처를 종합적으로 공감하고 이를 극복할 수 있는 역설적인 가치가 드러나는 공간으로 변모한다. 따라서 적대적 낯섦을 받아들이고, 같이 애도하며, 공존할 수 있는 경험은 곧 혁명적 성격을 갖게 되며, 이로써 경계의 삶은 곧 급진적이고 혁명적인 움직임을 가능하게 할 수 있는 새로운 윤리학으로 전환된다. DMZ와 접경지역이 일정한 논리와 이데올로기 체계에 구속되는 공간이 아니라 지배적 질서에 저항하는 제3의 공간이 될 수 있기 위해선, 이처럼 사람들의 인식을 바꾸고, 사회적 실천으로서 공간이 만들어질 수 있도록 돕는 새로운 윤리학이 필요하다.

셋째, 새로운 패러다임의 구축이다. 탈분단의 진정한 의미는 단순히 영토적 경계를 넘는 것이 아니라, 특정 가치체계를 유발하는 이념적 점유를 벗어나는 것이라고 할 수 있다. 현재 DMZ와 접경지역은 반공주의와 군사주의, 전쟁의 트라우마, 개발주의 등의 이념적 독점화가 벌어지고 있는 반면, 평화의 이념은 형식적이고 관념적으로 자리잡고 있는 상황이다. 이러한 DMZ에 대한 이념적 독점의 가장 큰 한계는 전쟁이 남긴 상처에 대한 치유를 고민할 수 있는 '과거'의 가치, 또한 거주 주민들의 현실적 삶을 지속가능한 것으로 만드는 '현재'의 가치, 동시에 통일과 평화의 비전을 제시할 수 있는 '미래'의 가치를 포괄할 수 없다는 점이다.

분단극복을 위한 공간의 생성에 주목하는 사유는 따라서 새로운 공간 형성 전략의 이념적 지향을 제시할 필요가 있다. 이때 그러한 이념적 지향에 반드시 필요한 것은 '인간의 삶'과 '인류보편적 가치'에 대한 강력한 희망일 것이다. 구체적으로 DMZ와 접경지역을 자유와 평화, 민주주의와 인권과 같은 보편적 이념의 담지체이자, 그러한 이념들을 추동시키고 대중적으로 확산시킬 수 있는 경험의 공간으로 사유하려는 노력이 필요하다. 나아가 분단체제의 모순이 집약된 DMZ와 접경지역이 역설적으로 노출하고 있는 다른 가치들에 대한 지향이 필요하다. 그것은 바로 '인간 대 자연', '피아'의 대립이 아니라 양자 모두를 함께 보듬고 있는 '생명(life)'의 패러다임으로, 단순히 적을 제압하는 관점의 '안보'가 아니라 양자 간의 호혜적 관계를 회복함으로써 궁극적인 안보를 실현하는 '평화(peace)'의 패러다임으로, 자연과 인간의 공존 속에서 서로에게 남겨진 상처를 같이 아파하고 어루만질 수 있는 '치유(healing)'의 패러다임으로 DMZ와 접경지역을 재상징화하는 것이다.

참고문헌

강만길,『한국민족운동사론』, 서해문집, 2008.

강만길,『21세기사의 서론을 어떻게 쓸 것인가』, 삼인, 2002.

강인철,「전쟁의 기억, 기억의 전쟁」,『창작과비평』제28권 2호, 창작과비평사, 2000.

권혁범,『민족주의와 발전의 환상』, 솔출판사, 2000.

김기대,「분단문화와 통일문화」,『사회과학연구』제35집, 강원대학교 사회과학
　　　연구원, 1996.

김기혁,「한국 인문지리학 분야에서 북한 연구의 동향과 과제」,『대한지리학회
　　　지』통권 176호, 대한지리학회, 2016.

김병로·서보혁 편,『분단폭력: 한반도 군사화에 관한 평화학적 성찰』, 아카넷,
　　　2016.

김종곤,「통일문화의 세 가지 키워드: 헤테로토피아·문화-정치·감성-이미지」,
　　　『2017 통일연구네트워크 국제학술대회 자료집』, 건국대학교 통일인문
　　　학연구단, 2017.

김형곤,「한국전쟁의 공식기억과 전쟁기념관」,『한국언론정보학보』통권 40호,
　　　한국언론정보학회, 2007.

데이비드 하비, 박영민 옮김,「공간에서 장소로, 다시 반대로: 포스트모더니티의
　　　조건에 대한 성찰」,『공간과사회』통권 5호, 한국공간환경학회, 1995.

도린 매시, 박경환·이영민·이용균 옮김,『공간을 위하여』, 심산, 2016.

마르쿠스 슈뢰어,「공간의 부활」, 외르크 되링·트리스탄 틸만 엮음, 이기숙 옮김,
　　　『공간적 전회』, 심산, 2015.

마르쿠스 슈뢰르,『공간, 장소, 경계: 공간의 사회학 이론 정립을 위하여』, 정인
　　　모·배정희 옮김, 에코리브르, 2010.

미셸 푸코, 이상길 옮김,『헤테로토피아』, 문학과지성사, 2016.

박영균,「분단의 아비투스에 관한 철학적 성찰」,『시대와 철학』제21집 3호, 한국
　　　철학사상연구회, 2013.

박영균 외, 『생명·평화·치유의 DMZ 디지털스토리텔링』, 한국문화사, 2016.

박은영, 「녹슨 기관차의 알레고리: '경의선 장단역 증기기관차'」, 『미술사논단』 제37집, 한국미술연구소, 2013.

백낙청, 『분단체제 변혁의 공부길』, 창작과 비평사, 1994.

손선애, 「'로컬에 대한 윤리'에서 '로컬의 윤리로'」, 『로컬리티 인문학』 제8호, 부산대학교 한국민족문화연구소, 2012.

슈테판 귄첼, 이기흥 옮김, 『토폴로지』, 에코리브르, 2010.

앙드레 고르스, 임희근·정혜용 옮김, 『에콜로지카』, 갈라파고스, 2015.

앙리 르페브르, 양영란 옮김, 『공간의 생산』, 에코리브르, 2011.

에드워드 렐프, 김덕현·김현주·심승희 옮김, 『장소와 장소상실』, 논형, 2005.

에드워드 소자, 이무용 외 옮김, 『공간과 비판사회이론』, 시각과 언어, 1997.

에드워드 W. 소자, 「"시대정신"에서 "공간정신"으로: 공간적 전회에 대한 새로운 왜곡들」, 르크 되링·트리스탄 틸만 엮음, 이기숙 옮김, 『공간적 전회』, 심산, 2015.

이민부·김 걸, 「통일지리학의 연구동향과 과제」, 『대한지리학회지』 통권 177호, 대한지리학회, 2016.

이명희, 「반공주의 형성과 성차별주의」, 『아시아여성연구』 제46권 1호, 숙명여자대학교 아시아여성연구소, 2007.

이종석, 『한반도 평화통일론』, 한울아카데미, 2012.

외르크 되링·트리스탄 틸만 엮음, 이기숙 옮김, 『공간적 전회』, 심산, 2015.

유준기, 「한국 국가보훈의 변천과정과 국민통합 기능」, 『한국보훈논총』 제5권 1호, 한국보훈학회, 2006.

윤충로, 「한국의 베트남전쟁 기념과 기억의 정치」, 『사회와역사』 통권 86호, 한국사회사학회, 2010.

전진성, 『역사가 기억을 말하다』, 휴머니스트, 2005.

전종한 외, 『인문지리학의 시선』, 논형, 2008.

존 앤더슨, 이영민·이종희 옮김, 『문화·장소·흔적: 문화지리로 세상 읽기』, 한울아카데미, 2013.

최병두, 『근대적 공간의 한계』, 삼인, 2002.

한성훈, 「기념물을 둘러싼 기억의 정치와 집단 정체성」, 『사회와역사』 통권 78
  호, 한국사회사학회, 2008.

국가보훈처 현충시설 정보 서비스(http://mfis.mpva.go.kr/).

안전행정부, 〈접경지역 발전종합계획(안)〉, 2011.7.

행정자치부, 〈접경지역 관련 각종 통계〉, 2013.12.

분단의 공간,
DMZ의 탈구축 전략과 디지털스토리텔링[1]

| 박영균 |

1. 들어가며: 냉전과 분단의 공간, DMZ?

일반적으로 비무장지대(DMZ)에 대해 사람들이 떠올리는 이미지는 대포, 전차 같은 무기가 배치되어 있고 군사들이 서로를 향해 총부리를 겨누고 있는 '적대의 형상'이다. 여기에는 그 어떤 중간 항도 존재하지 않는다. 거기에는 오직 '적군'과 '아군'만이 존재한다. 다른 선택의 여지는 없다. 전쟁 상황에서 내가 살기 위해 적을 죽일 수밖에 없듯이 DMZ에서 '적대'는 생존과 죽음이라는 양극단으로만 존재한다. 그렇기에 사람들이 떠올리는 DMZ는 서로를 죽이고자 하는 두 개의 화력이 죽음을 불러오는 '공포의 공간'이다. 〈그림 2-16〉과 〈그림 2-17〉은 이를 정확하게 보여주고 있다.

사람들은 대부분 이런 식의 모습들 담고 있는 그림들이 보여주는 형상으로 DMZ를 상상한다. 하지만 이것은 결정된 것도 아니며, DMZ를 상상할 수 있는 유일한 이미지도 아니다. 물리적으로 같은 공간임에도

---

1 이 글은 『시대와 철학』 제30권 3호, 한국철학사상연구회, 2019에 게재된 논문을 수정·보완한 것이다.

〈그림 2-16〉 방공호에서 내려다본 철책선

출처: 통일인문학연구단.

〈그림 2-17〉 판문점에서 경계를 서고 있는 남쪽 군인들

출처: 통일인문학연구단.

불구하고 그것이 불러오는 상상은 전혀 다를 수도 있다. 〈그림 2-18〉과 〈그림 2-19〉의 DMZ는, 〈그림 2-16〉의 DMZ와 〈그림 2-17〉의 판문점과 동일한 공간을 찍은 것이다. 하지만 이 두 그림에서 형상화되고 있는 공간의 이미지는 전혀 다르다.

〈그림 2-16〉과 〈그림 2-17〉에서의 판문점은 극단적인 군사적 대치의 공간이자 죽음의 공포를 불러일으키는 공간으로 이미지화된다. 반면 〈그림 2-18〉과 〈그림 2-19〉에서의 판문점과 DMZ는 화합의 공간이자 평화를 불러일으키는 공간으로 상상된다. 따라서 물리적 공간이 같다고 그 공간이 불러오는 의미가 같은 것은 아니다. 공간은 각종의 사물들을 담고 있는 '텅 빈 곳'이 아니라 사회-역사적으로 '생산되는 것'이다. 따라서 물리적 공간이 같다고 그 공간이 불러오는 의미가 같은 것은 아니다. 공간은 각종의 사물들을 담고 있는 '텅 빈 것'이 아니라 사회-역사적으로 '생산된 것'이다.

공간의 철학을 사유했던 앙리 르페브르는 물리적/정신적 공간이라는 전통적인 대립의 틀을 벗어나 "사회적 공간은 사회적 생산물이다"[2]는 테제에서 출발하여 '공간의 생산(production of space)'을 주장했다. 게다가 그는 공간이 사회적으로 생산된다는 것은 "(물리적) 자연 공간"이 "모든 것의 근원"임에도 불구하고 점차 뒤로 물러나며[3] "모든 사회는 그 자신의 공간을 생산"한다고 말하고 있다.[4] 즉, 공간에는 "공간의 역

---

2 Henri Lefebvre, trans. Donald Nicholson-Smith, *The Production of Space*(Oxford UK&Cambridge USA: Blackwell), 1991, p.27.

3 Henri Lefebvre, *Ibid.*, p.30.

4 Henri Lefebvre, *Ibid.*, p.31.

〈그림 2-18〉 한국저작권위원회,
"6.25, 광복절 100"

〈그림 2-19〉 셀수스협동조합,
"1971년 비무장지대 공동조사 북한군 미군"

출처: 공유마당.

출처: 공유마당.

사, '실재'와 같은 공간생산의 역사, 그리고 공간의 형태들과 재현들의 역사"가 존재한다는 것이다.[5] 이런 점에서 공간은 특정한 내용물을 채우는 '텅 빈 것'이 아니라 사회적 관계를 담고 있는 구현체로서 "사회적 공간(social space)"이자 역사적 기억들을 담고 있는 저장소로서 "역사적 공간(historical space)"이다.

〈그림 2-16〉과 〈그림 2-18〉에서의 판문점, DMZ의 모습은 〈그림 2-17〉과 〈그림 2-19〉의 판문점, DMZ와 물리적인 공간으로서는 같지만, '사회적·역사적 공간'으로서 의미 체계는 서로 다르다. 〈그림 2-16〉과 〈그림 2-17〉에서 생산되는 사회적 공간으로서의 판문점은 군사들이 서로 상대편을 죽이기 위해 대립하고 있는 극한적인 대립과 군사적 대치라는 관계가 응축되어있는 '적대의 공간'이다. 반면 〈그림 2-18〉과 〈그림 2-19〉에서 생산되는 사회적 공간으로서 판문점은 상호

---

5 Henri Lefebvre, *Ibid.*, p.46

대립하던 두 정상이 손을 마주 잡고 군사분계선을 넘어 다니는 화해와 평화의 관계가 응축되어있는 '평화의 공간'이다.

하지만 이와 같은 사회적 공간의 생산은 사회적 관계의 응축만 담고 있는 것은 아니다. 그것은 또한 특정한 역사적 사건을 담고 있다. 우리에게 널리 알려진 이미지 중에 하나인 8.18 사건에 관한 그림들에서 판문점은 1976년 8월 18일 일어났던 북한군에 의한 미군 장교 2명에 대한 도끼 살해라는 사건을, 〈그림 2-16〉과 〈그림 2-17〉은 그간 진행되어온 남북의 냉전 상태에서의 적대적 대결과 군사적 대치라는 역사적 상황을 담고 있다면 〈그림 2-18〉은 2018년 4월 27일 있었던 남북정상회담과 '판문점 선언'이라는 역사적 사건을, 〈그림 2-19〉는 1971년 북측의 군인과 미군의 공동 협력 하에 진행되었던 비무장지대에서의 공동조사사업의 모습을 담고 있다.

그렇기에 그것은 이전까지 없었던 새로운 상징적 행위를 창출하는 것이기도 하다. 예를 들어, 2018년 4월 27일 문재인 대통령은 군사분계선이 그어진 바로 그 경계선까지 김정은 위원장을 마중 나왔고, 김정은 위원장이 나오자 악수를 하고, 김정은 위원장의 제안으로 두 손을 마주 잡고 북쪽으로 넘어갔다가 다시 남쪽으로 넘어오는 상징적인 장면을 연출함으로써 분단의 장벽을 허무는 상징성을 창출했다. 또한, 1971년 북측의 군인과 미군의 공동 협력 하에 진행되었던 비무장지대에서의 공동조사사업의 모습을 담고 있는 그림은 DMZ가 서로 대립하는 공간이 아니라 오히려 함께 공동으로 서로 충돌을 방지하기 위해 설치된 '비무장지대'라는 본래의 의미를 환기시킨다.

그렇기에 역사적 공간으로서 판문점은, 그것이 어떤 역사적 기억을 불러오느냐에 따라 전혀 다른 역사적 상징과 의미, 이미지-환상을 생산한다. 〈그림 2-16〉과 〈그림 2-17〉에서 철책선과 판문점은 믿을 수 없는, 그래서 호전적인 북에 대한 적대감과 호시탐탐 침략의 기회를 엿보고 있는 '악마'적인 이미지-환상을 생산한다면 〈그림 2-18〉과 〈그림 2-19〉에서는 평화와 화해를 만들어가는 두 정상과 남북미 세 정상의 만남을 통해 남북의 '형제애'와 도로 연결을 통한 남북 공동협력과 번영이라는 이미지-환상을 생산한다. 따라서 동일한 공간이라도 무엇을 불러오느냐에 따라 그것이 발휘하는 사회실천적 효과는 전혀 다르다.

판문점과 DMZ라는 공간에 사회-역사적으로 응축된 것 중에서 어떤 기억과 관계를 불러내는가에 따라 그것이 생산하는 공간의 성격과 그것이 유발하는 사회적 효과는 다를 수밖에 없다. 전자의 그림들은 냉전과 분단의 적대성을 강화하는 효과를 생산한다면 후자의 그림들은 화해와 평화의 효과를 생산한다. 그러므로 DMZ를 남북이 대립하는 '적대의 공간'으로 결정되어 있는 곳으로 생각할 것이 아니라 오히려 평화라는 사회실천적 효과를 생산할 수 있는 공간으로 바꾸어놓는 '공간적 실천(spacial practice)'을 사유할 필요가 있다.

이를 위해 이 글은 첫째, 기존의 안보 프레임이 생산하는 효과를 분단국가주의라는 차원에서 진단하고 둘째, DMZ가 가지고 있는 풍부한 로컬리티(locality)에 근거한 공간적 실천을 복합적 중층성을 활용한 탈구축 전략이라는 관점에서 모색한 이후 셋째, 이 중에서도 재현적인 공간으로서 DMZ의 탈구축 전략을 스토리텔링을 활용하여 어떻게 만들어갈 수 있는지를 DMZ 내의 사례들을 활용하여 제시할 것이다. 마지막으로, 이런 재현적인 공간으로서 DMZ의 스토리텔링을 디지털이라는 기술적 환경과의 결합을 통해 애플리케이션으로 구현되었을 때, 그것이 지닌 장점과 효과에 대해 논의할 것이다.

2. 분단체제와 분단국가주의, 분단폭력의 생산과 안보의 역설

'DMZ(Demilitarized Zone)'는, 말 그대로 '비무장지대'이다. 비무장지대는 남과 북이 군사분계선을 중심으로 하여 직접 대치할 경우, 우연적이면서도 돌발적으로 일어날 수 있는 무력충돌이 전면전으로 비화하는 것을 방지하기 위해 1953년 7월 27일 정전협정 당시 유엔군 사령관과 중국-조선 인민군 사령관이 협의를 통해서 만든 완충지대로, 협의(狹義)의 개념으로서 DMZ는 남북 각각 2km, 폭 4km, 길이 248km로, 서울 면적의 1.5배에 해당하는 지역으로, 화력이나 병력을 배치하지 않음으로써 적대 행위를 막고자 하는 의도에서 만들어졌다.

하지만 이와 같은 DMZ라는 공간의 탄생에 응축되어있는 '평화'적 의도에도 불구하고 이곳은 한국전쟁의 일시 중단이라는 '휴전'의 산물이라는 점에서 '평화'의 산물이 아니라 오히려 '전쟁'의 산물이다. 현재 한국전쟁은 종료된 것이 아니다. 휴전은 전쟁을 잠시 중단한 상태를 의미할 뿐, 전쟁의 종식을 의미하지 않기 때문이다. 따라서 남북의 직접적인 대치상황에서의 충돌은 언제든지 전쟁 개시로 비화할 가능성을 가지고 있다. 따라서 비무장지대는 '전쟁 방지, 무력충돌 방지'라는 의도에도 불구하고 이미 이곳은 남과 북의 분단 및 전쟁이라는 자장 내에서 탄생한 것이다.

비무장지대로서 DMZ라는 공간이 가지고 있는 아이러니는 기본적으로 이 역설에 기초하고 있다. 여기서 '비무장'이라는 평화로움은 기본적으로 전쟁 개전에 대한 위험이라는 공포 하에서 지배되고 있기 때문이다. 따라서 본질적으로 DMZ는 두 분단국가의 화기와 군사력이 집결된 '냉전과 적대의 공간'이며 DMZ 전체를 지배하는 원리도 병영식 통제가 될 수밖에 없다. 그런데 이런 야누스적 얼굴을 한 DMZ는 협의의 공간만을 지배하지 않는다. 그것은 광의(廣義)의 개념으로서 DMZ도 지배한다.

광의의 개념으로서 DMZ는 '민간인 통제구역' 및 '접경지역'을 포괄하며 총면적이 1,528km²에 이르며 이는 한반도 영토의 약 10%에 해당할 정도로 넓다. 그런데 이들 지역에는 군병력이 집중적으로 주둔할 뿐만 아니라 주민들의 일상적인 삶조차 병영적 통제를 따른다. 여기서 '적대'는 오직 '남이거나 북'이라는 양자택일적인 이분법을 통해서 작동하며 수직적인 명령체계에 따른 일체화만이 작동할 뿐이다. DMZ가 병영적 통제 모델의 가장 전형적인 형태를 재생산하는 공간이자 각종 대중매체를 통해서 '대결과 군사 논리'를 전국적으로 재생산하는 첨병의 역할을 수행하는 것은 바로 이 때문이다.

그렇기에 DMZ는 역사적으로 분단체제의 적대성을 재생산하는 핵심 기제로 자리 잡아 왔다. 분단체제는 세계체제의 하위체제이면서도 상대적으로 독립적인 재생산시스템을 가지고 있다. 즉, 분단체제는 냉전에 의해 그대로 일방적으로 규정되는 것이 아니라 그 스스로 '분단'을 재생산하는 시스템이다. 여기서 남과 북이라는 두 개의 분단국가는 서로에 대한 위협을 과장하고 부추김으로써 불안과 공포를 조장하고 이를 통해서 분단국가 내부의 단합과 일체화를 만들어가기 때문에 '적대적 상호의존성'을 가지고 있을 뿐만 아니라 '거울 이미지 효과(mirror image effect)'를 통해서 '공생적 적대(symbiotic antagonism)'를 생산하는 관계이다.

하지만 이와 같은 재생산시스템은 두 분단국가의 정치, 경제, 군사적 대립에만 멈추는 것이 아니다. 오히려 여기서 보다 더 중요한 요소는 '두 국가의 국민(인민)'들이다. 이들은 두 개의 분단국가가 맺고 있는 '적대적 상호의존성'이나 '거울 이미지 효과', '공생적 적대' 등을 통해서 분단 그 자체를 스스로 생산하는 주체이자 신민(subject)가 된다. 분단국가는 바로 그와 같은 신민으로서 주체들의 생산, 즉 분단국가의 '국민 만들기'를 끊임없이 수행해 왔다. 그리고 이런 과정을 통해서 남과 북에서 사는 대중들의 몸과 마음에는 분단체제의 재생산시스템이 아로새겨지는 것이다.

일반적으로 '국가주의'는 국가(states)의 성원으로, 국민(people)을 국가에 일체화시키는 이데올로기이다. 여기서 국민은 그 국가의 성원이 될 때, 비로소 주권자가 된다. 따라서 진정한 주권자는 국민이 아니라 '국가'다. 분단국가주의 또한 국가주의이다. 하지만 분단국가주의는 국민을 한 국가의 성원으로 일체화하는 국가주의를, 한 민족이라고 믿는 두 국가 간의 분열 및 적대적 대립을 통해서 재생산한다는 점에서 일반적인 국가주의와 다르다. 반면 민족(nation)은 특정 구성원들을 하나의 국가 성원으로 통합시키는 '상상된 정치공동체'이다. 하지만 분단국가의 경우, 민족의 범주는 이런 기능을 수행할 수 없다.

분단국가는 하나의 민족이라고 믿는 사람들이 하나의 국가를 건설하지 못했기 때문에 '민족=국가'라는 가치체계를 가질 수 없다. 이 경우, '민족'에 대한 호명은 오히려 국가 자체가 민족 전체를 포괄하지 못하고 있다는 것, 따라서 '민족≠국가'[6]라는 균열, 결손 국가(broken nation states)로서의 결핍을 드러낼 뿐이다. 이런 점에서 분단국가는 '민족=국가'라는 등식 대신에 민족과 국가의 자리를 바꾸어 '국가=민족'이라는 전치(displacement)를 만들어내고 이를 통해서 반쪽짜리 분단국가가 오히려 민족을 대표한다. 여기서 국가의 정당성은 민족에 의해서 보증되는 것이 아니라 오히려 민족이 국가에 의해 그 정당성을 보장받는다.

이처럼 국가가 '상상된 정치공동체'로서 민족을 대표하는 것이 아니라 민족 전체를 대표하지 못하는 분단국가가 민족을 대표하면서 분단국가에 국민을 일체화하는 이데올로기가 분단국가주의라고 할 수 있다. '분단국가주의'는 반쪽짜리 국가인 '남 또는 북'이 '민족의 대표자'가 됨으로써 '남'의 경우에는 '북'이, '북'의 경우 '남'이 민족의 배신자, 민족의 '적'이 되고 그렇게 함으로써 '남 또는 북'이라는 분단국가에 자신을 일치시키지 않는 국민을 민족의 순수성을 훼손하는 반역자 또는 '이적 행위자'로 단죄할 수 있게 된다. 따라서 분단국가주의는 획일적 전체주의에 근거하여 수직적 명령체계를 확보하는 병영적 통제를 전국적으로 확산시킨다.

대한민국의 현대사가 보여주듯이 국민은 '백성, 신민'으로 전락하면서 민주주의는 질식당한다. 게다가 그것은 국가폭력을 더욱 강화하는

---

6 류보선, 「민족≠국가라는 상황과 한국 근대문학의 정치적 (무)의식」, 서울시립대학교 인문과학연구소, 『한국 근대문학과 민족-국가 담론』, 소명출판사, 2005, 24쪽.

분단폭력을 일반화한다. '분단폭력'은 "분단에 의해 생산된 폭력"으로, "공포의 내면화를 통해서 재생산되는, 국가테러리즘"을 작동시킨다. 또한, 분단폭력은 평화학자 요한 갈퉁이 말하는 "폭력의 삼각형(violence triangle)", 즉 "직접적-구조적-문화적 폭력"을 통해 작동한다. 그것은 남과 북을 선악으로 이분화한 후, 선(善)의 편에 서지 않는 자를 악(惡)으로 단죄하면서 최후의 결전을 준비해야 한다는 "DMA신드롬"[7]을 통해 폭력을 조장하며 시민의 인권을 끊임없이 억압한다.[8]

분단국가주의는 항상 '안보(security)'를 내세우며 DMA신드롬을 조장한다. 하지만 문제는 이와 같은 방식이 오히려 '안보'조차 위협한다는 것이다. 안보는 기본적으로 우리의 생명과 재산에 대한 안전성을 확보하고자 노력이다. 하지만 군비경쟁과 군사적 대결에 기초한 안보는 기본적으로 서로의 목숨을 노리는 군비경쟁의 가속화 및 전쟁 위험과 같은 항상적인 위험 상태로 자신을 몰고 간다. 그런데 이렇게 고도화된 무기는 아주 순간적이고 돌발적인 선택이지만 한 번의 도발이 모든 것을 초토화시킬 수 있다. 따라서 냉전과 분단에 기초한 안보는 국민의 안전을 내세우지만 그와 반대로 국민의 생명과 안전에 대한 위험 요소를 확대하는 역설을 강화할 뿐이다.

---

7 요한 갈퉁, 김종일·정대화·임성호·김승채·이재봉 옮김, 『평화적 수단에 의한 평화』, 들녘, 2000, 574쪽.

8 분단체제의 재생산과 관련한 분단폭력에 대한 논의는 박영균, 「한반도의 분단체제와 평화구축의 전략」, 『통일인문학』 제68집, 건국대학교 인문학연구원, 2016 참조.

3. 차이의 공간과 DMZ의 로컬리티, 탈구축 전략의 방향

DMZ는 군사적 대결이나 적대의 공간으로만 환원될 수 있는 공간이 아니다. 그럼에도 DMZ는 병영적 이미지, 적대적인 공간, 끊임없이 북을 악마로 불러내는 역할을 벗어나지 못하고 있다. 하지만 그렇게 되었을 때, DMZ는 자유로운 시민들의 공간이 되지 못할 뿐만 아니라 시민들의 삶으로부터 고립된 폐쇄적 공간으로 전락할 수밖에 없다. 병영적 통제와 전쟁의 이미지는 사람들에게 부자유와 통제, 위협적 공포를 불러일으킴으로써 사람들이 가고 싶지 않은 곳으로 만든다. 따라서 이런 한계를 벗어나기 위해서는 '적대의 공간'을 벗어나 새로운 공간을 생산하는 '공간적 실천'이 모색되어야 한다.

1990년대 이후, 한국 사회가 민주화되고 남북관계가 진전되면서 DMZ를 적대의 공간이자 안보의 공간으로만 바라보던 프레임을 벗어나서 다른 관점에서 DMZ라는 공간을 보거나 새로운 공간으로 만들어가고자 하는, 다양한 시도들이 등장하고 있다. DMZ를 '생태적 공간'이자 '평화의 공간'으로 자리매김하고자 하는 시도들이 대표적이다. 하지만 이와 같은 관점의 변화들에도 불구하고 이런 시도들은 여전히 '안보'나 '생태', '관광' 자원들의 개발에 집중되어 있을 뿐이다. 여기서 공간적 실천은 여전히 DMZ라는 공간이 가진 로컬리티를 제대로 보고 있지 않다. 그렇다면 먼저 주목해야 할 것은 르페브르가 이야기한 공간의 다층성이다.

"하나의 사회적 공간이 아니라 다수의 사회적 공간이 존재한다. 실제로, '사회적 공간'이라는 말이 가리키는 것은 사회적 공간들의 무한

한 다수성 또는 헤아릴 수 없는 조합들이다. … 사회적 공간, 특히 도시 공간은 고전적(유클리드/데카르트)인 수학의 동질성과 등위성을 가지고 있는 것이라기보다 얇은 조각들이 층을 이루고 있는 밀푀이유(mille-feuille, 천 개의 나뭇잎) 페이스트리를 연상시키는 구조로 되어 있다. 사회적 공간은 서로 침투하거나 하면서 서로서로 포개진다."[9] 따라서 그는 "차이의 공간(differential space)"에 주목한다.[10]

차이의 공간은 사회적 공간이 기본적으로 하나로 환원될 수 없는 복합적 중층성을 가지고 있기에 가능하다. 사회적 공간은 공시성의 차원에서 다양한 사회적 관계들이 응축되어 있기 때문에 '복합적'이지만 통시성의 차원에서도 역사적 기억들을 응축한 역사적 공간이기 때문에 '중층적'이다. 안보관광과 반공교육에서 코드화되는 DMZ는 〈그림 2-16〉과 〈그림 2-17〉과 같은 적대의 기억들과 남북의 극단적 대결들을 응축하는 것들이다. 하지만 DMZ는 〈그림 2-18〉과 〈그림 2-19〉와 같이 전혀 다른 기억들과 남북관계들에 관한 이미지들을 응축하고 있기도 하다. 따라서 어느 것을 불러내느냐에 의해 같은 공간이라도 다양화될 수 있다.

바로 이런 점에서 기존에 일면적으로 규정되거나 현재화되었던 기억이나 관계를 기존의 틀에서 빼내어 해체하는 '탈구축(deconstruction)' 전략은 이런 차이의 공간을 기본으로 할 수밖에 없다. '탈구축'은 'dis+construction'의 합성어로, 기존 방식의 체계, 문법, 구조(con-

---

9 Henri Lefebvre, *Op. cit.*, p.86.
10 Henri Lefebvre, *Ibid.*, p.52.

struction)를 따라 구성되었던 DMZ의 각종 스팟이나 로컬리티를 '차이의 공간'을 통해서 풀어헤쳐 놓음(dis)으로써 새로운 문법이나 구성(construction)을 향한 길을 열어놓는 것이다. 즉, DMZ를 '적대의 공간'이자 '전쟁의 공간'으로 체계화하거나 구조화는 방식을 벗어나 그 안에 있는 복합적 중층성을 활용하여 다른 측면을 드러내 '차이화'함으로써 분단체제에서 억압되어왔던 DMZ의 다양한 로컬리티를 드러내는 것이다.

예를 들어 DMZ는 현재 분단선이었던 38선이나 해방 후 3년 동안 진행된 한국전쟁에 관련된 유적들을 중심으로 로컬리티가 조명되거나, 사람들의 손길이 닿지 않아 보존된 다양한 생태 문화적 자원들과 관련하여 다루어지는 경향이 있다. 그러나 DMZ에는 철원-연천-파주로 이어지는 용암대지, 양구의 '펀치볼', 고성의 석호들과 같은 지질학적 독특성과 그런 환경 속에서 만들어진 다양한 생활문화 자원들이 존재한다. 또한, 강화도에서 고성군까지 중부 전역에 분포하는 선사 유적들이 있을 뿐만 아니라 삼국시대-통일신라-후삼국-고려-조선-일제강점기-분단-전쟁으로 이어지는 역사적 유적들이 분포한다. 게다가 만해 한용운과 박수근, 박인환 등으로 대표될 수 있는 문화계 인물들을 포함하여 역사문화 자원들도 존재한다.

하지만 사람들은 대부분 DMZ 및 접경지대에서 이런 자원들을 떠올리지 못한다. DMZ라는 공간에 대한 우리의 몸이 특정한 방식으로 코드화 또는 계열화되어 있기 때문이다. 따라서 이런 복합적 중층성을 따라 DMZ라는 공간과 우리의 관계를 바꾸어갈 필요가 있다. 그렇다면 어디에서 시작해야 하는가? 르페브르는 로고스(logos)가 나타나기 이전에 '토포스(topos)'가 있다고 하면서 "공간적 사유는 몸의 투사, 분열, 이미지, 방향성을 재생산"하며 "분석하고 분리하는 지성에 앞서 훨씬 이전에, 정식화된 지식에 앞서 거기에는 몸의 지능이 존재"한다고 말한 바 있다.[11] 따라서 신체와 공간의 관계를 바꾸는 데에서 시작해야 한다.

르페브르가 제시하는 공간의 생산은 "공간적 실천(spacial practice)", "공간의 재현들(representations of space)", 그리고 "재현적인 공간들(representational spaces)"이라는 세 가지 계기로 구성되어 있다. 공간적 실천은 공간을 생산-재생산하는 정신적-물리적인 능력과 수행능력의 총체이다. 공간의 재현들은 공간을 구획하고 배열하는 지식과 기호들을 다루는 기술관료와 도시계획자들의 공간이라면, 재현적인 공간들은 이미지와 상징을 통해서 체험되는 예술가들과 작가, 그리고 철학자들의 공간이라고 할 수 있다.[12] 여기서 공간의 생산은 우리와 몸과 관련해서 각각 '지각된 것(the perceived)', '인지된 것(the conceived)', '체험된 것(the lived)'이라는 변증법적인 "삼중적인 관계"로 나타나게 되는 것이다.[13]

새로운 공간의 생산은 기본적으로 재현된 공간들을 비트는 공간의 재구축 과정을 통해서 공간적 실천으로 나아가며, 공간과 나의 몸의 관계를 바꾸기 위해서는 '체험된 것'과 '인지된 것'을 통해서 '지각된 것'을 바꾸어야 한다. 이런 점에서 공간을 생산하는 공간적 실천의 탈구축

11 Henri Lefebvre, *Ibid.*, p.174.
12 Henri Lefebvre, *Ibid.*, p.33.
13 Henri Lefebvre, *Ibid.*, p.40.

전략은 공간의 생산이라는 테제에서 볼 때, 다음 두 가지 방향에서 모색될 수 있다. 하나의 방향은 공간의 재현들을 탈구축하는 것이며, 다른 하나의 방향은 재현적인 공간들을 탈구축하는 것이다. 여기서 전자는 공간을 구획하고 배열하는 지식과 기호들을 바꾸는 것이며 후자는 주어진 공간의 이미지와 상징들의 변화를 통해서 체험적 관계를 바꾸는 것이다.

예를 들어 공간의 재현에 관한 탈구축 전략은, 화천 '파로호(破虜湖)'의 본래 이름인 '대붕호'나 '화천호'를 되찾아 주고, 파주 적군묘지와 같은 방식의 위령탑을 세우는 방식으로 공간을 재설계하고 기획함으로써 공간적 실천을 수행하는 것이다. 따라서 이것은 물리적 공간 그 자체를 직접 바꾸는 행위로, 도시계획이나 재생사업과 같은 영역에 속한다. 반면 재현적인 공간들에 관한 탈구축 전략은, 철원의 '승일교(昇日橋)'를 반공으로 코드화하는 것이 아니라 오히려 남북이 함께 만든 다리라는 의미를 부여함으로써 승일교를 보고 느끼는 사람들의 체험적 관계를 바꾸는 것이다. 따라서 이것은 대중들의 체험적 관계를 바꿈으로써 그들의 몸과 마음을 바꾸는 작업으로, 오늘날 가장 주목을 받는 산업이 되어가고 있는 '관광(tourism)'과 직접적으로 관련되어 있다.

하지만 사람들은 '공간'하면 '물리적 공간'을 떠올리기 때문에, 전자와 같은 영역만을 생각하면서 후자와 같은 영역들에서 이루어지는 공간의 생산이 지닌 의미를 간과하는 경향이 있다. 오늘날 사람들의 이동능력은 과거에 비할 수 없을 정도로, 급격하게 증대된 상태이다. 사람들은 다양한 운송수단과 기술들을 활용하여 쉽고 편하게 다양한 곳을 보러 갈 수 있다. 따라서 현대인에게 관광은 일상적인 삶의 일부가 되어가고 있다.

각 시, 도, 군 등 지방자치단체들이 관광수요를 창출하기 위한 다양한 노력을 기울이고 있는 것도, 바로 이런 추세를 반영하고 있다.

하지만 DMZ가 소재하는 10개의 시·군에는 전쟁, 안보 관련 자원 이외에도 다양한 자연생태 및 역사 문화적 자원들이 있음에도 불구하고 기존의 안보 프레임에 갇혀 풍부한 자원들을 거의 활용하지 못하고 있다. 물론 최근 들어 DMZ 내에 존재하는 천연 생태에 관한 관심이 고조되면서 이에 대한 관광콘텐츠들이 개발되고 있다. 하지만 아직 '안보관광' 또는 '안보견학'이 DMZ 관광을 지배하고 있다. 게다가 현재 개발되고 있는 '생태관광'도 환경상의 문제나 군사보안의 문제 때문에 접근하기 어렵다는 단점을 가지고 있어서 '자연경관'을 활용한 관광이 대부분이다. 하지만 그 외의 지리적·지질적 특이성이나 예술문화, 역사 인물과 관련된 자원에 대한 활용도는 매우 낮은 편이다.

그러므로 DMZ의 탈구축의 전략은 기본적으로 이곳의 로컬리티가 가진 특이성(singularity)들을 발굴하여 다변화하는 '차이화'의 전략에서 출발할 필요가 있다. DMZ는 한국전쟁 당시 남북 간에 가장 공방이 치열했던 곳으로, 분단과 전쟁의 상처 및 기억이 가장 많이 남아 있는 곳이다. 하지만 DMZ에는 이외에도 풍부한 다른 역사문화유산들이 곳곳에 산적해 있다. DMZ의 지질은 한탄강과 임진강 등 협곡-현무암지대와 펀치볼 및 석호라는 특이성들을 가지고 있으며 이태준, 박수근, 박인환, 한용운 등과 같은 예술가들 및 왕곡마을과 인제 산촌마을과 같은 생활문화의 특이성들을 가지고 있다. 따라서 이들 로컬이 가진 특이성들을 살려 체험적 관계를 다변화하는 전략이 필요하다.

4. 재현적인 공간으로서 DMZ의 탈구축 전략과 스토리텔링

1990년대 냉전의 해체와 더불어 DMZ에 남아있는 한국전쟁의 상처와 분단체제에서 발생한 구조적 폭력의 기억들을 평화에 대한 역사적 교훈으로 바꾸어가야 한다는 제안은 이미 오래전부터 제기되었으며 이런 방안에 관한 연구도 다양하게 진행되어왔다. 하지만 이런 연구들은 DMZ를 새롭게 구획-설계하는 '공간의 재현'과 관련된 연구라는 한계를 벗어나지 못하고 있다.[14] 게다가 그와 같은 연구도 지난 정부가 내세웠던 'DMZ세계평화공원' 건설에 집중되어 있다. 이들 연구는 DMZ세계평화공원 건설을 위한 국제적 협력 모색 및 법-제도적 장치의 정비에 관한 연구[15]에서 시작하여 북쪽의 협력을 끌어내는 공동국제관광사업 제안으로까지 이어지고 있다.[16]

---

14 '남북평화협력특별지대'를 건설하자는 장영권의 글(「DMZ평화: 의미, 구축전략, 과제」, 『통일전략』 제12권 1호, 한국통일전략학회, 2012)을 필두로 하여 평화통일 기반 구축 차원에서 도로 및 철로의 연결과 남북협력 강화를 주장하는 김재철의 글(「한반도의 평화적 통일기반 구축전략」, 『통일전략』 제14권 3호, 한국통일전략학회, 2014) 등이 대표적이다.

15 정원영·정철우, 「DMZ 세계평화공원 조성의 의미와 방안」, 『주간국방논단』 제1478호, 한국국방연구원, 2013; 박은진, 「DMZ 세계평화공원 기본 전략과 필요성」, 『북한』 제506권, 북한연구소, 2014; 윤황·김난영, 「박근혜 정부 'DMZ 세계평화공원' 구상의 실현방안」, 『OUGHTOPIA』 제29권 2호, 경희대학교 인류사회재건연구원, 2014; 정교민·안두현, 「지속가능한 DMZ 세계평화공원」, 『동향과 이슈』 제8호, 과학기술정책연구원, 2014; 정시구, 「박근혜정부의 DMZ 세계평화공원 조성 정책의 함의」, 『대한정치학회보』 제23권 3호, 대한정치학회, 2015; 이효원, 「DMZ 세계평화공원 조성을 위한 법적 기초」, 『서울대학교 법학』 제55권 1호, 서울대학교 법학연구소, 2014.

16 김정훈·김지동, 「DMZ 평화적 이용의 세계화 전략: 세계평화공원화·국제관광자

그러나 이러한 방식의 물리적 공간을 바꾸는 '공간의 재현'은 그 외의 다양한 변수들, 특히 남북관계 및 국제적인 관계의 변화 없이 이루어질 수 있는 것이 아니다. 이런 점에서 이런 연구들은 정세의 변화가 없는 한, 자기 혼자 설계도를 그리고 멋진 계획서를 만들어내는 것과 다를 바가 없다. 하지만 현재 DMZ가 가지고 있는 로컬적 특이성과 독특성을 살린 새로운 여행에 대한 기획은 지금 당장 이루어질 수 있는 '공간적 실천'이다. 또한, 그것은 관광컨텐츠 개발로, 적대적 냉전에 의한 통제로 낙후된 DMZ 접경지역 주민들의 경제-문화적 삶의 질을 향상시키는 데에도 기여할 것이다.

게다가 이것은 남북관계나 국제정세의 변화와 상관없이 대중들과 DMZ의 체험적 관계를 바꿈으로써 '분단형 신체'를 '통일형 신체'로 만들어가도록 하는 데에도 유용한 기제가 될 것이다. 이것은 DMZ라는 물리적 공간을 바꾸지 않고서도 지금 주어진 공간을 활용하여 체험적 관계를 바꾸는 것이기 때문이다. 따라서 오늘날 보다 시급히 주목해야 할 연구는 '재현적인 공간으로서 DMZ에 관한 탈구축 전략'이다. 이것은 분단으로 인한 상처로 불구화되고 왜곡된 남북의 DMZ에 관한 상호인식을 바꾸어가면서 오히려 DMZ 자체를 남북 주민들의 몸과 마음에 새겨진 배타성과 적대성을 치유할 수 있는 공감적 체험들을 주는 '공간'으로 만들어가는 실천적 연구이자 지금 당장 사회적으로 실천 가능한 연구이기 때문이다.

분단국가주의가 재현했던 'DMZ'는 적의 호전성과 파괴성에 대항하

원화를 중심으로」,『한국동북아논총』제70집, 한국동북아학회, 2014.

여 국토를 지키는 국방·안보의 공간이며 한국전쟁을 비롯하여 침략에 대항하여 싸웠던 영웅들의 안식처이자 적의 악마적 잔혹성이 응축되어 있는 반공교육의 공간이었다. 하지만 이렇게 형상화되었을 때, DMZ는 지속적으로 분단 트라우마를 자극함으로써 적에 대한 증오와 원한의 감정을 불러일으키고 그것을 통해서 분단국가와 자신을 일치시키는 전체주의화, 또는 국가적 일체화를 불러오는 기제가 될 수밖에 없다. 따라서 과거에 재현되어 온 DMZ는 분단국가주의를 재생산해왔다고 볼 수 있다.

반면 1990년대 민주화 이후 등장한 '생태주의'나 '개발주의'는 DMZ를 인간의 간섭이 없는 순수한 원시 자연을 간직한 생태적 공간으로 재현하거나, DMZ 접경지역 주민들의 시련과 낙후된 삶을 보여줌으로써 개발의 정당성을 부여하는 방식으로 '탈정치'화하는 경향이 있다. 하지만 DMZ는 20세기 냉전이라는 역사 속에서 분단의 장벽을 고스란히 가지고 있는, 전 세계에 단 2곳에만 존재하는 장소이자 가장 강력한 군사적 대립이 전개되고 있는 살아 있는 현장이다. 따라서 이러한 핵심적 특성을 배제하고서는 DMZ의 유일무이한 '독특성(uniqueness)'을 제대로 살릴 수 없다. 게다가 이런 작업 없이는, 우리 또한 '분단국가주의'에 의해 구축되고 있는 '적대의 공간'이라는 재현의 문법을 결코 극복할 수 없다.

이런 점에서 분단국가주의 문법을 비틀고 고통에 대한 공감을 통해서 모든 생명(life)을 품으며 서로의 상처를 보듬고 '치유(healing)'하면서 '평화(peace)'를 만들어가는 '체험적 관계'로 DMZ와 나의 관계를 바꾸는 전략이 필요하다. DMZ와 우리의 체험적 관계는 우리가 상징-이미지로 재현하는 DMZ를 통해서 이루어진다. 따라서 재현적인 공간의 탈구축 전략은 우리가 상징-이미지로 재현하는 DMZ 그 자체를 바꾸는 것에서부터 시작될 수밖에 없다. 첫째, 그것은 각 지역에 산재하는 장소(place)나 사이트(site)가 이전에 재현되는 방식과 다른 기억이나 관계성을 함축하는 방식으로 '차이의 공간'을 재현하는 것이다.

예를 들어 〈그림 2-20〉의 장소는 화진포에서 흔히 '김일성 별장'으로 알려진 곳이다. 화진포에는 이외에도 이승만과 이기붕이라는 남쪽 권력자들의 별장도 있다. 그래서 이곳을 방문한 사람들은 이승만과 김일성이라는 두 최고 권력자가 분단과 전쟁의 와중에서도 경치 좋은 곳에 별장을 짓고 권력을 누렸다고 생각한다. 게다가 김일성 별장은 이승만, 이기붕 별장보다 훨씬 웅장하다. 사람들은 너무나 당연하게 이 웅장함을 김일성의 절대권력과 연결한다.

하지만 이곳은 김일성이 만든 건물이 아니다. 이곳은 일제강점기 원산에서 쫓겨난 독일 선교사를 위해 만든 것으로, 원래 이름은 '화진포의 성(城)'이다. 전쟁 전 김일성은 단지 이곳에서 몇 차례 휴가를 보냈을 뿐이다. 따라서 이런 역사적 기억들을 불러오면 분단의 적대성 안에 갇혀 있었던 공간의 다의성이 열린다. 그리고 그때야 비로소 화진포의 성이 지닌 독일의 석조 건축이 가지고 있는 미학적 독특성이 새롭게 드러나면서 과거의 김일성 별장으로 코드화되면서 가질 수밖에 없었던 적대성이 해체되게 된다.

〈그림 2-21〉은 철원의 '정연철교'이다. 정연철교는 일제강점기 금강산전기철도가 다니던 철교이다. 하지만 정연철교 아래로 흐르는 한탄강 북쪽 맞은편 협곡이 '정자연(亭子淵)'이라는 협곡이며 광해군 때 황근

출처: 통일인문학연구단.　　　　　　　　　　　출처: 통일인문학연구단.

중이라는 사람이 '창랑정(滄浪亭)'이라는 정자를 세웠고, 겸재 정선이 금
강산 가는 길목에서 '정자연도'를 그렸다는 사실은 많이 알려져 있지
않았다. 하지만 이와 같은 역사적 기억들과 함께 이곳이 재현될 때, 이
공간은 정선의 금강산 가는 길에 그가 들렸던 장소들과 함께 연결되면
서 '시(詩)', '서화(書畫)'와 더불어 남북을 가로질러 흐르는 강줄기를 따
라 호흡하는 평화의 공간으로 바뀌게 되는 것이다. 하지만 재현적인 공
간의 탈구축 전략은 장소나 사이트의 재현을 바꾸는 것만으로 끝나는
것이 아니다.

　〈그림 2-22〉는 '김일성 vs. 이승만'이라는 적대적 이분법에 사로잡
히지 않고 오히려 이승만-이기붕별장과 연결되면서 비극적이었던 한
국의 현대사를 더욱 깊이 있게 성찰적으로 사유하도록 한다. 그리고 그
렇게 되었을 때, 이곳은 이제 더는 최고 권력자들이나 고위 장교들만
이 향유하는 공간이 될 수 없으며 오히려 남북 주민들과 뭇 생명이 함
께 누리는 평화의 공간이 된다. 게다가 화진포를 동해의 다른 석호들과
도 연결하면 그의 지질학적 가치들이 드러나게 되며, '화진포'의 유래

〈그림 2-22〉 이기붕 별장(좌)과 이승만 별장(중)과 화진포 전경(우)

출처: 통일인문학연구단.

와 관련된 설화 및 바닷물과 민물이 만나는 생태학적 독특성을 연결하면 인문학적 상상력과 더불어 민초들의 삶에 관한 성찰이 가능해진다.

마찬가지로 〈그림 2-23〉의 '정연철교'도 마찬가지이다. 이곳에서 우리는 겸재 정선이 그린 '정자연도'를 통해 그의 스승 김창흡과 친구 이병연의 우정이 낳은 『해악전신첩』을 떠올리고, 〈그림 2-23〉과 〈그림 2-23*〉의 계열처럼 '화적연-화적연도'-'삼부연폭포-삼부연도'-'화강백전'-'정자연-정자연도' 등으로 이어지는 하나의 길(road)로서 정선의 금강산 가는 길이라는 스토리(story)를 상상해 낼 수 있다. 여기서 여행객들은 겸재 정선이 직접 보고 그렸던 풍경들을, 시대를 넘어 공유하며 함께 금강산으로 떠나는 길을 상상할 수도 있다. 또한, 황근중이라는 사람의 굴곡진 삶과 굴원이 쓴 「어부사(漁父詞)」에 얽힌 이야기들을 떠올리며 혼탁한 세상에서의 삶의 의미를 되물을 수도 있다. 물론 여기서 물리적 공간으로서 한탄강 줄기가 가지는 의미망과 재현성은 결코 하나로만 존재할 수 없다. 그것은 다음의 그림들이 보여주는 바에서도 확인할 수 있다.

정연철교는 '금강산전기철도용 교량'으로서 남북의 끊어진 다리라는 상징적 의미도 가지고 있다. 철원군 김화읍 도창리와 갈말읍 정연리

포천의 화적연(좌)과 철원의 삼부연폭포(중)와 정선 해악전신첩 정자연도(우)

출처: 문화재청 국가문화유산포털-공　출처: 통일인문학연구단.　　　　출처: 공유마당.
공누리 1유형.

〈그림 2-23*〉 정선 해악전신첩 화적연(좌)과 삼부연도(중)와 화강백전(우)

출처: 공유마당.

경계에 세워진 금강산전기철도교량은 1926년 금강산전기철도용 교량
으로 만들어졌으며 "끊어진 철길! 금강산 90km"라는 문구가 보여주듯
이 1시간도 채 걸리지 않는 거리에 금강산이 있으며 끊어진 철길이 그
것을 가로막고 있다는 우리의 비극을 생각하게 된다. 그러면 끊어진 철
길의 역사를 생각하고, 〈그림 2-24〉처럼 연천의 '신탄리역', 철원의 '백
마고지역', '월정리역' 등으로 이어지는 경원선 복원을 상상할 수 있게

〈그림 2-24〉 신탄리역(좌)과 백마고지역(중)과 월정리역(우)

출처: 통일인문학연구단.

된다. 아울러 분단의 극복이란 다름 아닌 끊어진 길을 잇는 것이라는 생각이 들면서 한반도 종단 열차와 시베리아 횡단 열차를 타고 유럽을 가는 상상을 할 수도 있다.

따라서 〈그림 2-23〉과 〈그림 2-23*〉과 〈그림 2-24〉의 계열에서 보여주듯이 동일한 장소라고 하더라도 그것의 복합적 중층성은 그것을 어떻게 연결하는가에 따라 다른 의미와 정서적 교감을 제공한다. 즉, 정자연과 정연철교는 그것이 어떤 장소나 사이트와 연결되느냐에 따라 각기 다른 의미와 재현적인 공간이 되는 것이다. 또한, 그것들은 어떤 가치를 담은 스토리를 가진 길이 되느냐에 따라 자기가 가지고 있는 관계성이나 기억을 드러내는 방식 또한 '차이'를 가질 수밖에 없다. 〈그림 2-23〉과 〈그림 2-23*〉의 길 이야기는 겸재 정선을 따라가는 금강산을 가는 길에서의 실존적-예술적 상상력을 제공한다면, 〈그림 2-24〉의 끊어진 철도와 역사에 관한 이야기는 남북을 잇는 철길에 대한 염원으로, 분단의 비극을 치유하고 평화를 이룩하고자 하는 공감을 제공한다.

그러므로 여기서 탈구축된 재현적인 공간으로서 DMZ에 대한 공간의 생산은 기존의 문법을 벗어나 장소나 사이트(site)들이 가지고 있는 복합적 중층성을 살려 이들의 연결-접속을 만들고, 그것이 곧 하나의 길이자 이야기가 되도록 함으로써, 그것과 마주치는 여행자들과의 소통을 창출하는 것이라고 할 수 있다. 스토리텔링(storytelling)은 "전달하고자 하는 정보를 쉽게 이해시키고, 기억하게 하며, 정서적 몰입과 공감을 끌어내는 특성이 있으므로 주제를 전달할 때 쓸 수 있는 가장 효과적인 커뮤니케이션"[17]이다.

하지만 여기서 시도된 여행길을 만드는 스토리텔링은 공간의 이동 속에서 만들어지는 공간 스토리텔링이다. 즉, 특정한 장소나 인물, 사건들이 응축되어 있는 공간이 담고 있는 '기억'과 '형상'을 불러내어 이들을 연결하고 다시 이렇게 만들어진 연결을 하나의 답사코스, 여행길로 만들고 거기에 다시 인문학적인 가치와 의미형성체를 구현한 스토리를 부여함으로써 그 길을 걷는 사람들로 하여 새로운 공간적 체험을 하도록 만듦으로써, 분단체제에 의해 구조화된 우리의 몸과 감성을 자기도 의식하지 못하면서 조금씩 바꾸어가는 사회적 효과를 창출하는 것이라고 할 수 있다.

5. 나가며: 디지털스토리텔링의 한 사례, 인문체험형 DMZ 투어 애플리케이션

오늘날 사람들은 여행이나 답사를 떠나기 전에 다양한 정보들을 수

---

17 김도영, 「스토리텔링을 통한 DMZ관광 상품화에 관한 탐색적 연구」, 『벤처창업연구』 제10권 1호, 한국벤처창업연구, 2015, 85쪽.

집·활용한다. 지방자치단체들은 홈페이지를 통해서 다양한 관광·여행 정보들을 제공하고 있지만, 이들 웹 서비스는 여행 정보를 제공하는 단순한 수단들에만 한정되어있는 경향이 있다. 그러나 디지털 문화는 인간의 삶을 감성적으로 변화시킬 수 있는 '수행적 힘'을 갖고 있다. '가상현실'은 '가짜'라는 의미에서 '가상'이 아니라 '물리적 실체'를 가지고 있지 않은 '관념적 형상물'이라는 점에서 '가상'이다. 하지만 각종 3D, 4D 기술을 활용한 영화들이 보여주듯이 그 가상은 실제로 매우 강력한 신체적·감성적 반응을 유발한다.

그렇기에 디지털 기술은 물리적 공간이 아니라 그 공간을 특정한 이미지-상징으로 재현하는 '재현적인 공간'을 탈구축하는 데 최적화된 매체이기도 하다. 그것은 주어진 공간을 재현하는 방식을 바꿈으로써 그것의 이미지-상징을 '차이화'하고 다른 스토리를 만들어갈 기술적 기반을 제공한다. 게다가 디지털 기술들은 '물리적 실체'를 가지고 있지 않기 때문에 시·공간의 장벽을 넘어서 사람들의 소통과 환류를 가능케 하는 '소셜 네트워크'를 만들어낸다. 여기서 대중은 단순한 수동적 수용자를 넘어서 능동적인 참여자이자 생산자가 될 수 있다. 특히, 현재 디지털 문화의 진화단계는 웹 디바이스에서 모바일 디바이스로 이동하는 과정에 있다.

디지털 기술은 끊임없이 진보할뿐더러 실제 사용자의 환경과 편리성에 중점을 두는 방식으로 변모하고 있다. 또한, 현재 인터넷 사용자들은 PC나 노트북을 넘어서 모바일 또는 웨어러블 기기와 같이 사용자 접근성이 최대로 확보된 디지털 환경에서 콘텐츠를 소비하고 있다. 하지만 디지털 콘텐츠의 다양화와 ICT 산업의 활성화에도 불구하고

DMZ에 관련된 디지털 콘텐츠들은 PC를 통한 정보 제공 범위에서 크게 벗어나지 못하고 있다. 즉, DMZ에 접근할 수 있는 디지털 환경이 PC만으로 국한되고 있음으로써 단편적 정보 수집 차원에서만 DMZ 디지털 콘텐츠가 활용되는데, 그치고 있는 것이다.

이런 점에서 사용자의 접근 가능성을 최대한 확장하고 디지털 콘텐츠의 풍부하고 편리한 공유와 쌍방향적인 소통을 가능하게 할 수 있는 ICT를 'DMZ 디지털 스토리텔링'과 보다 적극적으로 결합할 필요가 있다. 디지털스토리텔링이 ICT 기반의 모바일 플랫폼인 애플리케이션 개발로 나아갔던 것은 이런 점에서 필연적이라고 할 수 있다. 디지털 스토리텔링은 인문적 가치 위에서 탈구축된 DMZ의 '재현적 공간'들을 안내하고 체험하게 만드는 기술적 환경이 되며 그것은 다시 모바일을 통해서 애플리케이션으로 각 사용자에게 제공되는 것이다.

그러므로 디지털 스토리텔링의 한 사례로서, '인문체험형 DMZ 투어 애플리케이션'은 DMZ라는 물리적 공간에 대한 관광을 '스토리텔링'과 결합하고, 그것을 다시 디지털 기술을 활용하여 구현함으로써 모바일을 통해 대중들이 실제로 그 체험적 관계를 바꾸어가는 주체가 되도록 하는 데 목적을 두고 있다. 사람들은 이 애플리케이션을 사용하여 DMZ라는 공간을 적대의 공간으로 체험하는 것이 아니라 오히려 이를 해체하면서 '평화와 치유의 공간'으로 체험한다. 따라서 이들은 재현적인 공간에 관한 탈구축 전략을 따라 불러낸 DMZ의 자연생태, 문화 역사, 지질 환경 등의 로컬리티를 통해서 자신만의 여행을 할 수 있게 될 것이다.

그런데 이런 복합적 중층성을 활용한 차이화의 전략은 기본적으로 사회-역사적으로 생산된 공간에 내재되어 있는 사람들의 삶과 욕망, 가치들을 불러오는 것이기도 하다. 과거 DMZ는 인간중심의 개발 프레임 대 자연 중심의 생태 프레임, 안보의 궁극적 목적인 시민의 생명과 재산이 아니라 국가의 안전으로 협소화된 안보 프레임, 분단과 전쟁의 상처를 오직 상대에 대한 증오로 전화시킨 반공-반북 프레임에 의해 박제화되었다. 그렇기에 그런 프레임 하에서 인간 자신의 삶과 가치는 오히려 은폐되거나 억압되었다. 탈구축의 전략에서의 '차이화'는 이것을 우선적으로 해체한다.

하지만 이렇게 되면 '개발/생태, 국가안보, 반공-반북 프레임'에 의해 박제화된 공간 안에 내재되어 있는 로컬리티의 복합적 중층성을 따라, 그것을 만들어온 인간과 자연의 역사 및 인간 자신의 삶이 드러날 수밖에 없다.[18] 인간과 자연은 서로 분리될 수 없으며 상호작용 속에서 의미와 가치들을 생산한다. 그리고 그렇게 되었을 때, 생명의 역동적인 힘이 드러나며 무수한 시련과 고난, 아픔과 슬픔을 이겨내며 살아온 인간 삶에 관한 공감과 더불어 분단과 전쟁으로 얼룩진 역사의 상처를 상대에 대한 증오로 해소하는 것이 아니라 오히려 인간 실존의 고통에 대한 공감으로 만들면서 자기 자신을 포함해 서로를 치유할 것이다.

그러므로 재현적인 공간의 탈구축 전략을 따라 만들어진 디지털스토리텔링을 기술적으로 구현한 '인문체험형 DMZ 투어 애플리케이션'

---

18 기존 DMZ의 개발/생태, 국가안보, 반공-반북 프레임의 문제점 및 이에 대한 '생명, 평화, 치유'로의 재상징화에 대한 논의는 박영균·박민철, 「인문학적 통일 패러다임의 사회적 적용」, 『OUGHTOPIA』, 제31권 1호, 경희대학교 인류사회재건 연구원, 2016 참조.

은 다음 세 가지 지점에서 매우 획기적인 사회실천적인 의미와 수행적인 힘을 가지고 있다고 할 수 있다.

첫째, 과거 분단국가주의를 생산하던 공간이었던 DMZ를 '생명, 평화, 치유'의 인문적 가치가 작동하는 탈분단-통일의 공간으로 탈구축함으로써 이곳을 찾는 사람들의 체험 자체를 적대적 분단형 인간의 생산에서 평화와 치유의 인간형 생산으로 바꾸어 놓을 것이다. 이것은 전쟁과 분단을 적에 대한 증오로 바꾸어 놓는 것이 아니라 오히려 분단을 남북 모두의 아픔으로 받아들이면서 그 고통에 공감하는 감성적 체험을 하도록 만듦으로써 DMZ라는 공간을 치유와 평화의 공간으로 바꾸어 놓는다. 따라서 그것은 분단폭력을 해체하고 분단의 아픔과 고통에 기초한 평화에 대한 감수성을 함양하도록 한다.

둘째, 이와 같은 치유와 통일의 인간형을 만들어내는 과정은 더는 인지적인 형태의 계몽적 방식을 통해 이루어지는 것이 아니다. 오히려 그것은 DMZ라는 공간과 만나는 내 몸의 감성적 체험을 통해서 이루어진다. 따라서 이와 같은 형태를 통해서 생산되는 통일형 인간의 생산은 당위적 형태로 강제되었던 민족의 통일이 아니다. 오히려 무의식적 차원에서 남과 북에 살고 있으면서도 다른 국가의 국민에게서 느낄 수 없는, 서로에게 특별한 대상으로 남아 있는 사람들 사이에 흐르는 동일화의 욕망을 자연스럽게 흐르게 함으로써 서로 간의 유대를 회복하도록 만든다.

셋째, 이와 같은 DMZ에 관한 탈구축 및 통일형 인간의 생산은 DMZ의 로컬리티가 본래 가지고 있는 고유성을 살려냄으로써 이루어진다는 점에서 DMZ 자체의 독특성을 풍부하게 활성화하는 과정이기도 하다. 과거 DMZ의 로컬리티는 분단의 적대성 속에 갇혀 있었다. 하지만 분단이라는 억압과 아픔이 초래한 DMZ의 로컬리티는 역으로 DMZ 자체 가지고 있는 고유한 독특성일 수도 있다. 문제는 이것을 분단의 적대적 이분법 속에서 가두어 버릴 때 발생한다. 따라서 이런 적대적 이분법을 해체하고 DMZ의 고유한 독특성을 드러내게 되면 그 공간이 가진 사회-역사적 비극은 오히려 그 자신의 고유한 가치로 전화하게 될 것이다.

참고문헌

김도영, 「스토리텔링을 통한 DMZ관광 상품화에 관한 탐색적 연구」, 『벤처창업연구』 제10권 1호, 한국벤처창업연구, 2015.

김재철, 「한반도의 평화적 통일기반 구축전략」, 『통일전략』 제14권 3호, 한국통일전략학회, 2014.

김정훈·김지동, 「DMZ 평화적 이용의 세계화 전략: 세계평화공원화·국제관광자원화를 중심으로」, 『한국동북아논총』 제70집, 한국동북아학회, 2014.

류보선, 「민족≠국가라는 상황과 한국 근대문학의 정치적 (무)의식」, 서울시립대학교 인문과학연구소, 『한국 근대문학과 민족-국가 담론』, 소명출판사, 2005.

박영균, 「한반도의 분단체제와 평화구축의 전략」, 『통일인문학』 제68집, 건국대학교 인문학연구원, 2016.

박영균·박민철, 「인문학적 통일 패러다임의 사회적 적용」, 『OUGHTOPIA』 제31권 1호, 경희대학교 인류사회재건연구원, 2016.

박은진, 「DMZ 세계평화공원 기본 전략과 필요성」, 『북한』 제506권, 북한연구소, 2014.

요한 갈퉁, 김종일·정대화·임성호·김승채·이재봉 옮김, 『평화적 수단에 의한 평화』, 들녘, 2000.

윤 황·김난영, 「박근혜 정부 'DMZ 세계평화공원' 구상의 실현방안」, 『OUGHTOPIA』 제29권 2호, 경희대학교 인류사회재건연구원, 2014.

이효원, 「DMZ 세계평화공원 조성을 위한 법적 기초」, 『서울대학교 법학』 제55권 1호, 서울대학교 법학연구소, 2014.

장영권, 「DMZ평화: 의미, 구축전략, 과제」, 『통일전략』 제12권 1호, 한국통일전략학회, 2012.

정교민·안두현, 「지속가능한 DMZ 세계평화공원」, 『동향과 이슈』 제8호, 과학기술정책연구원, 2014.

정시구, 「박근혜정부의 DMZ 세계평화공원 조성 정책의 함의」, 『대한정치학회
　　보』 제23권 3호, 대한정치학회, 2015.

정원영·정철우, 「DMZ 세계평화공원 조성의 의미와 방안」, 『주간국방논단』 제
　　1478호, 한국국방연구원, 2013.

Henri Lefebvre, trans. Donald Nicholson-Smith, *The Production of Space*,
　　Oxford UK&Cambridge USA: Blackwell, 1991.

CHAPTER 3

공간치유의 대상이자
치유자로서 DMZ

분단 트라우마의 사회적 치유와
공간 치유의 대상으로서 DMZ
: DMZ 치유하기와 치유 공간으로서 DMZ[1]

| 박영균 |

1. 들어가며: DMZ 평화-투어리즘과 독특성

2018년 4월 27일과 5월 26일 2차례의 남북정상회담과 2019년 6월 30일 북미정상회담이 판문점에서 진행되면서 DMZ는 전 세계인들이 주목하는 장소가 되었다. 여기서 DMZ는 전 세계인들에게 남북의 화기 (火器)가 대립하는 냉전적 공간이 아니라 남북 정상 및 북미 정상이 만들어가는 탈냉전과 화해 협력의 공간으로 비추어졌다. 이에 DMZ에 관한 관심도 세계평화공원이나 박물관 건립과 같은 물리적 환경을 바꾸는 데에서부터 DMZ의 역사문화 및 인문지리적 자원들을 활용해 평화를 체험하는 곳으로 활용하자는 '평화 투어리즘(peace-tourism)'까지 그 폭을 넓히고 있다.[2]

---

1 이 글은 『시대와 철학』 제32권 3호, 한국철학사상연구회, 2021에 게재된 논문을 수정·보완한 것이다.

2 대표적으로 이웅규·장현종은 DMZ 각 지역들을 "남북한 협력과 공생의 공간으로 시작"해 "전 세계를 이어주는 네트워크의 관광게이트(tourist gate)로 규정지을 필요가 있다"(이웅규·장현종, 「DMZ 인문관광자원의 가치증진 방안 연구」, 『지역산업연구』 제41권 2호, 경남대학교 산업경영연구소, 2018, 79쪽)고 하면서 "첫째,

하지만 DMZ의 역사문화 및 인문지리적 자원을 활용해 어떻게 평화 투어리즘을 만들어 갈 것인가에 대한 구체적인 논의는 아직도 초보적이다. 또한, 평화 감수성을 함양하는 투어리즘에 대한 논의도 '다크 투어리즘'을 활용한 논의에 머무르고 있다. 물론 '다크(dark)'라는 말이 보여주듯이 그것은 '어두운' 세계를 보거나 체험하는 투어 행위다. '어두운' 세계는 밝고 환한 이성, 합리성, 문명과 같은 '밝은 세계'에 속한 것이 아니다. 그것은 비합리적이고 충동적인, 심지어 추악하고 기괴하며 우리의 삶을 일순간에 뒤흔드는 '죽음의 세계'에 속한다. 이런 점에서 DMZ는 다크 투어리즘의 핵심적 대상이다.

DMZ는 분단-이산의 고통과 아픔, 치열했던 한국전쟁의 기억들, 분단체제의 적대성이 만들어 낸 국가폭력과 상처들에 대한 흔적들이 곳곳이 배어 있는 곳이다. 하지만 DMZ가 '현대성에 대한 성찰'을 끌어낼 수 있는 공간이 되기 위해서는 한국전쟁의 참상을 담고 있는 장소 및 유적들을 돌아다닌다고 되는 것이 아니다. 현재 DMZ는 남북의 무력이 대치하고 있는 극한적인 냉전의 공간이자 과거의 아픈 기억들을 통해

DMZ 개념의 확장과 '협력-공생-통로/경로/네트워크' 가치의 극대화", "둘째, 새로운 DMZ 스토리텔링의 가치 극대화", "셋째, DMZ의 정치적 이미지 극복을 통한 가치증진", "넷째, 4차 산업혁명의 기술을 활용한 DMZ의 가상현실 구현을 통한 가치증진", "다섯째, 지속적이고 발전적인 역대 정부의 DMZ 개발계획의 연속적인 추진" 등을 제시하고 있다(이웅규·장현종, 위의 논문, 89쪽). 또한, 오기성·주우철은 "자연과 인간의 동행의 길, 남북의 평화와 통일을 만들어 가는 길, 역사적 지혜(기억, 치유, 평화) 체득의 길, 글로벌 평화를 위한 소통의 길, 생명의 근원을 찾아가는 순례의 길" 등으로 구성된 "DMZ Peace Road 구상"을 제시하고 있다(오기성·주우철, 「평화와 통일, 순례를 위한 DMZ Peace Road의 구상」, 『평화학연구』 제20권 4호, 사단법인 한국평화연구학회, 2019, 38쪽).

사람들의 마음 속에 있는 증오의 감정들을 불러일으키는 공간이기도 하기 때문이다.

그러므로 DMZ의 역사문화 및 인문지리적 자원들을 활용한 '평화-투어리즘'이 제대로 작동하기 위해서는 전체적인 방향에서 기획 자체가 재검토되어야 한다. 무엇보다도 먼저, 재검토해야 할 것은 DMZ의 역사-존재론적 독특성이다. 1·2차 세계대전의 참상들을 돌아보는 다크 투어리즘은 승전국인 연합국 차원에서 진행되는 투어임에도 불구하고 승전에 대한 찬사와 영웅화 대신에 20세기 '전쟁'과 '국가폭력'에 대한 성찰을 끌어내는 방향으로 진행되었다. 반면 DMZ에서의 다크 투어리즘은 '평화'를 내걸고 진행되었던 '안보관광'이 보여주듯이 오히려 북에 대한 증오와 적개심을 불러옴으로써 역으로 국가주의적 일체화와 전쟁 영웅화, 적개심에 기초한 전쟁에 대한 정념들을 불러오는 기제가 되었다.

그렇기에 DMZ의 평화 투어리즘은 20세기 일반의 전쟁과 국가폭력에 대한 성찰이라는 차원으로서만 기획될 수 있는 것이 아니다. 오히려 그것은 가장 참혹한 전쟁이었던 한국전쟁이 남긴 상처와 분단의 고통에도 불구하고 그것이 또다시 이전보다 더 참혹한 고통을 남길 것이 분명한 전쟁에 대한 정념을 불러오는 계기가 되고 있다는 '역설'이 작동하는 메커니즘이 무엇인가를 밝히는 데에서 출발해야 한다. 게다가 오랜 세월 동안 DMZ는 세계체제와 연동된 남북관계의 정치, 경제, 문화적 변화만을 수동적으로 체현하고 있는 것을 벗어나 냉전/평화, 분단/통일이라는 양가적인 선택과 실천을 생산하는 수행자(agency)였다.

그러므로 이 글은 ① 분단국가가 어떻게 DMZ를 활용해 분단폭력의 문화적 배경이 되는 'DMA신드롬'을 생산하는지를 분석하는 데에서 시작하여 ② '분단폭력'에 의해 분단-냉전의 공간이 된 DMZ를 애초의 평화 공간으로 회복해가면서 탈분단화하는 'DMZ 치유하기'라는 공간적 실천을 제안할 것이다. 하지만 'DMZ 치유하기'는 출발점일 뿐, 종착지가 아니다. 치유는 트라우마적 장애에 의해 가로막힌 자신의 생명력을 활성화해서 리비도가 흐르도록 하는 것이다. 따라서 이 글은 ③ DMZ 접경지역이 가지고 있는 로컬리티의 회복에 기초하여 ④ 분단과 전쟁의 상처에 대한 공감과 거리 두기, 성찰적 극복하기라는 전략을 제안할 것이다.

2. 분단-냉전 공간으로서 DMZ의 생산
: 분단 트라우마의 반복강박적 재현

"모든 사회는 그 자신의 공간을 생산"[3]하며 공간에는 "공간의 역사, '실재'와 같은 공간생산의 역사, 그리고 공간의 형태들과 재현들의 역사"[4]가 존재하듯이 DMZ도 특정한 사회의 산물로, 그 자신을 만들어온 역사를 가진다. 그렇기에 오늘날 우리가 보고 있는 DMZ도, 우리가 떠올리는 DMZ의 이미지도 숙명처럼 주어진 굴레가 아니라 특정한 사회, 특히 국가가 기술관료와 도시계획자를 고용해서 만들어 낸 것이자 철

---

3 Henri Lefebvre, trans. Donald Nicholson-Smith, *The Production of Space*, Oxford UK&Cambridge USA: Blackwell, 1991, p.31.

4 Henri Lefebvre, *Ibid.*, p.46.

학자와 작가, 예술가들이 특정한 형태로 재현하고 있는 공간일 뿐이다. 이런 점에서 현재의 물리적 형태로서 DMZ도, 체험적-심상적 이미지로서의 DMZ도 모두 다 사회-역사적으로 생산된 것이다.

1960년대 중반까지만 하더라도 DMZ에는 지금과 같은 철책과 방책이 없었고, 남측과 북측의 군인들[5]이 군사분계선에서 만나 이야기를 하고 음식을 나누어 먹었다. 그러나 1964년 9월 한국군의 베트남전쟁 파병이 시작되면서 북은 베트남과 혈맹적 관계였기 때문에 휴전선에서 무력충돌을 유발해서 긴장을 고조시킴으로써 한국군의 베트남 파병을 억제하고자 했다.[6] 이에 대응하여 한미연합사는 DMZ에 높은 철책선이 세우고 감시초소(GP)와 초목 통제(vegetation control) 등을 통해서 대(對)침투체계를 만들기 시작하면서 지금과 같은 삼엄한 경계가 이루어지는 공간이 되었다.

이것은 판문점의 'JSA'도 마찬가지다. 1976년 8월 18일 '판문점 도끼 사건' 발발 이전까지만 하더라도 JSA 안에는 경계선이 없었고, 남측과 북측이 서로 어울려 공동으로 관리하는 공간이었다. 그러나 판문점 도끼 사건 이후, 판문점에는 남북을 가르는 폭 50cm, 높이 5cm의 콘크리트 턱이 만들어졌고, JSA는 북측과 남측 각각이 자신의 영역을 고수하

---

5 남측과 북측은 한국과 조선, 또는 국군과 인민군을 의미하지 않는다. 남측과 북측은 38선 또는 휴전선을 경계로 하여 북쪽 지역을 공식적으로 관리하거나 대표하는 세력 대 남쪽 지역을 공식적으로 관리하거나 대표하는 세력을 통칭한 것이다. 따라서 여기서의 남측과 북측은, 정전 당시로는 '유엔 대 중국과 조선'을, 그 이후로는 '유엔-한국 대 조선'을 의미한다고 할 수 있다.

6 한모니까, 「1960년대 비무장지대(DMZ)의 무장화 과정과 배경」, 『사학연구』 제135호, 한국사학회, 2019 참조.

며 감시하는 적대적 공간이 되었다. 따라서 지금의 DMZ도, JSA도 원래부터 지금과 같은 공간이었던 것은 아니며 특정한 역사, 특히 1960년대 베트남전쟁으로 더욱 공고화된 동아시아 냉전의 역사가 만들어 놓은 것이다.

하지만 DMZ를 분단과 냉전의 공간으로 바꾸었던 것은 세계적인 냉전과 남북의 적대적 대립만이 아니다. 모든 국가는 상징자본에 대한 독점을 통해서 '국민-만들기'를 수행한다. 하지만 분단체제에서의 분단국가는 남북의 적대성을 통해서 분단 자체를 재생산하는 분단국가의 국민을 생산한다. 그렇기에 분단국가가 생산하는 국민은 일반적인 의미에서 국가에 대한 소속감을 통해서 국민정체성을 확인하는 국민(subject)이기만 한 것이 아니라 북에 대한 부정이나 적대를 통해서 국민의 정체성을 확인하는 분단국가의 국민이다. 여기서 작동하는 통합의 방식은 긍정적 통합(positive integration)이 아니라 타자에 대한 공포나 위험을 과장함으로써 똘똘 뭉치는 부정적 통합(negative integration)이다.

그러므로 분단국가는 DMZ를 냉전의 공간으로 만들어가면서 이를 진열하고 소비하는 행위들[7]을 통해 분단의 적대성을 신체에 아로새기는 '분단형 국민'을 생산했다. 박정희 정권은 베트남전쟁을 계기로 형성된 냉전 상황에서 진행된 DMZ의 적대적-냉전적 실천의 공간적 재구성을 통해 적에 대한 호전성과 전쟁의 공포를 감각적으로 체험하는

---

7 DMZ 전망대에 대한 분석을 통해서 냉전 경관이 진열되고 소비되는 방식 및 경관 수행에 참여하는 방문객과 관리 주체들의 행위를 분석한 글은 지상현·이진수·조현진·류제원·장한별, 「냉전의 진열과 쇼핑: DMZ 전망대를 통해 살펴본 냉전 경관의 구성」, 『대한지리학회지』 제53권 5호, 대한지리학회, 2018 참조.

공간인 '냉전·분단 경관'으로 생산되기 시작했다.[8] 특히, 1970년대 유신체제는 '땅굴'을 활용하여 북의 군사적 위협을 극대화하고 DMZ 너머 후방까지 이를 확장함으로써 한국 전역을 유사 전장의 공간으로 경관화하고 이를 통해서 똘똘 뭉치는 한국의 일체화된 국가를 만들어내는 기제로 삼았다.[9]

그렇기에 분단-냉전의 공간으로서 DMZ는 두 가지의 측면에서 외상후 스트레스 장애(PTSD)를 유발하는 분단 트라우마의 공간이 되었다.[10] 첫째, 지구상에서 가장 중무장된 군대와 무기가 대치하는 직접적이고 물리적인 폭력의 공간이자 1966년 베트남전쟁과 더불어 격화된 국제

---

8 DMZ의 냉전 경관화에 대한 연구는 정근식, 「냉전·분단 경관과 평화: 군사분계선 표지판과 철책을 중심으로」, 『황해문화』 통권 100호, 새얼문화재단, 2018 참조.

9 땅굴과 관련된 냉전 경관화에 대한 연구는 전원근, 「1970년대 국가 프로젝트로서 땅굴과 전방의 냉전 경관화」, 『문화와 사회』 제27권 2호, 한국문화사회학회, 2019 참조.

10 분단 트라우마가 유발하는 장애를 PTSD라고 규정할 수 있는가에 대해서 이견이 있을 수 있다. 하지만 트라우마 이후 스트레스에 의해 발생하는 장애를 PTSD라고 하며 PTSD에는 발작, 해리, 다중인격 등과 같은 중증도 있지만 '인격적 장애'와 같은 것들도 있다. 특히, 1980년대 중반 이후, 기존과 달리 복합성 PTSD를 인정하면서 장애의 범위는 넓어졌으며 트라우마도 빅 트라우마뿐만 아니라 스몰 트라우마를 포함하는 것으로 확장되었다. 역사적 트라우마와 관련한 이에 대한 논의는 박영균·김종군, 「제1장 코리언의 역사적 트라우마에 관한 연구방법론」, 건국대학교 통일인문학연구단, 『코리언의 역사적 트라우마』, 선인, 2012를 참조하시오. 이 글은 분단 트라우마에 대한 이론적인 논의를 제시한 기반 위에서 사회적 치유 모델을 제시하는 것이기 때문에 이를 전제로 하여 논의를 전개하고 있다. 기존의 분단 트라우마에 대한 이론적 논의는 김성민·박영균, 「분단의 트라우마에 관한 시론적 성찰」, 『시대와 철학』 제21권 2호, 한국철학사상연구회, 2010; 박영균, 「분단의 사회적 신체와 심리 분석에서 제기되는 이론적 쟁점들」, 『시대와 철학』 제23권 1호, 한국철학사상연구회, 2012; 박영균, 「코리언의 역사적 트라우마와 통일의 과제」, 『철학연구』 제143집, 대한철학회, 2017 등을 참조.

적인 냉전과 남북의 적대적 대립을 체현하고 있는 사회적 공간으로서 불안과 공포를 불러일으키는 공간이 되었다. 둘째, 38선이라는 분단의 기억과 한국전쟁 당시 2년이 넘는 동안 남북이 서로 치열한 공방을 벌였던 곳이라는 점에서 과거의 공포와 기억을 불러오는 역사적 공간으로서 과거의 상처를 현재화하는 '트리거(trigger)'의 공간이 되었다. 여기서 트라우마는 치유나 극복의 대상이 되는 것이 아니며 억압된 기억도 아니다. 오히려 그것은 지속적으로 현재화하는 것을 통해 상처를 후벼파고 사람의 감정과 의식, 정상적 관계맺음에 생채기를 내는 기제가 되었다.

일반적으로 트라우마적 기억은 의식되기를 거부하는 경향이 있다. 그렇기에 PTSD를 앓고 있는 사람들은 말할 수 없으나 말하고 싶고, 말하고 싶으나 말할 수 없는 이중적 분열에 시달린다. 그런데 분단의 트라우마는 이와 전혀 다른 방식으로 작동한다. 그것은 트라우마적 기억을 감추는 것이 아니라 오히려 트라우마적 고통을 즐기는 '죽음충동'처럼 반복강박적으로 기념하고 기억한다.[11] 심지어 대중매체는 그때의 참상을 반복적으로 재현한다. 게다가 분단국가는 전쟁을 중단하기로 함으로써 불안정하지만 그래도 평화를 회복한 정전일(7.27)이 아니라 전쟁이 터진 날짜(6.25)를 기념하는 것처럼 매년 기념일 행사 등을 통해 반복강박적으로 '분단과 전쟁의 상처'를 되새기면서 그것을 의례화한다.[12]

---

11 "반복 강박증이야말로 분단의 트라우마에서 핵심적인 역할을 하는 것이다"(김성민·박영균, 「분단의 트라우마에 관한 시론적 성찰」, 『시대와 철학』 제21권 2호, 한국철학사상연구회, 2010, 23쪽).

12 "특히, 6.25 이후 전쟁의 공포와 상처는 각종 국가적 의식과 대규모적인 캠페인을

그렇기에 분단 트라우마가 유발하는 장애는 장애로 여겨지지 않으며 오히려 권장된다. 하지만 그것은 사회 일부 집단이 특정 사안이나 대북관계, 정치적 이념 등등에 대해서 합리적 판단 능력을 상실하고 극단적인 공격성을 보이거나 인격적인 왜곡 현상을 낳음으로써 사람들 사이에서의 유대 및 관계성을 파괴하는 인격적 장애와 사회분열이라는 실질적 효과를 낳는다. 그들은 북을 떠올리는 순간, 공포나 증오에 사로잡혀 북과의 어떤 교류도 거부할 뿐만 아니라 그들과 관계하는 사람들조차 믿지 않으며 그들을 증오와 공격의 대상으로 삼는다. 분단폭력이 집단화되고 조직되며 사회화하는 것이다. 그렇기에 이런 폭력은 분단 트라우마를 자극함으로써 'DMA신드롬'을 작동시킨다.[13]

남과 북을 선과 악으로 '이분화(Dichotomization)'한 다음, 상대를 민족의 원수로 악마화하는 '마니교주의(Manicheism)'에 근거하여 최후 결전이라는 '아마겟돈(Armageddon)'을 작동시키는 것이다. 이것에 사로잡히면 사람들은 스스로 국가주의자가 되어서 남북의 화해와 평화를 요구하는 집단을 친북, 좌경, 용공과 같은 집단들로 낙인을 찍고, 이를 처벌하라는 국가폭력을 요구하거나 심지어 그들 스스로 나서서 이들을 단죄하고자 한다. 그렇기에 여기서의 폭력은 아무런 죄의식을 남기지

통해서 끊임없이 환기되었다. 1962년 한일회담과 1965년 한일협정 조인, 월남 파병, 1968년 북한의 무장 게릴라 침투, 팀스프리트 군사훈련, 예비군과 민방위 훈련 등, 대규모 국가캠페인을 통해서 남과 북은 서로의 대치에 근거한 전체사회의 병영화를 이룩했으며 …"(박영균, 「분단의 아비투스에 관한 철학적 성찰」, 『시대와 철학』 제21권 3호, 한국철학사상연구회, 2010, 387쪽).

13 분단체제의 재생산과 관련한 분단폭력에 대한 논의는 박영균, 「한반도의 분단체제와 평화구축의 전략」, 『통일인문학』 제68집, 건국대학교 인문학연구원, 2016 참조.

않으며 오히려 정의로 허위 의식화된다. 따라서 여기서 파괴되는 것은 남북관계만이 아니다. 그것은 남남갈등처럼 남쪽 내부에서의 시민적 관계도 파괴한다.

게다가 DMA신드롬을 작동시키는 트라우마의 반복강박증적 재현은 한국전쟁이 남긴 트라우마가 유발하는 공포 및 고통이 집약된 리비도('아, 아 어찌 잊으라')를 분단국가가 요구하는 적에 대한 적개심과 증오('적들이 쳐들어오던 날')로 전화시킴으로써 실질적인 책임자들의 과오를 말살하고 기억을 왜곡함으로써 가해자와 피해자의 위치를 바꾸고 그들을 우리의 보호자, 아버지로 만든다. 한강철교를 끊고 도망갔던 이승만은 대한민국 건국의 아버지가 되었고, 3군단이 해체될 정도로 패배했던 3군의 단장 유재흥은 홀로 살아남아 국방부장관이 되었다. 따라서 평화-통일의 공간으로서 DMZ의 잠재성이 작동하려면 DMZ를 치유하는 작업부터 시작해야 한다.

3. DMZ 치유하기
: 치유 대상으로서 DMZ와 남북의 공간적 실천

DMZ 치유하기는 무엇보다도 먼저, DMZ라는 물리적 공간을 분단과 냉전의 공간으로 만들어온 공간의 재현을 해체하며 '탈분단-평화의 공간'으로 바꾸어가는 작업으로부터 시작되어야 한다. 하지만 이것은 새로운 것이 아니다. 오히려 그것은 DMZ 본래의 목적과 취지에 맞는 공간을 재구축해가는 작업이기도 하다. 앞서 본 것처럼 'JSA'가 서로 협력해서(Joint) 관리하는 안전구역(Security Area)이라는 의미와 다르게 서로 삼엄하게 대치하는 공간인 된 것도, DMZ가 비(De)-무장 지역(Militarized Zone)라는 의미와 다르게 변질된 것도 특정한 사회-역사적 과정이 낳은 산물이다.

정전협정은 전쟁을 끝낸 것이 아니라 잠시 중단한 것이기 때문에 언제든지 발발 가능성을 가지고 있다. 따라서 이런 충돌을 방지하고, 정전 상태를 안정적으로 관리하기 위해서 만든 것이 DMZ고, JSA다. 정전협정 당시 무력충돌을 방지하기 위해 남북은 군사분계선을 기점으로 각각 2km씩, 총 4km 구간을 비무장 지역으로 만들고, 판문점에 대립의 두 당사자가 함께 의견을 나누고 조율할 수 있는 공간을 만들고 그 공간을 공동으로 관리하는 구역을 두었다. 따라서 DMZ도, JSA도 본래의 목적과 취지는 탈냉전적인 '평화와 협력'의 공간으로 설계된 것이다.

그렇기에 2018년 4월 27일, 판문점에서 열린 남북정상회담에서 김정은 조선민주주의인민공화국 국방위원장이 문재인 대한민국 대통령의 손을 잡고 그 JSA의 문턱을 넘어 북쪽으로 갔다가 남쪽으로 다시 함께 넘어온 장면이 우리에게 감동을 주었던 것은 이제까지 적대적인 남과 북 사이의 화해와 평화를 보여주었기 때문이지만, 사실은 특별한 것이 아니고, 그것 자체가 JSA 본연의 역할을 회복하는 것이기도 하다. 또한, 이런 관점에서 2018년 4.27판문점선언과 9.19평양선언 이후 DMZ 일대에서 이루어졌던 지뢰 제거, GP폭파 등의 작업은 적대의 공간이었던 DMZ를 해체하고 애초 의도했던 '평화의 공간'으로 DMZ를 재구축해가는 공간적 실천이다. 그렇기에 이런 공간적 실천은 이전부터 있었던 평화의 상징으로서 DMZ의 공간적 실천과 다르다.

1990년대 이루어진 동서냉전체제의 해체와 더불어 노태우 정부는 DMZ를 평화의 상징으로 만들고자 했다. 그들은 파주지역을 중심으로 '평화시 건설'을 제안·추진했고 이후, 박근혜 정부도 '세계평화공원 조성'을 공식 제안했다. 하지만 이런 제안들은 근본적인 한계를 가지고 있었다. 이들 조치가 DMZ라는 공간이 원래 남과 북의 충돌을 막기 위해 설정해 놓은 공간으로, 이곳에서의 모든 행동이나 정책들은 양쪽의 협의를 통해서만 가능하다는 기본적인 원칙을 무시하고 있기 때문이다. 따라서 '평화시'든 '세계평화공원'이든, 이와 같은 일방적인 선언은 DMZ를 평화의 공간으로 만들 수 없으면서도 마치 우리만 평화를 추구하듯이 보이는 정치적 효과만을 창출해서 DMZ를 남북대결의 장으로 바꾸어 놓는 결과만을 낳았다.

반면 2018년 진행되었던 일련의 남북 합의 및 DMZ 일대에서 이루어진 남북의 공동행동은 남북 합의의 산물이다. 그 당시, 남북은 MDL(군사분계선) 일대 군사 연습 중지, GP 폭파 또는 무장군인 철수, JSA 내의 지뢰 제거 및 비무장화 등을 추진했다. 그런데 이것이야말로 DMZ의 본래 취지나 원칙에 가장 충실한 실천적 제안이라고 할 수 있다. 왜냐하면 이것은 남북이 합의 하에서 정전 상태를 관리하자는 취지에서 만들어진 1966년 이전의 DMZ, 애초 평화의 공간으로 기획되었던 DMZ의 본래적 역할과 기능을 회복해가는 조치이기 때문이다. 따라서 이와 같은 조치를 무장해제라고 목소리를 높이는 일각의 태도는 분단 트라우마가 일으키는 'PTSD'에 사로잡혀 DMZ 자체의 기본 성격과 역사를 무시하는 것이다.

게다가 분단이란 기본적으로 군사분계선을 경계로 한 군사적 대립

및 단절을 의미하기 때문에 '탈분단'이란 무엇보다도 DMZ에서의 군사적 대립의 해체 및 남북의 연결로 나타날 수밖에 없다. 여기서 탈분단이란 끊어진 철길과 도로를 연결하고, 생태적 순환성을 회복하는 작업으로서 DMZ의 철책선을 거둬내고 지뢰를 제거함으로써 동물이든 사람이든 자유롭게 오갈 수 있도록 하는 '길 잇기'이다. 즉, 탈분단은 개성공단과 경의선, 동해선 연결사업이 보여주듯이 DMZ를 중심으로 하여 지리-인간-자연 간의 생태적 순환성을 만들어가는 것이다. 따라서 DMZ는 단순히 'DMZ국제평화지대화'의 대상이기만 한 것이 아니다.

남북이 연결되고 상호 협력을 시작하는 공간적 실천의 출발점이 DMZ이다. 그렇기에 문재인 정부가 제안한 '한반도 신경제공동체 구현'도 DMZ로부터 시작될 수밖에 없다. 물론 문재인 정부도 3대 경제벨트 중 하나로 DMZ 접경지역을 제안하고 있다.[14] 이 제안에 따르면 DMZ 접경지역 경제벨트는 'DMZ생태평화안보관광지구'와 '통일경제특구를 연결하는 환경·관광벨트'로 구성되어 있다. 따라서 이런 관점의 전환은 단순한 세력균형과 분단의 위험성 관리라는 차원에서 머무르던 '소극적 평화'를 지리-인간-자연 간의 생태적 순환성을 만들어가는 '적극적 평화'로 바꾸어 놓은 것이기도 하다.

하지만 본래적인 본성의 역할과 기능의 회복으로부터 시작된 DMZ 치유하기는 여기서 멈출 수 있는 것이 아니다. DMZ는 1966년 이후에

---

14 이외의 두 개의 벨트는 환동해권(원산·함흥, 단천, 나선, 러시아를 연결하는 에너지 자원벨트), 환서해권(수도권, 개성, 해주, 평양, 남포, 신의주, 중국을 연결하는 교통·물류 산업벨트)이다(통일부 편, 『문재인의 한반도 정책: 평화와 번영의 한반도』, 통일부, 2017, 20쪽).

진행된 높은 철책선과 삼엄한 감시망처럼 분단-냉전을 재현하는 공간이자 다른 한편으로 안보관광처럼 이런 재현된 공간을 이용하여 사람들의 분단 트라우마를 자극하고 이를 통해 DMA신드롬을 가동하고 분단의 적개심과 냉전의 폭력성을 부추기는 재현적 공간이자 감각적 체험의 장소로 활용되었기 때문이다. 여기서 북은 절대적인 '악'이 되었으며 한국전쟁 당시 책임 있는 권력자들조차 적으로부터 나를 지키는 아버지로 전치(displace)되었다.

예를 들어 화천에 있는 파로호의 원래 이름은 '화천호(和川湖)', '대붕호(大鵬湖)'였다. 하지만 이곳에서 중국군 2만 5천여 명을 죽인 이후, 그 공적을 치하하기 위해 이승만 당시 대통령은 중국 황제나 조선의 왕들이 하던 방식으로, 친필 휘호와 함께 '오랑캐를 깨부순 호수'라는 뜻의 '파로호(破虜湖)'란 이름을 하사했다. 한국전쟁 당시 거짓방송을 하고 한강철교를 끊어버림으로써 서울 시민을 버린 이승만이 오히려 '국부(國父)'가 된 것이다. 그렇기에 사람들은 마치 이승만이 한국전쟁 당시 우리를 지켜준 것처럼 그를 기억하면서 아직도 '파로호'라는 이름을 고수하면서 그 당시 수장된 중국군들의 혼을 위로하는 최소한의 인륜적 행위조차 이적행위로 단죄하고 있다.

분단 트라우마가 불러일으키는 장애는 이성적이고 합리적인 사고를 중단시키며 객관적인 사실 여부를 합리적으로 판단하지 않는다. 북을 미워하고 증오하는 사람이면 누구든 상관이 없다. 심지어 그가 수많은 병사를 죽음으로 몰아넣은 장군이고, 권력에 취해 시민들을 종복으로 삼고, 저항하는 사람들을 마구잡이로 죽인 정치인이라고 할지라도 말이다. 게다가 전쟁이 얼마나 위험하고 고통스러운지를 알고 있음에도 불구하고 사람들은 냉전이 고조되고 오히려 전쟁 위험을 부추기는 행위를 한다. 사실, 전쟁이 나면 죽거나 파괴되는 것은 국가의 권력자들이 아니라 평범한 사람들, 특히 노인과 여자, 아이들 같은 노약자들임에도 불구하고 말이다.

그렇기에 분단 트라우마를 자극해서 북에 대한 '적개심'을 고양시킴으로써 '장애'를 불러오는 '트리거'가 되는 방식으로 재현되거나 상징화된 DMZ는, 한국전쟁이나 분단과 같은 아픔을 증오와 원한으로 바꾸어 국가권력에 상납하는 권력의 먹이가 되는 것이다. 그리고 이 속에서 한국의 국민들은 트라우마적인 슬픈 영혼들의 아픔이 오히려 그들 자신의 인격과 존재 의미를 파괴하는 정념의 공간이 되었다. "슬픈 영혼들이 상납하고 선전하기 위해서 폭군을 필요로 하는 것과 꼭 마찬가지로, 폭군은 성공하기 위해서 영혼들의 슬픔을 필요로 한다. 어쨌든 이들을 통일시키는 것은 삶에 대한 증오이며 삶에 대한 원한이다."[15] 이승만이 하사한 '오랑캐를 깨부순'을 의미를 담고 있는 '파로호'가, "뼈아픈 교훈", "와신상담"을 늘어놓으면서 뒷면에 "적군섬멸"을 다짐하는 "통한의 결의"를 새겨놓은 '현리전투 위령비'가 바로 그러하다.

그러므로 DMZ를 본래의 취지에 맞는 비무장의 공간이자 남북의 공동관리 공간으로 바꾸는 공간적 실천은 치유하기라는 관점에서 공간을 재현하는 공간생산의 시작점일 뿐이다. 그것은 파로호라는 이름을 '합류하는 북한강 물줄기들을 품는' '대붕' 또는 '화천'이라는 이름으로 되돌려 놓는 '공간의 재현'이라는 실천을 거쳐 파주의 적군묘처럼 '아

---

15 질 들뢰즈, 박기순 옮김, 『스피노자의 철학』, 민음사, 2004, 43쪽.

(我)/타(他)'의 이분법을 벗어나 전쟁과 분단으로 죽어간 젊은 영령들을 위로하고 평화를 다짐하는 애도의 공간으로 만들어가는 공간생산의 실천으로 나아가야 한다. 그리고 그때서야 비로소 분단 트라우마의 치유(healing)가 본격화될 수 있다. 치유는 기본적으로 자기 내부의 힘을 극대화함으로써 장애를 극복하는 것이기 때문이다.

4. 치유의 내적인 힘
: DMZ의 영토화-코드화와 로컬리티의 활성화 전략

트라우마가 일으키는 장애(PTSD)가 문제가 되는 것은 트라우마적 사건 또는 상실(loss)에 대한 기억이 현재화되면서 그것에 사로잡혀 현재 관계를 맺고 있는 것에 대해 과도한 공격성을 표출하거나 자기 스스로 위축되어 관계를 거부하고 자기 속으로 침잠함으로써 리비도적 대상과의 관계를 파괴하기 때문이다. 따라서 치유(healing)라는 것은 본질적으로 비정상성이라고 간주되는 정신을 정상화하는 데 목적이 있는 것이 아니라 리비도적 대상과의 관계 맺음을 통해서 자기 삶을 활성화하고 공동체적인 삶을 창출하는 데 있다. 이것은 분단 트라우마의 치유에서도 마찬가지이다.

증오와 원한 감정에 의해 파괴된 남과 북의 민족적 유대 및 관계를 다시 회복하고 남북의 관계 및 민족공동체로서의 삶을 창출하는 것이다. 하지만 "외상의 완결에는 종착지가 없다. 완성된 회복이란 없다."[16] 그렇기에 치유는 완전한 회복 및 완치를 목표로 하는 것이 아니라 트라우마라는 잊히지 않는 상처에도 불구하고 다른 사람들과의 관계 및 리비도적 대상과의 결합을 감행할 수 있는 자기 내부의 힘을 활성화함으로써 리비도가 흐르는 사회적인 삶을 만들어가는 것이다.[17] 따라서 DMZ 치유하기도 분단과 냉전에 의해 억압되고 훼손된 DMZ 접경지역의 로컬리티를 회복함으로써 자기 내부의 힘을 활성화하는 데로 나아가야 한다.

DMZ 접경지역에는 희귀동식물 등의 생태자원 외에도 고성의 석호와 서낭바위, 능파대, 고성산 현무암지대에서 시작해 양구의 해안분지(펀치볼), 유네스코 세계지질공원으로 지정된 철원-연천-파주로 이어지는 협곡과 주상절리 등 지질적 특이성이 동쪽에서 서쪽까지 산재해 있다. 또한, 많은 사람이 'DMZ' 하면 분단-전쟁-철책선 등을 떠올리지만 강원도 고성에서 시작하여 옹진군까지는 구석기부터 시작하여 신석기-청동기의 유물·유적들이 있다. 연천의 선사유적은 전기 구석기를 대표하는 아슐리안 석기가 출토된 곳이며 강화도의 고인돌군은 유네스코 세계문화유산에 등재되어 있다.

게다가 DMZ 접경지역에는 역사유적들 또한 많다. 북쪽의 마식령산맥에서 발원한 임진강이 북쪽의 개성과 마주 보고 있는 파주, 김포, 강화도로 흘러들기 때문에 DMZ는 고구려, 백제, 신라가 중원의 패권을

---

16 주디스 허먼, 최현정 옮김, 『트라우마』, 플래닛, 2009, 351쪽.

17 분단 트라우마는 자아심리학에서 다루는 개인들이 겪는 PTSD와 같은 개인적인 이상 증상이 아니라 '태극기 집회'와 같은 집단적인 병리 현상이다. 따라서 분단 트라우마의 치유는 '치료(theraphy)'와 다르다. 이에 대한 논의는 다음을 참조하시오. 박영균, 「분단의 사회적 신체와 심리 분석에서 제기되는 이론적 쟁점들」, 『시대와 철학』 제23권 1호, 한국철학사상연구회, 2012, 245~247쪽.

놓고 다투던 지역이었을 뿐만 아니라 철원의 군사분계선이 중앙을 가로지르는 곳에는 태봉국 도성 터가 있다. 강화도-김포는 한양으로 들어가는 바닷길의 초입 통로였기 때문에 고려의 항몽과 개항-일제 강점기의 아픈 기억과 투쟁의 역사들을 가지고 있다. 게다가 연천-파주에는 목은 이색의 영당과 미수 허목, 정발장군 묘역 및 이이-성혼 등 조선 기호학파와 허준 등의 인물들이 남긴 자취들이 곳곳에 산재한다.

하지만 1970년대 본격화한 안보관광은 백마고지를 중심으로 한 안보경관으로 DMZ를 재현하면서 이와 같은 풍부한 로컬리티를 억압, 배제했다. 그런데 1990년대 민주화와 남북 화해 분위기 조성 이후, 나타난 생태, 평화관광에서 진행되는 DMZ의 재현 또한 로컬리티를 박제화한다는 점에서 이전과 크게 다르지 않다. 생태는 인간 없는 자연의 순수성을 과장함으로써 DMZ가 지뢰 폭발이나 화재로 끊임없이 파괴되고 수탈되는 곳이라는 점을 외면한다. 또한, 평화는 철책선과 전망대 중심으로 과도하게 집중시킴으로써 군사적인 물리적 충돌 상황에 대한 공포감만을 심어줌으로써 마치 군사적 세력균형 또는 강력한 무장만이 분단을 관리할 수 있는 듯한 냉전 논리만을 오히려 생산하는 역설을 낳고 있다.

하지만 사람의 가슴에 새긴 무늬에서 형상화된 '문(文)'자가 보여주듯이 자연은 인간의 인문적이고 예술문화적 교감을 통해서 훨씬 더한 가치를 발휘한다. 예를 들어 철원을 가로질러 흐르는 한탄강의 협곡은 자연 그대로도 경이롭다. 하지만 거기에 삼연 김창흡을 중심으로 한 '진경문화(眞景文化)'를 대표하는 겸재 정선의 진경산수화와 그의 친구 이병연의 진경시가 교류하면서 남긴 시(詩), 서(書), 화(畵)가 있다. 따라서 화적연, 삼부연폭포, 정자연, 매월대폭포의 시, 서, 화가 함께 할 때, DMZ의 자연생태의 아름다움은 정서적 교감의 깊이를 더하면서 정동의 강렬도는 더욱 크게 만들 수 있다.

마찬가지로, 냉전·분단의 아픔을 제대로 이해하기 위해서는 1954년부터 여러 정치·군사적인 목적과 이유로 만들어진 민통선 마을들의 삶을 함께 보아야 한다. 1954년 이후 조성된 민통선 마을은 123개였으나 현재는 많이 사라졌고 개척 1세대들도 대부분 세상을 떴다. 민통선 마을은 설립목적과 유형에 따라 '전략촌'(재건촌, 통일촌)과 '자립안정촌'으로 구분한다. 개건촌 중 대표적인 민통선 마을은 철원의 대마리와 근남면 마현2리이며 통일촌으로는 철원의 유곡리와 파주의 백연리가 대표적이다. 또한, 자립안정촌은 107개로, 전체 민통선마을의 87%를 차지하고 있다.[18] 따라서 이들 마을의 조성사 및 개척사 없이 남북의 냉전/탈냉전의 역사와 분단의 고통을 말할 수 없다.

게다가 DMZ 접경지역에서는 그 지역에서 살아온 사람들이 자신의 방식으로 삶을 개척하고 만들어온 역량과 삶의 고유한 특색이 묻어나는 생활문화 및 예술들이 풍부하게 남아 있다. 예를 들어 고성의 어명기가옥과 왕곡마을에서는 강원도 특유의 건축양식인 안방, 사랑방, 부엌, 외양간 모두를 건물 내부로 들인 '양통집'을, 인제의 산촌민속박물관에서는 산촌마을의 생활양식과 먹거리를, 설악산 깊은 산속에서는 북쪽 실향민이 남쪽에서 그들 특유의 방식을 살려 만든 황태덕장을, 양

---

18 김일한, 「'위험한 평화'와 공존하기: 강원도 민통선마을 주민들의 기억과 경험」, 『평화학연구』 제17권 1호, 한국평화연구학회, 2016, 67쪽.

구의 펀치볼시래기마을농가에서는 척박한 자연을 살려 특산품을 만들어낸 삶의 역량을 볼 수 있다. 또한, 고성에서는 서예가 김응현의 글씨를, 인제에서는 박인환과 만해 한용운의 삶과 문학을, 양구에서는 한국적 토속미의 정수를 보여주는 박수근의 그림을 볼 수 있다.

그러므로 안보·분단 경관을 넘어선 DMZ 치유하기는 기존의 특정 코드에 갇혀 있었던 로컬리티의 다수성, 중층성, 복합성을 가지고 기존 코드들을 해체하는 탈구축(deconstruction)과 함께 진행되어야 한다.[19] 하지만 탈구축은 기존의 영토화-코드화된 DMZ를 로컬리티의 고유한 차이들로 차이화하기 때문에 DMZ의 권력화된 전유를 해체하기는 하지만 DMZ만이 가지고 있는 한반도의 분단이라는 특수성을 놓치는 경향이 있다. 특히, 이런 차이들의 다양성은 그 자체로 고유한 독특성을 가지고 있기 때문에 사람들은 자신의 입맛에 맞춰 입에 맞는 대상만을 소비하는 상품화의 기제가 되거나 냉전과 분단의 적대성이라는 엄혹한 현실을 망각하게 만드는 마취제 역할을 하기도 한다.

특히, 경관을 소비하는 자는 자신이 보고 싶은 것만을 보며 일상의 평온을 깨뜨리면서 침입해 들어오는 '낯선 것', 또는 껄끄러운 것을 회피하는 경향이 있다. 오늘날 유행하는 다크 투어리즘(dark tourism)이 현대성의 성찰이라는 본질적 기능을 상실하고 상품화되면서 자본에 의해 영토화-코드화되는 것은 이 때문이다.[20] 따라서 우리는 "절대적인 참과

---

19 박영균, 「분단의 공간, DMZ의 탈구축 전략과 디지털스토리텔링」, 『시대와 철학』 제30권 3호, 한국철학사상연구회, 2019, 100~102쪽.

20 현대성에 대한 성찰적 기획으로서 다크 투어리즘을 다루고 있는 글로는 박영균, 「현대성의 성찰로서 다크 투어리즘과 기획의 방향」, 『로컬리티 인문학』 제25호,

주권적 투명성의 왕국을 뒤집고 지하의, 측면의, 미로처럼 엉킨 것, 바로 자궁의, 여성적인 것을 회복"시키며 "비-육체(non-body)의 기호에 대항해 육체를 내세우는" 전략을 취해야 한다.[21] 어두운 세계는 기존의 국가가 만든 밝은 세계를 해체한다. 왜냐 하면 밝은 세계는 추상적인 상징화된 언어들로, 피지배자 및 우리의 몸이 느끼는 부조리한 현실을 열등한 것들의 세계로 비하함으로써 그들이 저지를 '죄악'을 감추기 때문이다.

5. 분단 트라우마의 치유
: 성찰적 극복하기와 정치적-윤리적 행위의 주체화 전략

분단국가는 '현리전투'처럼 자신의 책임을 감추기도 하지만 더 나아가 자신들의 가해 행위를 정당화하는 적극적 전략도 구사한다. 이 경우, 국가권력이 자행한 폭력은 정당한 것이 되며 피해자의 죽음과 그들이 당하는 고통은 자기 스스로 초래한 것이 된다. 하지만 '억압된 것은 반드시 돌아온다'는 프로이트의 모토처럼 그것은 돌아온다. 대표적으로, '국민보도연맹사건'이 그러하다. DMZ 접경지역의 대표적인 민간인 학살지로는 '김포 하성면 태산가족공원 희생자 위령비, 하성초등학교, UN8240을지타이거여단충혼비, 강화 길상면 온수리 사슬재, 강화 갑곶

부산대학교 한국민족문화연구소, 2021을 참조.
21 Henri Lefebvre, *Op. cit.*, p.201.

나루선착장석축로' 등이 있다.

하지만 민간인 학살지 중 하나인 강화 갑곶돈대 아래 있는 갑곶나루
선착장석축로에는 글씨도 알아보기 힘든 낡은 철재 표지판 하나가 서
있을 뿐이다. 반면 바로 옆에 있는, 순미양요 당시 미군과 왕래하던 천
주교인들이 순교한 '갑곶순교성지' 터에는 잘 정비된 공원이 들어서 있
다. 이곳을 찾는 사람들 대부분은 여기서 민간인 학살이 있었는지조차
알지 못하며 UN8240을지타이거여단이 1.4후퇴 때, 강화도 곳곳에서
어린아이를 포함해 민간인을 학살했다는 것을 알지 못한다.[22] '반공'의
기억으로 '학살'을 감추었기 때문이다. 따라서 DMZ 치유하기는 자기
가 떠올리기 싫은, 어두운 곳을 직시하는 '트라우마 직면하기'로 나아
가야 한다.

하지만 트라우마 직면하기는 절대 쉽지 않은 작업이다. 트라우마 직
면하기는 분단국가에 의해 이루어진 역사적 기억의 억압 및 왜곡된 기
억들에 맞서 국가폭력의 민낯을 드러내고 피해자들의 목소리를 들려줌

---

22 충혼탑에는 다음과 같이 적혀 있다. "군번도 계급도 없는 육군 을지 제2병단과
유격군 8240부대 타이거 여단 이름의 방공 유격대 용사들의 넋이 잠들어있다."
하지만 2009년 3월 20일, 진실화해위원회는 타이거여단이 어린아이를 포함하여
민간인들을 즉결처분했다는 조사 결과를 발표했다. 이들은 1951년 1월 교동으로
들어와 해병특공대, 교동특공대, 홍현치안대 등으로 불리며 활동했다. 이들이 군
번이 없었던 이유는 정규군이 아니라 치안대, 청년단, 학도호국단 등을 조직해 움
직였던 비공식적인 민간단체였기 때문이다. 이들은 1.4후퇴 때, 1월 14일부터 2
월 9일까지, 상룡리 안개산 사태골, 대룡리 방골, 지석리 남댓골, 고구리 낙두포
구, 인사리 갯골, 난정리 돌부리 해안, 서한리 막개 해안, 무학리 선어리 해안 등
지에서 수백 명의 민간인을 학살했다. 하지만 대부분의 학살지가 바닷가로, 지금
도 이들을 추모하는 비석은 없다. 대신에 '타이거 여단'을 비롯해 오히려 이들 학
살자들을 포함한 전쟁 영웅의 추모비만 있을 뿐이다.

으로써 그들의 고통에 공감(empathy)[23]하고 연대하는 실천을 만드는 것이다. 따라서 트라우마 직면하기라는 실천은 기본적으로 기존의 지배체제 및 국가권력에 맞서는 것이기 때문에 정치적인 성격을 가지고 있을 수밖에 없으며 이 때문에 사회 세력 간의 대립과 갈등이라는 투쟁적 성격을 가진다. 또한, 그렇기에 트라우마 직면하기는 선과 악이라는 정의의 감정과 결합되는 것도 필연적이다.[24]

게다가 역사적 트라우마의 경우, 전이적 관계에 들어가기 쉽다. '전이(transference)'는 피해자에 자신을 일치심으로써 공감을 창출한다. 하지만 이런 공감이 피해자의 고통을 자신의 고통과 일체화하는 방향으로 나아가게 되면[25] 그 자신이 피해자가 되어 피해자와 같은 '반사적 행

---

23 공감은 동정이나 연민과 다르다. 희생자들을 "'동정(sympathy)' 또는 '연민(pity)'의 대상으로 만들면, 희생자들은 권력에 맞서 싸운 주체가 아니라 값싼 동정의 대상이 된다. 동정(sympathy)은 상대와 나는 서로 다르며 상황적 '유사성(sym)'과 동류의식을 바탕으로 성립하는 감정이다. 따라서 그들의 '고통, 열정(path=pathos)' 속으로 들어가지 않는다. … 그러나 공감(empathy)은 '고통, 열정(path=pathos)' '속으로(em)'으로 들어가서 느끼는 것으로, 단순히 고통의 감정을 함께 하는 것을 넘어서 상대의 감정이나 고통 속으로 나를 '집어넣은' 것이다"(박영균, 앞의 논문(2021), 26쪽).

24 바디우는, "악은 인간 동물의 범주가 아니라 주체의 범주"(알랭 바디우, 이종영 옮김, 『윤리학』, 동문선, 2001, 83쪽)라고 하면서 "선의 힘에 대한 모든 절대화는 악을 조직한다"(알랭 바디우, 위의 책(2001), 104쪽)고 말한다. 또한, 그와 같은 "실재에 대한 열정"의 대표적인 형태로, "엑스타시", "테러"와 함께 "신성화"를 제시하고 있다(알랭 바디우, 이종영 옮김, 『조건들』, 새물결, 2006, 94쪽).

25 "역사적 트라우마를 다룰 때 전이적 관계가 설정되면 과거에 속박되어 그 문제를 통해 지금의 우리가 탐구하고자 한 논쟁지점들이 때때로 위장되고 전치된 상태로 반복된다"(도미니크 라카프라, 육영수 엮음, 『치유의 역사학으로: 라카프라의 정신분석학적 역사학』, 푸른역사, 2008, 41쪽).

동화(acting out)'를 유발한다.[26] 따라서 트라우마 직면하기를 감행하는 사회는 혼란스러워진다. 왜냐하면 트라우마를 경험한 피해자처럼 마조히즘적 자책감 속에서 죄책감에 빠져 있는 집단뿐만 아니라 그와 반대로, 사디즘적 복수심 속에서 가해자들을 단죄해서 처벌하고자 하는 집단들이 출현하기 때문이다. 특히, 가해자들의 회피-부정은 이런 극단적인 감정을 고조시키기 때문에 상황은 더욱 어려워진다.

그러므로 라카프라는 치유의 방식으로서 '성찰적 극복하기(working through)'를 이야기한다. 성찰적 극복하기는 과거, 현재, 미래의 경계를 구분하고, 돌이킬 수 없는 흉터와 생채기를 숙명의 훈장처럼 삼키려는 용기와 단호함을 가져야 한다.[27] 성찰적 극복하기는 "타자를 존중하지만, 타자의 경험은 내 자신의 경험이 아니라는 것을 인식하면서 찾아오는 감정적 반응"[28]인 '공감적 불안정(empathetic unsettlement)', 또는 '이종요법적 동일시(heteropathic indentification)'를 통해서만 가능하다. 즉, 희생자의 경험과 목소리에 자신을 일체화함으로써 반사적 행동화를 유발하는 '무차별적 동일시'와 달리 그의 경험과 목소리 속으로 들어가지만, 그의 경험과 목소리를 나로부터 분리시켜 비판적 거리를 취하면서 이런 전이와 공감의 감정을 '윤리적이고 정치적인 행위'로 승화시켜야 것이다.

윤리적-정치적 행위는 자기 상처에 빠져 자기 연민, 또는 가해자에

---

26 도미니크 라카프라, 위의 책, 393쪽.
27 도미니크 라카프라, 위의 책, 394쪽.
28 도미니크 라카프라, 위의 책, 177쪽.

대한 복수의 감정에 사로잡혀서는 가능하지 않다. 그것은 자신을 트라우마적 사건이 벌어진 과거의 시간에 붙잡아두기 때문이다. 따라서 윤리적-정치적 행위는 자기 자신에 대한 비판적 거리 두기 없이 일어날 수 없다.[29] 게다가 분단이나 한국전쟁과 같은 사건들의 경우, 사회구성원 전체가 '가해자, 부역자, 피해자, 방관자, 저항자, 예외자'라는 복잡한 관계망 속에서 얽혀 있기 때문에 피해자와 가해자, 치료자와 피해자를 엄밀하게 구분하고 관계성 자체를 일방의 관점에서 설정하기 어렵다. 따라서 분단 트라우마의 치유는 성찰적 극복하기를 통해, 희생자들을 미래의 책임을 적극적으로 실행하는 윤리적-정치적 행위자로 '주체화(subjectivation)'하는 방식으로 이루어져야 한다.

하지만 윤리적-정치적 행위자로 주체화하기 위해서는 공감에 기초한 자기 자신에 대한 비판적 거리 두기뿐만 아니라 상실과 아픈 기억을 떠나보내는 애도(mourning)의 과정이 필요하다. 애도는 기본적으로 피해자와의 공감 또는 상실의 경험에 기초하기 때문에 필연적으로 '우울'을 동반하지만 궁극적으로는 '떠나보내기'이다.[30] 과거는 돌이킬 수 없으며 내가 입은 상처를 지울 수도, 죽거나 헤어진 사람을 되돌이킬 방법도 없다. 그렇기에 전적비도, 위령비도 승전의 찬양 또는 복수의 다짐이 아니라 그들의 영혼을 위로하고 다시는 일어나지 말아야 할 것으

---

29 "성찰적 극복하기에서 개인은 문제에 대해 비판적인 거리를 유지하고 과거와 현재와 미래의 상호작용을 탐구할 뿐만 아니라 그것들을 구별하려고 노력한다"(도미니크 라카프라, 위의 책, 259쪽).

30 "상실을 상실 그 자체로 인정하고 거기에서 떠날 수 있으며, 다시 시작할 수 있고, 삶에 대한 흥미를 회복하고, 관심과 사랑과 현실 참여를 위한 비교적 안정된 대상을 발견한다"(도미니크 라카프라, 위의 책, 395쪽).

로서 평화의 다짐이 되어야 한다. 하지만 그렇게 하기 위해서는 역사적 트라우마에 대한 '성찰적 극복하기'가 존재론적 차원으로까지 상승될 필요가 있다.

2011년 개봉한 영화 〈고지전〉에서는 12시간 후 정전협정이 발효된다는 결정이 있고 난 이후, 조금이라도 더 많은 땅을 차지하기 위해 '애록고지'를 점령하라는 명령이 떨어져 마지막 전투에 나서는 장면이 나온다. 여기서 신일영 대위는 "우리는 빨갱이랑 싸우는 게 아니라 전쟁이랑 싸우는 거라고"라고 말하며 "살아서 집에 가자"라고 외친다. 그런데 바로 이 순간이 한국전쟁에 내몰린 실존들이 지닌 진실이 폭로되는 순간이다. 가해자와 피해자는 서로 총질을 해대는 남쪽의 군인도, 북쪽의 인민군도 아니다. 그들은 전쟁터로 내몰린 피해자다. 여기서 그들이 공통으로 직면하고 있는 트라우마적 사건은 '전쟁'이라는 상황이며 그들 모두가 각자 살아남기 위해 싸워야만 했던 상황 자체이다.

그들은 전쟁 전체를 통제하지 못하는 자들이지만 그 누구보다도 정확하게 체험적으로, 몸(body)으로 이 전쟁의 본질을 알고 있었다. 정전협정이 발효되는 순간에만 서로를 끊임없이 죽고 죽이는 전쟁이 끝난다는 것을. 그렇기에 이 전투에서 대치하는 병사들은 비록 서로를 죽이는 적이지만 '죽음 앞에 선 실존'이라는 점에서 서로의 고통과 아픔을 공유할 수 있었다. 그렇다면 전쟁의 상처 및 죽음에 대한 애도에는 적과 내가 있지 않다. 서로 죽고 죽이는 적이었지만 인간의 실존적 차원에서 보면 그들의 죽음은 나 자신의 죽음이기도 하며 그가 처한 트라우마적 사건이 곧 나의 사건이기도 하다. 따라서 애도는 우리가 존재론으로 공유하고 있는 차원으로까지 나아가야만 '치유'가 될 수 있다.

초라하고 볼품없는 묘석들만 있는 조그만 묘지인 파주의 적군묘, 이제 허물어진 담벼락만 흩어진 채 남아 있는 연천의 유엔군화장터가 감동을 주는 것은, 그것이 중국군이나 북한군, 심지어 남파된 간첩의 목숨일지라도 인간의 실존적 한계를 표현한 죽음 앞에서 존재의 아픔을 공유하고 그들의 영령을 위로하기 때문이다. 그러므로 DMZ를 평화의 공간으로 바꾸기 위해 철책선을 따라 걷고, 전망대를 가서 분단의 현장을 보는 것만으로 부족하다. 그것은 '죽음'이라는 공통의 실존을 체험하는 것을 통해서 실존적 고통을 나누고 함께 치유해가는 과정과 결합되어야 한다. 그리고 그렇게 하기 위해서 '파로호'도 '대붕호'로 바꾸고 수장된 중국군을 위로하는 비석을 세우는 등 과거의 상처를 치유하는 공간의 생산을 '공간의 재현' 차원에서도, '재현된 공간'의 차원에서도 적극적으로 추진해야 한다.

6. 나가며: 치유 공간으로서 DMZ와 평화-통일의 수행자

1990년대 후반까지만 하더라도 DMZ 접경지역은 냉전·반공 경관을 체험하는 안보관광의 대상이었을 뿐이다. 1987년 민주화, 1990년대 동서냉전체제의 해체와 함께 진행된 남북관계의 해빙은 이전의 분단국가가 가지고 있었던 이런 DMZ에 대한 관념에 대한 균열을 가져왔다. 1999년 '안보관광'이라는 말 대신에 '평화관광'이라는 말이 처음 사용되기 시작했다. 또한, 생태·환경에 대한 시민 의식도 높아지면서 '생태경관'으로서 DMZ 접경지역이 주목을 받기 시작했다. 하지만 이런 생태, 평화 프레임은 냉전·반공·안보 등으로 코드화된 DMZ를 해체했지만, 역으로 DMZ가 남북대치의 산물로, 인간의 때가 묻지 않은 청정자연이라는 신비화 및 지구상 마지막으로 남은 20세기 냉전의 유물이라는 효과를 생산하기도 했다.

예를 들어 세계평화공원으로 상징화된 DMZ는 세계 유일의 분단국의 냉전유물이라는 점에서 특권화되었고, DMZ 민통선 마을들에 사는 사람들의 개척 역사와 냉전의 기억들은 오히려 주변화되거나 배제하면서 추상적인 공간이 되었다. 아울러 청정 생태로 상징화된 DMZ는 분단과 전쟁, 냉전이 낳은 파괴의 기억과 상처들을 주변화하거나 배제하면서 신비화했다. 따라서 DMZ의 재발견은 DMZ 자신의 로컬리티적인 잠재성(potentialities)을 활성화시키는 방향이 아니라 오히려 타자의 시선에서 DMZ를 소비하고 있는 사람들의 욕망에 맞춘 상품을 코드화하는 방향으로 나아가는 경향이 있다.

그러나 '남이거나 북이거나'라는 이분법과 양자택일적 선택을 강요하는 분단과 냉전 생산의 수행자인 DMZ는 다른 한편의 진실을 드러내기도 한다. 그것은 바로 한반도라는 전체성, 즉 남과 북이 서로 완전히 별개일 수 없게 연루되어 있다는 점이다. 분단선은 한국/중국, 한국/일본처럼 국경선이 될 수 없다. 왜냐하면 한국/중국, 한국/일본은 남남처럼 무관심할 수 있지만, 남북은 그렇지 못하기 때문이다. 따라서 냉전의 공간이자 수행자로서 DMZ는 한반도의 전체성을 보여줌으로써, 역으로 민족적 동일화의 욕망이 작동시키는 '통일의 수행자'가 될 수 있는 가능성을 가지고 있다.

코리언의 역사적 트라우마는 일반적인 다른 나라에서의 역사적 트라우마와 달리 분단이라는 독특성을 가지고 있다. DMZ의 기괴한 얼굴은 남북 간의 증오와 적대성이 바로 하나의 민족이라고 느끼는 민족적 동일화의 욕망이 좌절되면서 오히려 그 역으로 전화되었기 때문에 발생한다는 것을 보여준다. 따라서 분단 트라우마의 치유란 다른 무엇이 아니다. 그것은 남북 상호 간의 독특한 민족적 유대의 리비도가 다시 흐르도록 하는 것이다. DMZ는 이런 양면성을 보여주는 최적의 공간으로, 분단 트라우마의 공간이자 치유의 공간이다. 그렇다면 분단 트라우마를 치유하는 작업은 분단선인 DMZ의 치유하기와 길 트기라는 새로운 공간생산이라는 공간적 실천으로부터 시작해야 한다.

그것은 무엇보다도 먼저 남북의 국가가 서로 협의를 통해 평화의 공간으로서 DMZ 본래의 기능과 역할에 맞춰 중화기와 GP 등의 냉전적 공간을 해체하고 비무장화와 공동관리화를 만들어가는 '치유하기'에서 시작하여 경의선과 동해선을 연결하는 '길 잇기'로 나아가며, 이를 통해 DMZ 중심으로 남북의 생태적이고, 경제적인 공동체를 만들어가면서 민족공동번영이라는 민족적 유대가 흐르는 '통일의 공간'으로 만들어가야 한다. 하지만 이런 공간적 실천은 DMZ를 '생명, 평화, 치유의 공간'으로 체험하는 정동의 윤리학에 기초한 '성찰적 극복하기' 없이 이루어질 수 없다. 따라서 DMZ라는 공간을 물질적으로 바꾸어야 하지만 도시계획가의 인식이 바뀌기 위해서는 우선 몸과 마음이 바꾸어야 하기 때문에 어느 것이 먼저인 것 아니라 동시적으로, 다양한 인문자원들을 활용하여 치유 공간으로서 DMZ의 내적 역량을 극대화하는 작업을 진행해야 한다.

폐허는 지나가버린 것의 흔적으로, 과거의 시간에 속하지만, 현재화를 통해서 모든 사물의 궁극적 종말을 암시함으로써 우리가 처한 실존적 상황과 존재의 한계를 감지하도록 만든다. 즉, DMZ에 있는 역사적으로 다양하게 산재하는 잔해들은 상실에 대한 고통과 공포를 되살리는 트라우마의 대상으로, 그것을 직접 체험하지 않은 사람들까지 과거의 상처에 직면하도록 만드는 매개체이다. 파주-연천의 한탄강에서 만나는 고구려, 백제의 성들과 경순왕릉은 역사 앞에서 권력의 무상함을, 철원에서 만나는 궁예의 흔적들은 상처받은 존재의 어긋남과 좌절을, 파주 삼릉과 홍랑, 정난정 묘 등에서 권력에 의해 굴절된 사랑과 삶의 의미를, 인제의 박인환문학관과 화천의 박수근미술관에서 삶의 허무에도 불구하고 소박한 삶이 가진 진정성과 가치-의미들을 통해서 내게 주어진 삶을 사랑하게 되고 그럼으로써 타인의 삶도 사랑하게 되는 등등을 체험할 수 있다.

그러므로 분단 트라우마를 치유하는 과정은 공식 기억에 대항해 하나의 기억을 불러내는 것이 아니라 로컬리티가 가진 잠재력을 활용해 차이화하고 연결선을 다원화함으로써 생명의 활력을 활성화하는 작업이다. 또한, 트라우마의 공간으로서 DMZ는 'DMZ 치유하기'와 '트라우마 직면하기', 그리고 '성찰적 극복하기'를 통해서 적과 나의 이분법을 벗어나고, 죽음의 실존적 평등성 위에서 진정한 애도를 감각적-체험적으로 창출할 뿐만 아니라 이를 통해서 남북, 남남 갈등이라는 사회적 분열을 넘어서 민족적 유대의 리비도가 다시 흐르게 하는 '치유의 공간으로서 DMZ'가 되도록 만들 수 있다. 따라서 '치유의 공간으로서 DMZ'를 생산하는 공간적 실천은 DMZ 자신의 본래적 역할과 기능을 회복함으로써 그 자신을 치유하는 것이자 DMZ를 찾는 사람들 관계맺음을 바꿈으로써 시민들 자체를 평화와 통일을 만들어가는 윤리적-정치적 덕성을 갖춘 행위 주체로 바꾸어 놓은 생산자가 만드는 것이라고 할 수 있다.

참고문헌

김성민·박영균, 「분단의 트라우마에 관한 시론적 성찰」, 『시대와 철학』 제21권 2호, 한국철학사상연구회, 2010.

김일한, 「'위험한 평화'와 공존하기: 강원도 민통선마을 주민들의 기억과 경험」, 『평화학연구』 제17권 1호, 한국평화연구학회, 2016.

도미니크 라카프라, 육영수 엮음, 『치유의 역사학으로: 라카프라의 정신분석학적 역사학』, 푸른역사, 2008.

박영균, 「분단의 공간, DMZ의 탈구축 전략과 디지털스토리텔링」, 『시대와 철학』 제30권 3호, 한국철학사상연구회, 2019.

박영균, 「코리언의 역사적 트라우마와 통일의 과제」, 『철학연구』 제143집, 대한철학회, 2017.

박영균, 「분단의 사회적 신체와 심리 분석에서 제기되는 이론적 쟁점들」, 『시대와 철학』 제23권 1호, 한국철학사상연구회, 2012.

박영균, 「분단의 아비투스에 관한 철학적 성찰」, 『시대와 철학』 제21권 3호, 한국철학사상연구회, 2010.

박영균, 「한반도의 분단체제와 평화구축의 전략」, 『통일인문학』 제68집, 건국대학교 인문학연구원, 2016.

박영균, 「현대성의 성찰로서 다크 투어리즘과 기획의 방향」, 『로컬리티 인문학』 제25호, 부산대학교 한국민족문화연구소, 2021.

박영균·김종군, 「제1장 코리언의 역사적 트라우마에 관한 연구방법론」, 건국대학교 통일인문학연구단, 『코리언의 역사적 트라우마』, 선인, 2012.

알랭 바디우, 이종영 옮김, 『윤리학』, 동문선, 2001.

알랭 바디우, 이종영 옮김, 『조건들』, 새물결, 2006.

오기성·주우철, 「평화와 통일, 순례를 위한 DMZ Peace Road의 구상」, 『평화학연구』 제20권 4호, 사단법인 한국평화연구학회, 2019.

이웅규·장현종, 「DMZ 인문관광자원의 가치증진 방안 연구」, 『지역산업연구』

　　41-2, 경남대학교 산업경영연구소, 2018.

전원근, 「1970년대 국가 프로젝트로서 땅굴과 전방의 냉전 경관화」, 『문화와 사회』 제27권 2호, 한국문화사회학회, 2019.

정근식, 「냉전·분단 경관과 평화: 군사분계선 표지판과 철책을 중심으로」, 『황해문화』 통권 100호, 새얼문화재단, 2018.

주디스 허먼, 최현정 옮김, 『트라우마』, 플래닛, 2009.

지상현·이진수·조현진·류제원·장한별, 「냉전의 진열과 쇼핑: DMZ 전망대를 통해 살펴본 냉전 경관의 구성」, 『대한지리학회지』 제53권 5호, 대한지리학회, 2018.

질 들뢰즈, 박기순 옮김, 『스피노자의 철학』, 민음사, 2004.

통일부 편, 『문재인의 한반도 정책: 평화와 번영의 한반도』, 통일부, 2017.

한모니까, 「1960년대 비무장지대(DMZ)의 무장화 과정과 배경」, 『사학연구』 제135호, 한국사학회, 2019.

Henri Lefebvre, trans. Donald Nicholson-Smith, *The Production of Space*, Oxford UK&Cambridge USA: Blackwell, 1991.

분단 트라우마의 치유를 위한 임상적 연구
: DMZ 접경지역 답사를 활용한 공간 치유 사례 분석[1]

| 박솔지 |

1. 서론: 공간 치유를 활용한 분단 트라우마 치유 방안 모색

2018년 '판문점 선언'과 '평양 공동 선언' 이후, 남과 북은 화해와 교류 협력 및 항구적 평화실현을 위한 구체적인 합의를 진행하였다. 또한, 여러 차례의 북미회담이 있었다.[2] 이에 따라 한반도 분단체제를 둘

---

1 이 글은 『OUGHTOPIA』 제34권 4호, 경희대학교 인류사회재건연구원, 2020에 게재된 논문을 수정·보완한 것이다.

2 2018년 1월 17일 평창동계올림픽 참가문제 논의를 위해 판문점에서 남북고위급 실무회담이 개최된 이후, 남과 북은 남북정상회담 개최 준비를 위해 지속적으로 접촉하였다. 3차례의 남북정상회담 준비위원회 회의가 진행되었고, 회담에 앞서 남북평화협력기원 남북 예술단 합동 공연 및 남북 태권도시범단의 합동 공연이 평양에서 진행되었다(2018.4.1~4.3). 이후 세 차례의 정상회담 준비위원회 회의를 추가적으로 진행 후 2018년 4월 27일 '2018 남북정상회담'이 판문점에서 개최되었으며 '한반도 평화와 번영, 통일을 위한 판문점 선언'이 채택되었다. 그 후 남북은 군사분계선 일대의 방송 및 전단 살포를 중지하고(2018.5.5) 비무장지대 내 남북공동유해발굴 등을 협의(2018.6.14, 7.31 장성급 군사회담)하였다. 또한, 북측은 함경북도 길주군 풍계리의 핵실험장을 폐기(2018.5.24)하는 등 한반도 평화체제 구축을 위한 남북의 실질적인 노력이 동반되었다. 또한, 남북 정상은 '판문점 선언'의 이행성과를 평가하고 남북관계를 지속 발전시켜 나가기 위해 2018년 9월 '평양공동선언'에 합의하였고 '판문점선언 이행을 위한 군사분야 합의서'를 부속합의서로 채택하여 '전쟁없는 한반도' 비전을 현실화하고자 했다. 이후 남북은 시범철수 GP 시설물을 완전 파괴하고 공동검증 작업을 실시하였으며(2018.11.30,

러싼 환경이 부침을 거듭하면서 변화하고 있다. 그러나 분단체제의 해체, 한반도 통일과 평화의 실현과정은 국가 단위 차원에서의 정치적 합의와 교류 수준을 넘어서는 무언가를 필요로 한다. 남북관계가 진전될 때마다 한국 사회는 더 격렬한 남남갈등이 빚어지고는 한다. 이 기묘한 현상의 출현은 남북관계의 진전이 한반도 평화의 시작을 의미하는 것임에도 불구하고, 그것이 여전히 객관적이고 구조적인 평화실현이라는 차원에서 받아들여지지 않는 심리적 동학 때문에 발생한다. 즉, 여기에는 합리적으로 이해할 수 없는 비합리성이 존재한다.

분단 이후 지속된 남북의 적대적 대립의 역사는 남북주민의 몸과 마음에 분단체제의 작동 메커니즘을 각인시켜왔다.[3] 이것은 분단을 아래로부터 공조하고 호응하는 구조가 남북주민들에게 내재 되어 있음을 의미한다. 그렇기 때문에 남북관계가 진전될수록 남북주민에게 내재되어 있는 분단 트라우마가 상호 간의 갈등을 증폭시키는 기제로 작동

12.12) 개성 만월대 공동 발굴조사(2018.10.22~12.10), 산림병해충 약제 북 전달 및 공동방제 실시(2018.11.29, 개성), 경의선 및 동해선 철도·도로 연결 현대화 착공식(2018.12.26) 등을 진행하였다. 한편 한반도 평화체제 구축에서 핵심축이라고 할 수 있는 북미 간의 정상회담이 2018년 6월 12일(싱가포르)과 2019년 2월 27~28일(베트남)에서 두 차례 진행되었다. 남북정상회담 홈페이지 참조. http://www.koreasummit.kr/Summit2018/2018History(검색일: 2019년 8월 27일).

3 분단 트라우마는 분단이라는 역사적 사건이 남긴 '외상 후 스트레스 장애'이다. 분단 트라우마는 분단 국가주의를 통해 신체화된 분단 아비투스를 통해 재생산되고 전승된다는 특징을 갖는다. 이때 분단 아비투스는 분단국가에 의해 신체에 아로새겨진 성향과 믿음들로 이 밑바닥에는 상대방에 대한 적대성이 자리하고 있다. 이에 대한 자세한 논의는 김성민·박영균, 「분단의 트라우마에 관한 시론적 성찰」, 『시대와 철학』 제21권 2호, 한국철학사상연구회, 2010과 박영균, 「분단의 아비투스에 관한 철학적 성찰」, 『시대와 철학』 제21권 3호, 한국철학사상연구회, 2010에 있다.

한다. 분단 트라우마는 바로 이런 사회병리적 현상인 남남갈등 메커니즘의 작동방식을 분석함으로써 이에 대한 해결가능성을 모색할 수 있는 분석수단이다.

남과 북이 서로 만난다고 곧바로 평화가 만들어지는 것은 아니다. 불신과 의심, 적대적 감정을 가진 만남은 오히려 냉전을 강화할 수도 있다. 따라서 진정한 평화 시대로의 이행을 위해서는, 정치·경제·문화적인 남북교류와 함께 우리 안에 있는 분단 트라우마를 치유해야 한다. 즉, 분단의 상처와 아픔을 공유하고 이를 통해서 대화와 소통을 만들어가는 과정이 필요하다. 분단 트라우마라는 용어는 이전부터 문학작품을 중심으로 하여 사용되어왔다. 하지만 이것을 학적 개념으로 정립한 것은 비교적 최근이다. 분단 트라우마에 대한 연구는 '분단 트라우마에 대한 개념적 정의와 성격-유형에 대한 연구'[4] ―'분단의 트라우마에 대한 문제 제기를 사회적 신체의 문제와 연결한 연구'― '정신의학과 사회적 치유 차원에서 접근한 연구'[5] 등 트라우마의 사회적 성격에 대한 진단과 그 치유 방향에 대한 논의를 보다 구체화해가고 있다.

그러나 이와 같은 선행연구에도 불구하고 이를 뒷받침하기 위한 실

---

4 김성민·박영균, 「분단의 트라우마에 관한 시론적 성찰」, 『시대와 철학』 제21권 2호, 한국철학사상연구회, 2010; 이병수, 「분단 트라우마의 유형과 치유 방향」, 『통일인문학』 제52집, 건국대학교 인문학연구원, 2011; 이병수, 「분단 트라우마의 성격과 윤리성 고찰」, 『시대와 철학』 제22권 1호, 한국철학사상연구회, 2011 등.

5 박영균, 「분단의 아비투스에 관한 철학적 성찰」, 『시대와 철학』 제21권 3호, 한국철학사상연구회, 2010; 박영균, 「분단의 사회적 신체와 심리 분석에서 제기되는 이론적 쟁점들」, 『시대와 철학』 제23권 1호, 한국철학사상연구회, 2012; 전우택, 「통일은 치유다: 분단과 통일에 대한 정신의학적 고찰」, 『신경정신의학』 제54권 4호, 대한신경정신의학회, 2015 등.

제적인 치유 프로그램 개발에 대한 구체적인 논의는 미진한 상태다. 현재까지 제기된 분단 트라우마 치유의 세부 방법론은 구술치유 방안 정도이다.[6] 하지만 이 논의 역시 시론적 차원을 벗어나지 못하고 있다. 이것은 분단 트라우마가 작동하는 구체적인 일상의 삶에 대한 분석이 제대로 이루어지고 있지 못하고 있다는 것을 의미한다.

　일상의 삶은 곧 특정한 시간과 공간 안에서 이루어지는 것으로, 분단 트라우마와 분단 아비투스는 분단된 한반도라는 공간에서 살아가는 우리의 삶 속에서 자신도 모르게 체화하는 것들이다.[7] 이런 맥락에서 분단 트라우마를 치유하기 위해 공간 또한 치유의 매체가 될 수밖에 없다. 한반도의 많은 공간 중에서도 DMZ는 분단 트라우마의 치유를 고민할 수 있는 대표적인 장소다. DMZ는 역사적으로 분단이 만들어낸 공간이자 사회적으로 분단이 주는 총체적인 공포 그 자체를 생산하는 공간이다. 그렇기 때문에 이제까지의 DMZ 답사는 안보관광이라는 형태로 이

6　김종군, 「한국전쟁 체험담 구술에서 찾는 분단 트라우마 극복 방안」, 『문학치료연구』 제27집, 한국문학치료학회, 2013.

7　박민철은 이에 대해 "분단은 분단 질서와 이데올로기를 재생산하는 특정 공간을 확대해가면서, 그 체제의 강고함을 지속시켰다. 따라서 분단체제는 그 자신을 존립시키기 위한 필수적인 물적 토대로서 특정 공간을 필연적으로 전제한다. 분단체제의 구성원들은 끊임없이 분단체제가 만들어 낸 지리적, 의미론적 공간 속에서 살아간다. 대표적으로 DMZ 및 접경지역의 공간은 분단체제가 의도하는 공간 형성 메커니즘이 고스란히 누적되어 재현되는 공간이다. 하지만 DMZ와 접경지역의 공간들은 휴전선으로 대표되는 분단의 상징기호 내지 물신화된 자연 공간으로서만 축소되어 이해되었을 뿐, 분단체제와 연관된 공간적 사유 속에서 다뤄지지 못했다"고 이야기 하고 있다. 박민철, 「분단체제의 공간성 -DMZ와 접경지역의 로컬리티를 중심으로」, 『시대와 철학』 제28권 3호, 한국철학사상연구회, 2017, 127쪽.

루어졌다.

물론 최근에 변화가 일어나고 있다. 하지만 이들의 연구도 '세계평화공원으로서의 DMZ 개발' 및 '생태 공간으로서의 DMZ'에 초점이 맞춰져 있을 뿐이다. 그러는 동안 DMZ는 매우 기괴한 곳이 되었다. 한편에서 평화의 상징으로서 DMZ를 말하지만 다른 한편에서는 전쟁과 공포의 공간으로, 또는 사람의 때가 타지 않은 원초적인 생태 공간으로 DMZ에 대해 말하기 때문이다. 그러나 DMZ의 로컬리티(locality)는 일면적인 가치 기준으로 환원될 수 없는 역사적이고 문화적인 다양한 자원들을 품고 있다. 그러므로 DMZ의 풍부한 로컬리티 자원을 분단 트라우마에 대한 공간 치유적인 자산으로 만들어갈 필요가 있다.

이를 위해 여기에서는 첫째, 분단체제에 최적화된 분단의 사회적 신체들[8]이 가진 분단 트라우마를 DMZ라는 공간을 활용해 치유하는 방안을 모색할 것이다. 분단 트라우마의 치유는, 분단이라는 역사적인 사건이 남긴 충격들 속에서 발생한 크고 작은 트라우마로 인해 고통을 겪는 시민들의 아픔을 극복하고 상처를 회복하도록 돕는다.

둘째, 나아가 민족 전체의 공감과 연대를 창출하고 그들 사이의 사회적 활력을 활성화하는 방안 모색을 연구의 지향점에 둔다. 분단 트라우

---

8 분단의 사회적 신체 문제를 다루는 '분단 아비투스'와 '분단 트라우마'에 대한 개념 연구는 박영균, 「분단의 사회적 신체와 심리 분석에서 제기되는 이론적 쟁점들」, 『시대와 철학』 제23권 1호, 한국철학사상연구회, 2012에서 자세히 논의되었다. 이 논의를 통해 분단 아비투스와 분단 트라우마에 대한 이해를 정리하면 다음과 같다. 1) 신체는 사회 속에 있으며 사회는 신체 속에 있다. 2) 사회화된 신체의 생산은 사회적 무의식을 낳는다. 3) 민족≠국가의 분단국가는 민족적 리비도의 억압을 생산한다.

마를 치유하는 프로그램에는 문학, 음악, 시, 영상 등 다양한 기법들이 응용될 수 있다. 물론 이때 치유적인 응용은 개인이 아닌 집단을 대상으로 하는 사회적·역사적 트라우마에 대한 치유에 중점을 둔 프로그램으로 기획되어야 한다.

셋째, 분단 트라우마의 치유는 지속된 분단체제 아래 사람들에게 체화된 분단 아비투스를 해체하는 방향으로 진행되어야 한다는 관점에서 논의를 전개한다. 본 연구는 분단 아비투스의 해체를 통해 분단을 지속시키는 사회적 신체를 통일의 신체로 만들어가야 한다는 입장에 있다.[9] 신체화된 분단의 문제를 DMZ 공간과의 조응을 통해 분단 트라우마의 치유로 접근해가는 것은, 공간에서 체험되는 경험과 이에 따른 공간과의 관계적 변화를 만듦으로써 몸과 마음을 바꾸어가는 작업이라고 할 수 있다.

넷째, 따라서 본 연구에서는 DMZ라는 공간의 로컬리티를 활용하여 '생명, 평화, 치유'의 공간적 중층성을 드러내고 이를 스토리텔링화하는 작업을 통해 진행된 DMZ 접경지역 답사에 대한 임상 분석을 진행하여 분단 트라우마의 구체적인 치유 방안으로서의 공간치유 방법론과 프로그램의 효과를 살펴볼 것이다.

9 박영균, 위의 논문(2012), 246쪽.

2. 공간 치유의 방법론
   : 사람-공간의 관계 변화를 통한
   공감의 창출과 통합적 스토리텔링

오늘날 공간에 대한 주된 관점은 공간이 그 안에서 살아가고 있는 존재들과의 관계에서 끊임없이 영향을 주고받고 있다는 'post-modern적 공간' 개념으로 변화하고 있다. 여기서 공간과 그 공간 속에 살아가는 존재들과의 관계는 '물질적인 것'과 '정신적인 것'으로만 나누었던 기존의 이분법적 사고를 벗어나 있다. 공간은 공간 안에서 살아가는 인간의 신체적 측면과 정신적 측면 모두에 걸쳐 총체적인 영향을 미치는 요소이다. 이에 대해 앙리 르페브르는 『공간의 생산(The production of space)』에서 물리적/정신적 공간의 대립을 넘어서 "사회적 공간은 사회적 생산물이다"[10]는 테제를 제시한다.

공간이 사회적으로 생산된다는 것은 물리적 밑바탕이 되는 자연적인 공간이 점차 뒤로 물러나고[11] 모든 사회가 그 사회만의 공간을 생산한다는 것이다.[12] 그렇기 때문에 공간에는 공간 자체의 역사, 공간생산의 역사, 그리고 공간의 형태들과 재현들의 역사가 함께 존재하고 있다.[13] 즉, 공간은 특정한 내용물을 채우는 '텅 빈 것'이 아니라 사회적 관

---

10 Henri Lefebvre, trans. Donald Nicholson-Smith, *The Production of Space*, Oxford UK&Cambridge USA: Blackwell, 1991, p.26.

11 Henri Lefebvre, *Ibid.*, p.30.

12 Henri Lefebvre, *Ibid.*, p.31.

13 Henri Lefebvre, *Ibid.*, p.46.

계를 담고 있는 구현체로서 "사회적 공간(social space)"이자 역사적 기억들을 담고 있는 저장소로서 "역사적 공간(historical space)"이다.

여기에는 누군가에 의해 의도적으로 만들어져 사람들에게 인식된 것도 있고, 공간 속에 살아가는 사람들 스스로가 영향을 미쳐 형성된 겹도 있다. 각각의 겹들이 무수히 중첩되는 공간은, 겹과 겹들이 서로 반응하면서 조화를 이루기도 하고 상충을 일으키기도 한다. 이렇게 다양한 겹들이 서로 변수로 작용하고 영향을 미치면서 발생하는 반응들은 공간의 성격을 규정하는 요인이 된다.[14] '공간 치유(spatial healing)'는 공간을 재편하거나 공간이 주는 이미지와 성격을 바꿈으로써 그 공간 속에 살아가는 사람들의 관계를 활력적 관계로 바꾸는 것이다. 따라서 분단 트라우마에 대한 치유는 남북의 적대적 관계를 활력적 관계로 바꾸는 것이다.

세계는 특정한 몸과 서로 다른 몸들이 끊임없이 상호작용을 주고받는 공간이다. 공간에서 사람들은 갖가지 관계망을 형성하고, 서로가 가진 생명의 본원적 활력(리비도, libido)과 삶을 만들어가는 에너지를 교환한다. 이때 우리가 경험하는 공간이란 특정한 몸이 다른 몸들과 매개되면서 '우리'를 인식하는 장(field)이자, 자기 자신을 역으로 투사(投射)하면서 사회적 존재로서의 '나'를 형성해가는 곳이기도 하다.[15] 따라서 공간 치유는 공간-사람 사이의 관계가 트라우마적 사건에 있어 치

---

14 우지연, 「회복력 있는 도시: 트라우마를 다루는 공간디자인에 관한 연구」, 서울대학교 대학원 디자인학부 공간디자인연구 박사학위논문, 2012, 187쪽.

15 건국대학교 통일인문학연구단, 「DMZ의 공간치유: '적대'의 공간을 '치유'의 공간으로」, 『IHU REPORT』 제7호, 2018, 18쪽.

유적인 효과를 발휘할 수 있도록 공간의 구성과 체험적 관계를 재편하는 것이다.

일반적으로 트라우마는 사람들의 관계에서 장애를 유발한다. 그런데 기존의 안보관광은 이런 아픈 기억들만을 들추어냄으로써 상대에 대한 적대성만을 생산하고 있다. 따라서 그것은 '외상 후 스트레스 장애'를 유발하는 트리거(trigger)의 역할만을 수행하고 있다. 하지만 "공간이 사회적으로 생산된다고 가정하면 우리는 그 공간을 변화시킬 수도 있다는 것도 깨닫는다"[16]는 소자의 말처럼 DMZ는 오로지 안보의 공간이기만 한 것이 아니다. 오히려 치유는 이런 공간들을 적대성의 체험적 공간이 아니라 고통과 아픔에 대한 체험적 공간으로 바꾸어 놓는 공간적 실천을 요구한다. 공간적 실천은 두 가지 차원에서 모색될 수 있다. 하나는 공간 그 자체를 치유적인 공감의 공간으로 만드는 것이며, 다른 하나는 기존의 공간을 활용하여 체험 그 자체가 치유적 기능을 수행하도록 만드는 것이다.

그렇다면 어떻게 치유의 공간으로 바꾸어갈 것인가? 주디스 허먼은 트라우마의 치유 단계를 ① 안전의 확보, ② 기억과 애도, ③ 연결의 복구로 설정한다.[17] 첫째, 안전의 확보는 두 가지 방향에서 진행되어야 한다. 분단 트라우마는 기억의 환기와 실재적 불안을 통해 작동한다. 이때

---

16 에드워드 W. 소자, 「"시대정신"에서 "공간정신"으로: 공간적 전회에 대한 새로운 왜곡들」, 르크 되링·트리스탄 틸만 엮음, 이기숙 옮김, 『공간적 전회』, 심산, 2015, 298쪽.

17 주디스 허먼, 최현정 옮김, 『트라우마: 가정폭력에서 정치적 테러까지』, 열린책들, 2012, 261쪽.

남과 북의 정치·군사적 대립이라는 현실은 끊임없이 실재적 공포를 생산한다. 진정한 기억과 애도를 실현하기 어려운 조건이 존재하는 것이다. 따라서 안전의 확보를 위한 첫 번째 방향은 남과 북의 정치·군사적인 평화체제를 만들어내는 데에 있다. 하지만 이와 같은 안전의 확보는 국제정세와 남북의 정치환경에 의존하기 때문에 우리가 지금 당장 할 수 있는 일이 아니다.

두 번째 방향은 국내 정치 차원에서 분단 아비투스를 지속적으로 생산하는 사회·국가적 폭력을 해소하는 것이다. 사실, 우리가 지금 당장 해야 하는 것은 바로 이것이다. 요한 갈퉁이 말했듯이 폭력은 직접적인 물리적 폭력 이외에 구조적 폭력과 문화적 폭력에 의해 이루어진다.[18] 분단 트라우마를 자극하고 분단 아비투스를 통해서 자행되는 분단폭력은 기본적으로 구조적 폭력과 문화적 폭력에 기초하고 있다. 특히, DMZ와 같은 공간을 활용해서 이루어지는 분단폭력은 'DMA신드롬'[19]처럼 세계를 이분법적으로 나누고 상대를 악으로, 자신을 선으로 규정한 다음, '최후의 결전인 아마겟돈'을 실행해야 한다는 문화적 배경을 통해 작동한다. 따라서 안전의 확보라는 측면에서 이루어져야 하는 것은 이와 같은 분단국가주의 또는 적대성을 생산하는 문화에 대한 해체다.

그런데 이런 문화를 해체하기 위해서는 남북의 적대성이 극단적으로 표출되는 분단서사를 전복시키는 데서 시작해야 한다.[20] 분단서사는

---

18 요한 갈퉁, 김종일·정대화·임성호·김승채·이재봉 옮김, 『평화적 수단에 의한 평화』, 들녘, 2000, 412쪽.

19 요한 갈퉁, 위의 책, 574쪽.

20 박성은, 「박완서 가족서사에 나타난 분단 트라우마와 치유의 양상」, 건국대학교

분단국가가 만들어낸 집단기억이다. 국가는 상징자본의 독점체로서, 다양한 기억들 중 특정한 역사적 기억만을 들추어내며 다른 기억들을 은폐 또는 억압하는 공식담론을 만들어낸다. 북을 적의 위치에 두고 적대적인 문화상징을 활용하여 '분단의 적대성'을 극대화시키는 분단서사는 분단 트라우마가 서사의 형태로 표출된 것이다. 따라서 적대성을 기반으로 한 분단 국가주의의 이데올로기가 투영된 분단서사는 기억의 장을 독점함으로써 기억을 왜곡시킨다. 또한, 분단서사는 분단 트라우마의 피해자가 생존자로서 갖는 증언의 권리를 가로막아 그 상처를 더욱 악화시킨다.

그렇기 때문에 둘째, 트라우마 치유의 두 번째 단계인 기억과 애도는 이 지점에서 시작되어야 한다. 분단 트라우마가 작동하는 토양은 가해자와 피해자의 관계, 사건에 대한 시간 감각이 왜곡되어 '복수와 적대'의 감성으로 받아들이게 하는 분단서사[21]에 있다. 따라서 허먼이 말한 것처럼 '트라우마 직면하기'를 수행하기 위해서는 분단서사에 의해 억압되거나 은폐된 기억들을 불러내기 위해 공식담론을 해체하고 각 공간이 가지고 있는 로컬리티를 복원할 필요가 있다. 이렇게 되면 비로소 기억은 보다 온전한 기억이 되며 자신이 겪고 있는 장애가 무엇인지를 볼 수 있다. 하지만 이것은 애도로 나아가지 않는 이상, 오히려 트라우마를 더욱 자극하는 것이 될 수도 있다. 그렇기에 기억의 회복은 공감

대학원 통일인문학과 박사학위논문, 2019, 29쪽.

[21] 시간 감각의 변형은 미래를 삭제하는 것에서 시작하지만 점진적으로 과거를 삭제하는 것으로 진행되며 복수환상은 외상기억에 대한 거울상으로 가해자와 피해자의 역할을 바꾸어 놓는다. 주디스 허먼, 앞의 책, 158, 314쪽.

을 통해서 떠나보내는 애도로 나아가야 한다.

애도는 타인의 서사에 대한 공감으로부터 시작한다. 스토리텔링은 특정한 형태의 서사를 가진 이야기들이다. 공간에서의 스토리텔링은, 거기에 존재하는 사물들과 길을 따라 이루어진 이야기라는 점에서 다른 스토리텔링과 다르다. 또한, 거기에서 만들어지는 서사는 걷는 길에서 마주치는 풍경과 사물들과의 만남에서 형성되는 서사라는 점에서 문학이나 영화에서의 서사와 다르다. 하지만 이 또한, 분단서사를 해체하고 기억을 회복하며 그를 통해 공감을 만들어내는 것이라는 점에서 같다.[22] 그렇기에 그가 걷는 길에서 마주치는 공간은 역사적 트라우마가 남긴 상처와 아픔에 대한 공감을 불러일으키도록 의미화되거나 서사화되어야 한다. 즉, 트라우마적 사건에 대한 기억이 재구성되고 사건을 둘러싼 관계들에 대해 애도할 수 있는 공감적 스토리텔링을 따라 여행 길이 구성되어야 한다는 것이다.[23]

도미니크 라카프라는 역사적 트라우마에 대해 "공감(empathy)"의 해법을 제시하면서 트라우마는 단순히 인식의 대상으로 객관화되는 것이 아니라 공감의 대상이 되어야 한다고 주장했다.[24] 역사적 트라우마는 이차적이고 후천적인 집단 트라우마라는 측면에서, 슬픔에 각인된 죽음에 못지않은 고통의 상처들이 사람들의 마음속에 자리 잡게 한다. 이에 따라 직접적으로 극한의 죽음에 직면한 사람들뿐만 아니라 그 사

---

22 박영균, 앞의 논문(2012), 241쪽.

23 우지연, 앞의 논문, 18쪽.

24 도미니크 라카프라, 육영수 엮음, 『치유의 역사학으로: 라카프라의 정신분석학적 역사학』, 푸른역사, 2008, 278쪽.

〈그림 3-1〉 중국 난징대학살기념관(2019.12.28)

건 속에 있었던 목격자, 그 역사적 사건을 공유한 후세대 사회구성원 전체에게도 각기 다른 정도의 정신적 외상이 전이(transfer)된다.[25] 그렇기에 공감적 스토리텔링은 국가의 공식 담론 속에 있는 분단서사를 해체하고 억눌려있던 기억들을 불러냄으로써 그것을 보는 사람들이 공감과 연대를 만들고 이를 하나의 집단기억으로 전화시키는 '통합서사'를 만들어 가는 과정이기도 하다.

셋째, 치유의 목적은 연결의 복구다. 치유의 최종적 목적은 사람들 사이에 흐르는 리비도를 가로막고 있는 장애를 없앰으로써 사회적 관계를 회복시키는 데 있다. 분단 트라우마의 치유는 남북이 겪은 참혹한 대결의 역사가 낳은 트라우마를 치유함으로써 그들 사이에서 다시 민족적 리비도가 흐르게 하는 데 목적이 있다. 따라서 기억과 애도를 위한 공감적 스토리텔링은 트라우마적 사건이 남긴 생명의 상실과 역사적 상흔을 기리고 기억하는 것을 넘어, 침체와 적대적 감정에 빠진 사회가 치유적인 에너지를 활성화할 수 있는 정의를 추구하는 형태를 띠

---

25 우지연, 앞의 논문, 16쪽.

도록 해야 한다. 이렇게 되면 개인적 안녕뿐만 아니라 다른 사람의 운명과 자신의 운명을 연결 짓고 공동체의 아픔을 기억하고 공감함으로써 공동체가 지향해야 할 가치와 생명력을 회복해가는 것이다.

중국의 난징대학살기념관(侵华日本军南京大屠杀遇难同胞纪念馆)에는 '이전의 경험을 잊지 않으면 이후에 귀감이 된다(前事不忘 後事之師)'는 장맹담의 중국 속담이 활자화된 압도적 스케일로 방문자들의 시선을 집중하게 한다. 텍스트를 활용해 만든 이 공간은 2가지 방향에서 방문자에게 영향을 미친다. 하나는 '이를 망각하지 말고 기억하라'는 식의 간곡한 명령조를 가지고 감추어진 진실규명에 대한 자각을 호소하는 것이다. 다른 하나는 '평화, 복원, 힘, 치유, 희망' 등의 긍정적 단어들을 동반한 미래형 메시지를 통해 공동체의 회복이 반드시 주어질 것이라는 긍정적 자각을 일으키는 것이다. 이러한 공간 스토리텔링은 역사적 트라우마를 치유하는 두 번째 단계, 기억과 애도의 과정에서 방문자들에게 자각과 격려를 주는 효과적인 방법 중 하나이다.[26]

이러한 방식에 착안하여 분단 트라우마 치유의 한 방법으로 분단이라는 역사적 사건 전반에서 만들어진 고통과 상처에 대한 공감, 그리고 연대의 스토리텔링을 바탕으로 '기억과 애도의 체험'을 제시할 수 있다. 공감과 연대의 스토리텔링에 기반한 기억과 애도의 체험 과정은 사람들 스스로가 분단체제를 유지·작동시키는 아래로부터의 동의체계를 변화시키고 이를 통해 남북의 관계회복을 스스로 만들어가는 몸과 마음의 공감적 체계를 만드는 것이다.[27] 그리고 이 단계가 비로소 치유의

---

26 우지연, 위의 논문, 146~147쪽.

3단계, 즉 연결의 복구가 시작되는 것이라고 할 수 있다.

3. 공간적 실천의 재생산 전략
: DMZ의 중층성을 활용한 탈구축 전략

분단체제 아래에서 상징화되거나 소비되는 DMZ는 선과 악이라는 이분법적 세계관의 확산, 타자에 대한 적대성, 나아가 궁극적으로는 상대에 대한 악마적 감정/인식으로 기능하도록 하는 것이다. 예를 들어 철원 노동당사와 수도국지 앞에 세워진 근대문화유산 공식 표지판에는 착취와 강제동원, 양민수탈, 체포, 고문, 학살, 시체, 반송장, 살육, 총살, 생매장 등의 단어들을 중심으로 기술되어 있다. 이러한 단어들은 "트라우마적 기억을 되살려 그것을 조절함으로써 내러티브를 형성하고 그 내용이 '노동당사'에 대한 '집단적 기억'이 되도록 고정"[28]시킨다. 그렇기에 이곳을 방문한 여행자들은 분단과 일제강점의 역사적 비극을 인지하기보다 공포를 불러일으키는 학살의 장소를 떠올리게 된다.

또한, 이런 분단국가에 의한 DMZ의 분단서사화는 DMZ 전 지역에 걸쳐 가지고 있는 다양한 로컬리티에 대한 억압 또는 은폐로 이어진다. 예를 들어 화천군의 '구만리 저수지'는 '파로호'로, 철원군의 이름 없던

---

27 박영균, 앞의 논문(2012), 241~242쪽.

28 박은영, 「한국전쟁 폐허와 그 이미지 연구」, 홍익대학교 대학원 미술사학과 박사 학위 논문, 2012, 57쪽.

야산은 '백마고지'라는 이름으로 불리고 있다.[29] 하지만 이들 공간은 중국군을 쳐서 이겼다는 '파로'의 이미지 이전에 대붕과 같은 수려하고 장대한 호수의 이미지를 가지고 있으며 철원의 야산도 북쪽의 오리산에서 분출해 만든 평강고원-철원평야의 연속성에 얽힌 이야기를 가지고 있다. 하지만 이와 같은 DMZ의 분단서사화는 이런 역사적 의미와 맥락 등을 감추고 군사적 대치 현장이라는 물리적 공간, 분단의 적대성만 작동하는 공간으로 이미지화 되었다.[30] 따라서 이와 같은 한계를 벗어나기 위해서는 새로운 공간을 생산하는 '공간적 실천'이 필요하다.[31]

이런 공간적 실천의 전략은 첫째, 기존의 스폿이나 서사가 가진 일면성을 해체하는 것이다. 여기에는 다시 두 가지의 전략이 있다. 하나는 공식기억을 만들기 위해 감추거나 억압한 기억을 불러오는 방식이다. 예를 들어 DMZ의 경우 판문점에 대한 기억 중 '1976 판문점 미루나무 사건'을 불러내는가, 그렇지 않으면 '2018 판문점 남북정상회담'을 소환하고, 재현하여 공간을 재생산하는가에 따라 그 공간의 이미지와 상징은 완전히 달라진다. 따라서 후자의 기억을 불러내면 전자의 적대성은 해체될 수밖에 없다.

다른 하나는 공간의 다층성을 활용해 다양한 로컬리티를 복원해 냄으로써 차이화하는 것이다. 하나의 공간에는 다수의 사회적 공간이 존

29 박민철, 앞의 논문, 140~141쪽.
30 박영균 외, 『생명·평화·치유의 DMZ 디지털스토리텔링』, 한국문화사, 2016, 78~79쪽.
31 박영균, 「분단의 공간, DMZ의 탈구축 전략과 디지털스토리텔링」, 『시대와 철학』 제30권 3호, 한국철학사상연구회, 2019, 99쪽.

재한다. 사회적 공간이라는 표현 안에는 헤아릴 수 없는 무한한 다수성
이 조합되어 있다는 뜻이 담겨 있다. 이것은 사회적 공간이 동질적이고
위계가 없는 방식으로 구획되어있는 것이 아니라, '얇은 조각들이 층을
이루고 있는 밀푀이유(mille-feuille, 천 개의 나뭇잎) 페이스트리'를 연상시
키는 구조로 되어있다는 것을 의미한다. 이때 사회적 공간은 서로 침투
하면서 서로서로 포개지게 된다. 이것이 바로 공간의 '다층적 중층성'
이다.[32]

　공간의 다층적 중층성은 '차이의 공간(differential space)'[33]을 만들어
가는 가능성을 제시한다. 사회적 공간은 한 가지 의미체계로 환원될 수
없다. 사회적 공간이 일면화되면, 공간 안에 응축되어있는 복합적인 사
회적 관계와 다양한 역사적 의미들이 배제되게 된다. 차이의 공간은 고
정되었던 공간의 의미를 '차이화'를 통해 드러내는 것이다. 예를 들어
DMZ에는 한탄강과 임진강 유역의 용암대지, 고성의 석호들과 같은 지
질학적 독특성을 가진 공간들이 있고, 강화에서 고성까지 DMZ가 위
치한 한반도 중부지역 전역의 선사 유적과 삼국시대에서 시작하는 역
사유적들이 분포하고 있다. 그러므로 두 가지 해체의 전략은 기본적으
로 '탈구축(dis+construction)'전략이다. 즉, 기존 방식의 체계, 문법, 구조
(construction)를 따라 구성되었던 의미체계를 차이화를 통해 풀어헤치
고(dis), 새로운 체계, 문법, 구조(construction)를 만드는 것이다.[34]

32 Henri Lefebvre, *Op. cit.*, p.86.
33 Henri Lefebvre, *Ibid.*, p.52.
34 박영균, 앞의 논문(2019), 101~102쪽.

둘째, 스폿과 스폿의 연결을 바꿈으로써 다른 스토리를 창출하고 그럼으로써 분단서사를 해체하고 통합서사를 만들어가는 전략이다. 그동안 DMZ라는 공간은 남과 북의 단절과 대립의 공간으로만 여겨졌지만, 한반도의 허리이자 중부지역으로서, 하나의 생태계와 공통의 역사를 공유하는 공간이다. 예를 들어 연천에는 1.21무장공비침투로가 있다. 그들은 한국의 대통령을 죽이려고 철책선을 넘어 들어왔다. 여기서 철책선은 분단의 상징이자 북에 대한 적대적 감정을 불러일으키는 것이다. 하지만 이를 보고 나서 연천에 있는 태풍전망대를 가게 되면 그곳에서 철책선이 주는 정서는 달라지게 된다. 여기서 보는 철책선은 남북을 넘나드는 임진강을 통해 남북이 원래 하나였다는 정서를 제공하기 때문이다. 그리고 그렇게 되었을 때, 1.21무장공비침투로는 단순히 적대적 감정만 주는 대상이 아니게 되며 오히려 분단의 비극과 아픔을 느끼게 하는 공간이 된다.

셋째, 바로 이런 점에서 분단이나 전쟁이 낳은 상처들에 대한 기억을 보다 적극적으로 발굴하고 비극적 장소들을 활용한 애도의 스토리텔링을 만들어가는 전략이 필요하다. 예를 들어 강화 교동도에 있는 UN8240을지타이거여단 충혼비는 한국전쟁 당시 '군번도 계급도 없이 싸우다 전사한 방공 유격대 용사들'의 추모비다. 이 경우, 전쟁의 모든 죄악은 북에게 있다는 감정을 따라 적개심을 불러일으킨다. 하지만 2009년 진실 화해를 위한 과거사 정리위원회는 타이거여단에 소속한 군번도 계급도 없는 대원들이 강화도와 교동도의 민간인들을 재판 없이 즉결처분 및 학살했다는 사실을 밝혔다.

이렇게 은폐된, 또는 억압된 기억을 되살려낸 여행 길을 따라 만들어

낸 스토리텔링은 전쟁 당시 학살이 인민군에 의해서만 자행된 것이 아니며, 남쪽에 의해서도 이루어졌다는 공통 죄악, 공통 책임감을 불러일으킴으로써 남북 사이에 공감과 연대를 만들고 이를 통해 분단 그 자체를 남북 모두가 함께 극복해야 할 아픔으로 여기는 통합서사를 구축하도록 만든다. 전쟁이 수많은 사람을 죽음으로 몰고 갔다. 그렇기에 전쟁이 남긴 상처와 비극은 남 또는 북의 문제가 아니라 인류 모두의 문제이다.

넷째, 그렇기에 궁극적으로 DMZ라는 공간을 인류애라는 보편적 정서에 기초한 공간으로 만들고 그것을 느끼는 스폿과 여행 공간이 되도록 만들어가야 한다. 예를 들어 경기도 파주의 북한군 묘지는 새로운 서사와 공간적 체험을 만들어갈 수 있는 방식을 보여준다. 두려움의 대상이었던 상대는, 전쟁 이후에도 끊임없이 의도되고 강요된 적대심에도 불구하고 '애도'라는 감성체계를 따라 '묘지'라는 공간에 자리하게 된다. 이렇게 되었을 때, 남과 북 사이에 놓였던 적대적 경계는 서로의 사이에 놓여있던 역사적 아픔과 상처를 종합적으로 공감하고 이를 극복할 수 있는 역설적인 가치를 갖는 공간으로 변모한다. 이에 따라 상대를 공감의 대상으로 받아들이고, 함께 애도하며, 공존할 수 있는 경험은 분단 트라우마를 치유할 수 있는 체험적 관계를 만들게 된다.[35]

도린 매시가 말했듯이 "공간의 의미는 '끊임없는' '상호관계'에 의해 구성되며 이로 인해 '다수의 감정에 기초한 다중성'이 존재하는 영역"이다.[36] 그러므로 DMZ를 활용하여 신체화된 분단 트라우마를 공간 치

---

35 박민철, 앞의 논문, 154쪽.
36 도린 매시, 박경환·이영민·이용균 옮김, 『공간을 위하여』, 심산, 2016, 35~39쪽.

〈그림 3-2〉 경기도 파주 '북한군 묘지'(2017.3.15)

〈그림 3-3〉 경기도 파주 '북한군 묘지'(2017.3.15)

유적으로 접근하는 것은 ① 공간의 차이화에 근거하여 분단서사를 탈구축 하고 DMZ 로컬리티를 복원, ② 공간을 직접 방문함으로써 분단 트라우마를 직시, ③ 차이화된 DMZ 공간의 다층적 이해를 통해 분단이 빚어낸 문제들이 한쪽의 탓이 아니라 양쪽이 모두 겪은 상처, 고통,

아픔이라는 것을 공감, ④ 모두의 아픔과 상처를 치유하기 위해 함께 노력하고 연대해야 한다는 정서적 교감을 만들어가는 것이다. 그렇게 되었을 때, 민족적 동일화의 욕망이 좌절되면서 발생한 분단 트라우마는 더 이상 적대의 정서가 아니라 화해와 우애의 정서로 전화될 것이다.

4. 공간 치유와 체험-소통 교육을 활용한 임상효과 분석

본 연구는 DMZ를 활용한 공간 치유의 실효성을 검증하기 위해, DMZ의 다층적 로컬리티를 체험할 수 있는 통일교육 프로그램을 기획·실행했다. 이 프로그램은 '교육'에 체험을 결합시킴으로써 '공간 치유'의 방법론을 활용하여 치유적 효과를 창출하고 여기에 다시 '콘텐츠 창작'과 '소통'을 결합시킨 분단 트라우마 치유를 위한 임상 프로그램이다. 즉, '생명, 평화, 치유'라는 새로운 서사를 중심으로 DMZ 및 접경지역에 대한 공간 치유 프로그램을 만들고, 이를 대상자들에게 직접 적용함으로써 분단 트라우마에 대한 치유와 그 임상적 효과를 파악하고자 한 것이다.

특히 아래의 세 가지 사례는 교육 대상자의 특징에 따라 분단 트라우마 치유 효과를 끌어낼 수 있는 방식의 체험·소통·창작형 프로그램으로 기획한 사례다. 각 대상 그룹은 세대별로 분단과 통일문제에 대해 다른 인식과 감성체계를 가지고 있기 때문에, 이 점을 반영하여 전체적인 프로그램을 구성하였다. 또한, 이 프로그램의 참여자들이 실제로 분단 트라우마를 치유하는 양상을 보이는지를 확인하기 위해 사후 설문

조사를 진행했다.[37] 여기서는 질적 분석 방식을 활용하여 분단 트라우마에 대한 치유양상을 파악할 것이다.

1) 건국대 통일·북한강좌-교양수업 '분단의 지성사 통일의 지성사'
(2018.3.1~6.30)

건국대에서 진행된 '체험·소통·창작형 DMZ 통일교육 프로그램'은 대학생 교양수업으로 진행되었다. 이에 따라 체험형 답사 전후에는 분단 이전 식민지 시기의 지성들과 분단 이후 통일론을 사유했던 지성들에 대한 교양 강의를 진행하여 통일의 의미와 가치에 대해 고민할 수 있도록 하였다. 체험형 답사는 분단의 지성 중 하나였던 이태준과 관련된 철원 지역에 초점을 두고 식민-분단-전쟁을 테마로 기획하였다. 답사 참가 구성원은 남쪽 학생과 북한이탈주민 학생들로 이루어졌으며, 두 그룹이 함께 DMZ 공간에 대한 체험과 이를 통한 감상을 함께 나눌 수 있도록 상호 소통하는 프로그램이 구성되었다. 그리고 이에 대한 감상창작물을 기말 과제로 제출받았다.

---

37 'DMZ 공간 치유 프로그램' 중 2018년에 진행된 것은 총 9건으로, 전체 프로그램에 대한 개요 및 교육 효과에 대한 통계 결과물은 건국대학교 통일인문학연구단, 「DMZ의 공간치유: '적대'의 공간을 '치유'의 공간으로」, 『IHU REPORT』 제7호, 2018, 5부에 제시되어 있다. 이 논문에서는 위의 연구 내용 중 대표적 교육 사례 3가지를 선정하고, 참가자들의 치유적인 세부 반응 측면을 중점적으로 분석하여 다루었다.

<표 3-1>

회차	강의 내용	분류
1-10	* 분단의 지성들: 백석, 홍명희, 이태준, 임화, 신남철, 박치우 * 통일의 지성들: 김구, 문익환	강의
11	[현장답사] 평화의 미래를 꿈꾸는 DMZ 접경지역 인문체험 탐방	답사
12-16	* 통일의 지성들: 리영희, 강만길. 백낙청. 송두율	강의
	답사 후 창작물 제출	과제

2) 경희여자고등학교 인문융합과정 통일인문학 프로그램(2018.7.23~7.25)

경희여고에서 진행된 프로그램은 방학 기간 중 진행되었으며, 고등학생 수준에서 분단과 통일문제를 생각하고 DMZ에 대한 사전적 이해를 높이는 강연이 답사 전에 진행되었다. 현장답사는 답사 후에 진행될 공동창작발표를 염두 하여 사전에 발표 조를 편성하고 발표를 진행했다. 고등학교 교과 내용 중 화산지형의 지질과 관련이 있는 철원 지역을 중심으로 답사를 진행했다. 답사 다음 진행된 수업에서는 답사에서 느낀 점에 대한 조별 창작물 발표와 토론을 진행했다.

<표 3-2>

회차	강의 내용	분류
1	사람의 통일: 소통, 치유, 통합의 통일인문학	강의+토론
2	'Road 人 DMZ': 생명-치유-평화의 공간	강의+토론
3	[현장답사] 평화의 미래를 꿈꾸는 DMZ 접경지역 인문체험 탐방	답사
4	우리가 만들어가는 평화와 통일이야기	발표+토론

3) 서울시50플러스 중부캠퍼스 'DMZ 여행 기획자'(2018.9.7~11.30)

서울시50플러스는 50대 이상의 일반 시민을 대상으로 개설된 교육

과정이다. 중부캠퍼스에서 진행된 'DMZ 여행 기획자' 과정은 분단과 전쟁으로 인한 역사적 상처를 돌아보고 '마음의 벽'을 허물어 갈 수 있는 통일여행 기획자 양성을 목표로 진행되었다. 서울시50플러스 교육 대상자들 중 일부는 철원 지역에 대한 체험형 답사를 먼저 경험한 수강생들이 재수강한 경우였다. 따라서 이 답사 교육은 다른 대상자들에 비해 학습자가 보다 능동적으로 참여하는 형태로 기획되었다. 답사 전 교육은 학습자가 직접 답사 대상 지역에 대한 자료를 수집하고 발표하는 시간을 거치고 답사 일정 및 계획을 논의·기획하였다. 답사 이후에는 답사 과정을 통해 느낀 바를 프레젠테이션, 영상, 창작시 등 다양한 형태로 창작하여 발표와 공유하는 시간을 가졌다.

〈표 3-3〉

회차	강의 내용	분류
1	DMZ와 생명-평화-치유의 가치	강의+토론
2	강원도 평화지역의 DMZ 접경지역 사전조사(1) : 고성의 인문지리와 역사적 치유	강의+발표
3	강원도 평화지역의 DMZ 접경지역 사전조사(2) : 인제의 역사문화에 대한 이해	강의+발표
4	강원도 평화지역의 DMZ 접경지역 사전조사(3) : 양구의 생명문화 미리보기	강의+발표
5	강원도 평화지역의 DMZ 접경지역 사전조사(4) : 화천의 평화문화 콘텐츠 기획	강의+발표
6	[현장탐방: 1박 2일] 강원도 평화지역 로드 인문스토리텔링 답사	답사
7	현장탐방 후 길-이야기 다듬기: 자체 평가 및 감상 공유	발표
8	강원도 평화지역에서 생명-평화-치유의 길 만들기	발표
9	평화를 위해 삭제된 기록 : 수복지역 사람들과 DMZ 다크 투어리즘의 가능성	강의
10	DMZ 로드 인문스토리텔링 작성 발표	발표
11	[현장탐방: 당일] 코레일과 함께하는 DMZ여행	답사

대상별 교육과정에서 대학생과 고등학생이 참가한 체험형 답사 프로그램은 "철원에서 만난 '모던'의 풍경: 식민-분단-전쟁이 할퀴고 간 땅에서 미래(美來)를 상상하다"라는 주제를 가지고 아래 표1에 제시된 코스로 진행되었다. 이 답사는 철원의 로컬리티를 지질, 역사, 문학이라는 다양한 방향에서 재구성하여 만든 로드 스토리텔링을 기본으로 구성되었다. 답사 참가자가 DMZ 공간을 차이화한 방식으로 접근할 수 있도록 기획한 것이다. 또한, 여기에 공감과 연대의 스토리텔링에 기반한 재현적 공간의 탈구축 방식을 도입한 '공간 재독해' 방식을 접목시킨 것이다.

〈표 3-4〉 철원 지역 로드 스토리텔링 구성

1. '소이산'에서 내려다보는 '백마고지'와 '철원평야': 치열한 격전지의 피눈물, 옥토(沃土)가 되어 오대쌀로 영글다
2. 소이산 '지뢰꽃길': 군사 요새에서 생태평화공원으로 거듭나다
3. '수도국지': 동주산성 아래에서 식민지 근대화의 그늘과 민간인 학살의 아픔을 느끼다
4. '노동당사': 분단과 전쟁의 상징에서 평화와 화해를 상상하다
5. 월북작가 이태준의 고향 철원: 남북 모두에서 환영받지 못한 단편소설의 '별'을 기억한다
6. 일제강점기 '근대문화유적': 사라진 근대도시는 무엇을 기억하는가
7. '철원역터'와 '월정리역': 경원선은 과거-현재-미래를 이어 미래(美來)로 달린다
8. '철원평화전망대': 태봉도성터 위에 그어진 군사분계선은 사실 우리 마음 속에 있다
9. '정연철교': 끊어져 버린 기찻길에 서서 금강산-백두산 기차 여행을 꿈꾸다
10. '승일교': 맞잡았던 남북의 두 손은 DMZ를 평화통일 준비 지역으로 만든다

한편 일반 시민들의 경우 개별 경험에 따라 분단과 통일, 평화 문제에 대한 자기 이해가 선행되어 있으며 분단 트라우마와 분단 아비투스가 다른 세대보다 더 강하다는 점을 반영하여 프로그램을 기획하였다. 학습자가 능동적으로 DMZ의 로컬리티와 의미에 대해 환기할 수 있도

록 답사 지역을 스스로 조사하고 강의자와 상호 토론을 통해 답사안을 만드는 방식의 소통형 교육을 진행했다.

이와 같은 프로그램 구성은 재현적 공간의 탈구축 전략이라는 공간 치유적 방법론이 실제 인문 로드 스토리텔링을 통해 어떻게 적용되는지를 살펴보기 위해 기획되고 진행된 것이다. 다시 말해서 DMZ 접경 지역에 방문한 참가자들이 공간적 관계 변화를 체험하며, 분단체제에 예속된 몸과 마음을 돌아보고 평화통일의 능동적 주체화로 나아가는 과정에 초점을 둔 것이다.

한편 답사 후 진행된 창작활동은 학습자 스스로가 가졌던 분단과 통일의 문제를 환기하고 답사 과정을 되짚으며 자신이 느낀 바를 표현해보기 위해 기획되었다. 이 과정을 통해 학습 참여자는 자신에게 내면화된 분단 트라우마적 양상을 이해하고 DMZ 공간에 대한 사유를 통해 분단에 대한 체험적 관계를 능동적으로 변화시킬 수 있다. 각 창작물은 학습자 개인의 감성 표현 방식에 따라 다른 형태로 제작되었다. 하지만 각각의 내용 속에는 체험형 프로그램을 통해 DMZ와 통일에 대한 달라진 자기 인식의 변화 과정이 반영되어 있음을 확인할 수 있었다. 답사는 공간감을 통해 몸의 방식으로 재현된 공간에 대한 독해로 이끌고, 창작활동은 자기 몸으로 연결된 DMZ 공간에 대한 관계성을 참여자 스스로 재구축하고 표현하는 새로운 몸의 구성으로 이끌었다.

답사 진행 전 DMZ 및 접경지역에 대해 참가자들이 일반적으로 가지고 있던 이미지는 "위험한 지역", "무섭고 긴장된 곳"이었다. 그러나 답사 후 DMZ와 접경지역에 대한 인식 변화 지점에 대해 "위험하기보다 새로운 가치가 있는 곳, 앞으로 평화의 지역이 될 것 같다", "단절된 이미지에서 평화의 이미지로 많이 달라지진 않았지만 아주 많은 역사 유적과 흔적이 이곳에 남아 있다는 점을 몰랐던 점이 안타까웠다"고 답변한 것을 보았을 때, 답사 후 이들이 DMZ 공간의 차이화된 서사를 받아들이게 되었음을 확인할 수 있었다. 이는 교실에서만 진행되는 인지적 교육 중심의 통일교육에 비해 분단 현장을 신체적·감성적으로 체감할 수 있는 DMZ 접경지역 체험창작형 통일교육 프로그램의 교육적 기대효과가 높다는 것을 보여주는 것이며, 체험형 답사와 창작과정이 역사적 트라우마 치유에 유효한 효과를 가진다는 것을 보여준다.

모든 프로그램이 종료된 후, 진행된 설문의 주관식 답변에는 이 프로그램이 분단 트라우마에 대한 치유적 효과를 갖는다는 것을 보여주는 것들이 포착되었다. "답사를 다녀오기 전에는 막연히 멀게만 느껴졌는데, 답사를 다녀온 뒤로는 통일과 북한에 대하여 한층 구체적이고 명확하게 생각할 수 있게 되었다. 겨울에 또 가고 싶다!!", "원래 북한과 남한이 가깝단 생각을 하기는 했는데, 이렇게까지 가까운 줄은 몰랐다. 특히 끊겨진 철길, 월정리역을 볼 때 더 마음이 아파왔다. 원래 '통일보다는 각 나라를 인정하고 평화를 추구하자'는 생각을 갖고 있었는데, 답사 이후 통일이 꼭 필요하다는 생각이 들었다"라는 답변은 트라우마 치유의 임상적 효과를 보여준다.

답사 전 참가자들은 분단국가의 획일적이고 적대적인 문법으로 분단과 통일의 문제를 받아들이던 분단형 신체의 양상을 보였다. 대학생과 고등학생 중에서는 분단과 통일의 문제를 경제적 관점에서 평가하여 통일을 부정적으로 바라보거나 막연히 통일은 무섭고 부정적이라는 입장을 가진 참가자가 있었고, 시민 중에는 장교로 오랫동안 군 복무를

하고 은퇴한 반공적 입장의 참가자가 있었다. 그러나 공감과 연대의 스토리텔링에 기반한 답사 프로그램을 거친 후, 분단이 만들어낸 비극과 역사적 상처를 직면하고 이를 남과 북이 연결되는 통일이라는 문제로까지 사유하는 양상을 보이고 있다. 이것은 DMZ 공간과 이들 사이의 체험적 관계의 변화가 시작되었다는 것을 보여준다.

특히, 답사는 분단 트라우마를 직면하는 단계를 넘어서 분단의 트라우마가 남과 북 모두의 아픔이고 상처라는 공감과 연대의 스토리텔링을 자기화하는 과정을 수반시켰다. "정말 많은 걸 느낄 수 있었다. 많은 이들의 눈물이 있었고 그 눈물은 현재진행형이다. 그 눈물을 이제 그치게 하기 위해선 '통일'이 정말로 중요한 것 같다", "막연히 통일을 하기 싫은 생각이 있었는데, 생각지도 못한 가슴 아픈 역사와 죄 없는 민간인들의 죽음 그리고 저 너머 북쪽에 있는 자연환경을 생각하게 되다 보니 하루빨리 남한과 북한이 서로 배려하고 의견합치된 상태로 통일이 되었으면 좋겠다"는 평가는 참여자가 사실관계에 대한 직면의 다음 단계로 역사와 상처에 대한 공감대를 형성하고 나아가 애도의 단계로 들어서고 있다는 것을 보여준다. 참가자들이 탈구축된 DMZ의 의미체계를 받아들이는 과정을 통해서 남과 북의 분단을 적대적 서사로 환원시키는 것이 아니라 모두의 상처로 이해하고 그 아픔에 공감하게 된 것이다.

프로그램에 참여했던 학습자는 답사 후 진행된 토론에서 "강의를 들을 때만 해도 평화는 만들어야 하지만, 통일을 꼭 해야 하나? 하고 생각했었는데, 철원 답사를 통해 이곳에서 많은 사람들이 죽어야 했고 여전히 총을 들고 서로 경계하고 있다는 걸 실감하니 그동안 내가 통일을 반대했던 이유가 무엇인지에 대해 다시 생각하게 되었다. 통일을 할

수 있는 방향으로 적극적으로 고민해야 할 것 같다"고 하였다. 이것은
DMZ 공간 치유가 '트라우마 직면하기, 기억하기, 공감하기, 애도하기'
를 불러일으킴으로써 남북 사이에서의 리비도적 흐름을 복원하는 '연
결 복구'로 이어지고 있음을 단적으로 보여준다. 즉 DMZ 공간을 활용
한 스토리텔링+답사 치유 프로그램은 DMZ 답사를 통해 분단을 민족
의 상처로, 아픔으로 느끼며 남북의 연대를 통한 '분단 넘어서기'를 절
실하게 느끼는, 통일을 지향하는 신체로 전환되는 효과를 가지고 있음
을 보여주고 있다.

참고문헌

건국대학교 통일인문학연구단, 「DMZ의 공간치유: ‘적대’의 공간을 ‘치유’의 공간으로」, 『IHU REPORT』 제7호, 2018.

도린 매시, 박경환·이영민·이용균 옮김, 『공간을 위하여』, 심산, 2016.

도미니크 라카프라, 육영수 엮음, 『치유의 역사학으로: 라카프라의 정신분석학적 역사학』, 푸른역사, 2008.

박민철, 「분단체제의 공간성 -DMZ와 접경지역의 로컬리티를 중심으로」, 『시대와 철학』 제28권 3호, 한국철학사상연구회, 2017.

박성은, 『박완서 가족서사에 나타난 분단 트라우마와 치유의 양상』, 건국대학교 대학원 통일인문학과 박사학위논문, 2019.

박영균, 「분단의 아비투스에 관한 철학적 성찰」, 『시대와 철학』 제21권 3호, 한국철학사상연구회, 2010.

박영균, 「분단의 사회적 신체와 심리 분석에서 제기되는 이론적 쟁점들」, 『시대와 철학』 제23권 1호, 한국철학사상연구회, 2012.

박영균, 「한반도의 분단체제와 평화구축의 전략」, 『통일인문학』 제68집, 건국대학교 인문학연구원, 2016.

박영균, 「분단의 공간, DMZ의 탈구축 전략과 디지털스토리텔링」, 『시대와 철학』 제30권 3호, 한국철학사상연구회, 2019.

박영균 외, 『생명·평화·치유의 DMZ 디지털스토리텔링』, 한국문화사, 2016.

박영균·박민철, 「인문학적 통일 패러다임의 사회적 적용: 하나의 사례로서 ‘DMZ 디지털스토리텔링’」, 『OUGHTOPIA』 제31권 1호, 경희대학교 인류사회재건연구원, 2016.

박은영, 「한국전쟁 폐허와 그 이미지 연구」, 홍익대학교 대학원 미술사학과 박사학위 논문, 2012.

에드워드 W. 소자, 「“시대정신”에서 “공간정신”으로: 공간적 전회에 대한 새로운 왜곡들」, 르크 되링·트리스탄 틸만 엮음, 이기숙 옮김, 『공간적 전회』, 심산, 2015.

요한 갈퉁, 김종일·정대화·임성호·김승채·이재봉 옮김, 『평화적 수단에 의한 평화』, 들녘, 2000.

우지연, 「회복력 있는 도시: 트라우마를 다루는 공간디자인에 관한 연구」, 서울대학교 대학원 디자인학부 공간디자인 연구 박사학위논문, 2012.

이병수, 「분단 트라우마의 유형과 치유방향」, 『통일인문학』 제52집, 건국대학교 인문학연구원, 2011.

정호기, 「전쟁 상흔의 치유 공간에 대한 시선의 전환 -한국에서의 전쟁 기념물을 중심으로」, 『민주주의와 인권』 제8권 3호, 전남대학교 5.18연구소, 2008.

주디스 허먼, 최현정 옮김, 『트라우마: 가정폭력에서 정치적 테러까지』, 열린책들, 2012.

Henri Lefebvre, trans. Donald Nicholson-Smith, The Production of Space, Oxford UK&Cambridge USA: Blackwell, 1991.

CHAPTER 4

부록

'인문체험형 DMZ 투어 모바일 애플리케이션' 개발
: 연구목적, 방법, 결과를 중심으로[1]

1. 디지털 기술을 통한 DMZ 재상징화와 스토리텔링의 가능성

1) 연구의 목적

한반도에서 분단과 통일은 현재 우리들의 일상적 삶에 지대한 영향을 끼치고 있다. 분단극복과 통일은 '한반도의 분열과 파괴, 치명적인 상처'를 극복하는 문제로서 우리 자신의 미래적 삶을 형성해가는 실천적인 과제이기 때문이다. 실제 독일통일의 사례는 통일이 정치경제적

〈그림 4-1〉

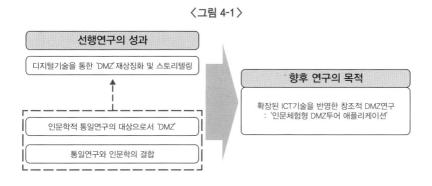

1 이 글은 교육부와 한국연구재단의 지원을 받아 2016년부터 3년 동안 수행된 DMZ 어플리케이션 'Road 人 DMZ'의 개발까지 과정을 요약한 글이다.

인 체제나 제도의 통합으로론 완수될 수 없으며, 일상생활의 통합문제와 직결되어 있음을 보여준다. 통일은 적대적이었던 두 지역 주민들의 사회문화적 삶이 통합되는 방향으로 나아갈 때 비로소 진정한 의미를 획득하게 된다. 결국 체제·제도·이념의 통일은 '사람의 통일'을 가능하게 하는 한에서만 시작될 수 있다.

그러나 그동안 '사람의 통일' 문제는 적대적 분단체제로 인해 강고하게 체화되어버린 남북주민의 배타성과 적대성을 뛰어넘지 못했다. 통일은 제도적 분단을 극복하는 문제만이 아니라, 사람들의 몸과 마음에 새겨진 분단을 극복하는 문제인 것이다. 이런 점에서 인간다움의 의미와 가치를 찾아내고 정립하고자하는 실천적 학문, 즉 '인문학'이 필요하다. 하지만 이제까지 통일을 다루는 데 있어서 인문학적 연구는 중요한 관심 대상이 되지 못했다. 통일을 두 국가 간의 체제적이고 제도적인 통합의 문제로만 보는 고착된 인식은 인문학과 통일의 결합을 막았던 커다란 걸림돌이었다.

그런데 최근 한국사회에서 인문학의 '정전화(canonization)'를 비판하고 우리들의 구체적인 삶과 밀접하게 연관된 인문학 부흥의 목소리가 뜨겁다. 이 속에서 통일연구에 있어서도 인문학과의 결합 필요성이 제기되고 있다. 이러한 결합의 핵심은 추상적 이론과 가치탐색에 머무는 인문학이 아니라, 통일을 위해 현실에서 적용 가능하고 일상생활에서 작동 가능한 인문학적 연구에 있다. 통일과 인문학의 결합은 인간 자신을 '분단형 인간'으로부터 '통일형 인간'으로 바꾸는 사회적 실천들의 생산을 초점화한다.

그런데 통일과 인문학의 결합은 통일을 사람들의 일상적 삶의 문제로 접근함으로써 그것을 대중의 실천적 차원으로 고양시켰다. 바로 이 지점에서 인문학적 통일연구의 대상으로서 'DMZ'를 만나게 된다. 최근 DMZ는 군사분계선 이하 2km만을 포함하는 협의의 규정에서 접경 지역 전체를 포괄하는 광의의 규정으로 확장되고 있다. 이러한 광의의 규정에 따르면 DMZ는 1,528km^2, 약 7억 평으로서 한반도의 약 10%에 해당하는 광범위한 공간이 되기에, DMZ의 공간적 확장과 맞물린 한국 사회의 관심 증대는 필연적일 수밖에 없었다. 하지만 지난 60여 년 동안 변화되어 온 DMZ의 공간적 확장 및 의미론적인 부상에도 불구하고 이 지역을 규정하고 활용하는 프레임은 대체로 냉전 시대의 논리를 벗어나지 못하고 있으며 남북의 적대적 대립을 확대재생산하고 있을 뿐이다.

예컨대 여전히 DMZ는 과거회귀적 프레임에 따라 적대적인 대결의 상징으로 협소하게 범주화된 채, 주로 상대에 대한 적대와 분노를 끊임없이 생산하는 안보관광과 반공교육의 공간으로서 활용되고 있다. 더 큰 문제는 이러한 프레임들이 단순히 남북 대치 또는 폐쇄된 공간으로 DMZ를 인식하고 활용함으로써 DMZ의 공간적 특이성을 '주변화'하고 능동적 다양성을 '박제화'하고 있다는 점이다. 이런 점에서 한반도의 통일을 위한 사회적 실천을 가져올 수 있는 'DMZ 인문학'이 요구된다. 무엇보다 DMZ는 분단의 역사적 아픔을 간직한 기억의 공간이면서 동시에 통일이라는 미래지향적 가치를 구현할 수 있는 공간이라는 점에서, 사람들의 신체를 분단형에서 통일형으로 바꾸어 갈 수 있는 가장 일상적인 경험을 제공하기 때문이다.

본 연구는 DMZ를 '생명(life)', '평화(peace)', '치유(healing)'라는 인문

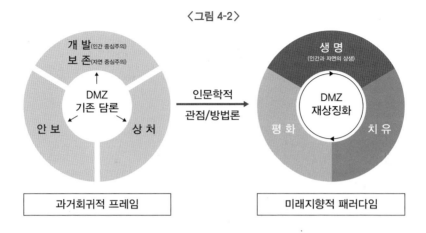

〈그림 4-2〉

과거회귀적 프레임 → 미래지향적 패러다임

가치와 결합하는 연구를 수행한 결과이다. 구체적으로 이러한 연구는 "'인간 대 자연'의 대립이 아니라 양자모두를 함께 보듬고 있는 '생명 (life)'의 패러다임으로, 단순히 적을 제압하는 관점의 '안보'가 아닌 보다 더 적극적으로 양자 간의 관계를 회복함으로써 궁극적인 안보를 실현하는 '평화(peace)'의 패러다임으로, 도려내야 할 병적 대상의 전제로부터 출발하는 '상처'가 아니라 자연과 인간의 공존 속에서 서로에게 남겨진 상처를 같이 아파하고 어루만질 수 있는 '치유(healing)'의 패러다임으로 DMZ를 재상징화"[2]하는 것이었다.

한편으로 인문가치와 비전으로 DMZ를 재상징화하려는 연구는 궁극적으로 분단체제 안에서 적대적으로 왜곡되고 뒤틀린 '분단형 인간'이 아니라, 남북의 상처를 보듬고 분단극복을 위해 노력하는 '통일

---

2 박영균·박민철, 「인문학적 통일 패러다임의 사회적 적용: 하나의 사례로서 'DMZ 디지털스토리텔링'」, 『OUGHTOPIA』 제31권 1호, 2016, 136쪽.

형 인간'을 만들고자 하는 실천적 연구이기도 하다. 그런데 이것은 사실 DMZ의 '지역적 특성(locality)'을 반영한 것이었다. 즉, DMZ는 ① 폭 4km, 길이 248km로서 총 면적 907km²이자 강원도의 고성·인제·양구·화천·철원, 경기도의 연천과 파주, 인천광역시의 김포와 강화 지역이 포함된 광범위한 '물리적 공간'인 동시에, ② 역사·사건·장소·대상·개념·인물·스토리 등이 포함된 '인문·역사적 공간'이기 때문에, ③ 한반도의 평화와 통일을 만들어 가는 '인문가치의 체험적 공간'이 될 수 있다. 이런 점들을 고려할 때, DMZ 접경지역의 개별 장소들을 인문가치 속에서 맥락화 및 시각화함으로써 총체적인 방식으로 DMZ를 이해하기 위한 새로운 '플랫폼'이 필수적으로 요구된다. 이러한 플랫폼의 구축은 심층적이고 종합적인 이해를 가능하게 할 수 있는 디지털 기술로부터 마련될 수 있다.

실제로 DMZ는 이미 웹페이지 형태의 디지털 플랫폼을 통해 많은 사람들에게 소개되고 있다. 하지만 이러한 디지털 콘텐츠들은 대체로 "① 관광객 유치를 위한 상업적 이해나 지역 홍보용으로 제작되어 단순히 단편적인 정보를 제공하는 그치고 있으며, ② '안보, 평화, 생태'라는 다소간 서로 충돌하는 가치들에 근거한 프레임에 맞춰 각 장소를 작위적으로 묶어 놓음으로써 DMZ를 접하는 사람들에게 가치적인 혼란을 유발하고 있으며, ③ DMZ 내 각 장소가 갖는 고유성을 살리면서도 그것들을 '자연-인간-역사(사물)'라는 전체적 맥락 속에 위치시키는 '맥락화'와 '의미화'를 결여하고 있다."[3]

---

3 박영균·박민철, 위의 논문, 141쪽.

<그림 4-3>

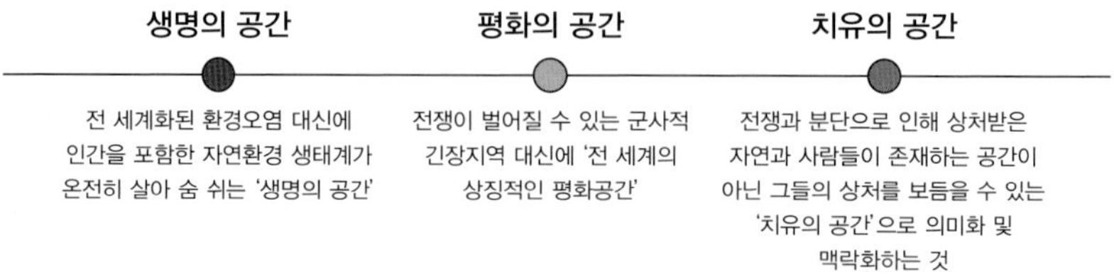

생명의 공간	평화의 공간	치유의 공간
전 세계화된 환경오염 대신에 인간을 포함한 자연환경 생태계가 온전히 살아 숨 쉬는 '생명의 공간'	전쟁이 벌어질 수 있는 군사적 긴장지역 대신에 '전 세계의 상징적인 평화공간'	전쟁과 분단으로 인해 상처받은 자연과 사람들이 존재하는 공간이 아닌 그들의 상처를 보듬을 수 있는 '치유의 공간'으로 의미화 및 맥락화하는 것

이러한 문제의식 속에서 본 연구팀은 'DMZ의 재상징화를 위한 인문적 기획'을 아젠다로 삼으면서, 위의 그림과 같이 DMZ를 '생명의 길', '평화의 길', '치유의 길'로 구성된 인문가치의 공간으로 디지털화(digitalizing)하는 연구를 수행해왔다. 구체적으로 이 연구는 DMZ 내 특정 장소에 '인문가치와 의미'를 부여하고, 그것의 연계망을 디지털 기술을 통해 구현함으로써 하나의 '의미구조체'로서 이야기를 생성해가는 '디지털 스토리텔링' 방식이었다. 하지만 이와 같은 'DMZ 디지털 스토리텔링'은 생명, 평화, 치유의 인문가치들을 성찰적으로 인식하고 체험함으로써 통일에 대한 일상적 감수성과 민감한 인식체계를 가질 수 있도록 하는 데에는 기술적인 한계를 가지고 있었다.

이러한 문제의식 속에서 본 연구팀은 'DMZ의 재상징화를 위한 인문적 기획'을 아젠다로 삼으면서, 위의 그림과 같이 DMZ를 '생명의 길', '평화의 길', '치유의 길'로 구성된 인문가치의 공간으로 디지털화(digitalizing)하는 연구를 수행해왔다. 구체적으로 이 연구는 DMZ 내 특정 장소에 '인문가치와 의미'를 부여하고, 그것의 연계망을 디지털 기술을 통해 구현함으로써 하나의 '의미구조체'로서 이야기를 생성해가는 '디지털 스토리텔링' 방식이었다. 하지만 이와 같은 'DMZ 디지털

스토리텔링'은 생명, 평화, 치유의 인문가치들을 성찰적으로 인식하고 체험함으로써 통일에 대한 일상적 감수성과 민감한 인식체계를 가질 수 있도록 하는 데에는 기술적인 한계를 가지고 있었다.

3) 연구목표: '인문체험형 DMZ 투어 애플리케이션' 개발

본 연구는 DMZ 내 존재하는 특정 장소·인물·사건·자연생태·역사 등에 인문가치와 의미를 부여하고, 그것의 연계망을 구축하여 하나의 스토리를 갖는 '의미구조화된 길'을 디지털 기술을 통해 제시하려는 근본 목적을 갖는다. 이는 확장된 ICT 환경과 최근 각광받는 DMZ 인문학을 결합하여 새로운 방식의 DMZ 체험을 만들어가는 것이라고 할 수 있다. 구체적으로 본 연구의 목표는 '인문체험형 DMZ 투어 애플리케이션 개발'이다.

이것은 DMZ 접경지역에 포함된 개별적인 답사와 여행 코스를 인문가치의 의미연결망으로 재구조화 및 맵핑화(mapping)하고, 다시금 이것

〈그림 4-4〉

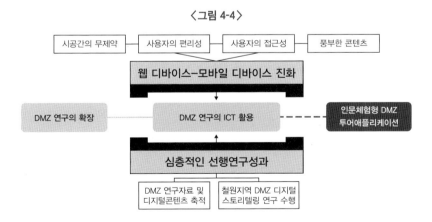

을 확장된 ICT와 결합시켜 웹 페이지 이상의 플랫폼인 모바일 애플리케이션(mobile application)을 통해 구현하며, 최종적으로 이렇게 개발된 애플리케이션을 인문가치를 함양하는 인문체험형 DMZ투어에 활용하는 것이다. 이러한 연구목적은 한편으론 ICT의 고유한 특성에 부합하는 것이자 인문학이 요구받는 사회적 확산에 부합하는 것이다. ICT의 핵심은 의미와 정보의 인지적 차원을 넘어서 인식대상에 대한 수용자의 다감각적 체험을 돕는 '수행적 힘'에 있기 때문이며, 또한 인문학은 본래적으로 인간다운 삶의 가치와 의미를 스스로 도야해갈 수 있도록 하는 '실천성'을 갖기 때문이다. 따라서 '인문체험형 DMZ 투어 애플리케이션 개발'이라는 본 연구는 다음과 같은 세 가지 요소들의 결합으로 진행된다. 첫째, 체험영역으로서 'DMZ의 역사·문화지리정보들', 둘째, 체험목적으로서 '인문가치들에 따른 길(Road)의 스토리텔링', 셋째, 체험수행의 도구로서 '탐방형 애플리케이션'이다.

이러한 특징을 갖는 '인문체험형 DMZ 투어 애플리케이션'은 앞서 살펴본 관련 애플리케이션의 세 가지 유형을 종합하면서, 기존 애플리케이션 개발 사례의 한계점을 보완하는 방향에서 기획될 것이다. 이 애플리케이션은 첫째, DMZ 및 접경지역 내 '생명, 치유, 평화의 길'을 지역 내외부와 연결시켜 안내한다는 점에서 '특정한 지역기반'의 관광여행 가이드 유형이라고 할 수 있다. 둘째, 자연생태·역사문화·지리인문학 등 사실정보 뿐만 아니라 가치정보 및 인문지식을 스토리텔링 속에 녹여내어 사용자들에게 제공한다는 점에서 '인문학적 지식 및 스토리텔링 제공' 기능을 충족시킬 것이다. 셋째, 개별 명소·유적·장소·풍경에 관한 감상과 이해를 높일 수 있는 풍부한 인문학적 콘텐츠를 제공한다는 점에서 '무인 해설사(도슨트)' 기능도 수행할 수 있을 것이다. 본 연구팀에서 기획하고 있는 애플리케이션 개발의 목표와 기능별 특장점은 아래와 같이 요약할 수 있다.

① 애플리케이션 이름: 'Road 人 DMZ'
　- '생명·치유·평화'라는 인문가치에 근거해 DMZ를 포함한 접경 지역에 대한 여행 경로를 스토리텔링으로 안내하며, 인문학을 상징하는 '사람[人]'이 'DMZ'와 '길(road)'을 매개한다는 점을 의미한다.
　- DMZ 접경지역 안으로 들어가는 새로운 인문체험 여행 길에 대한 제안이라는 의미에서 '人'은 전치사 'in'의 이중적 의미도 가지고 있다.

② 애플리케이션 부제(성격): '인문체험형 DMZ 투어 애플리케이션'
　- 이 모바일 애플리케이션은 DMZ 접경지역이라는 '지역 기반', 지역적 특성을 상징화·맥락화한 '인문지식·체험여행 정보', 각 명소에 대한 정확하고 상세한 '해설 기능 및 다양한 콘텐츠'를 결합하여 기존의 어떤 유형에서도 찾아볼 수 없는 인문정보를 종합적으로 제공하는 애플리케이션을 표방한다.

③ 애플리케이션 개발 내용 및 주요 기능

개발 내용	주요 기능
'DMZ 및 접경지역 기반'의 종합 정보 제공 애플리케이션	- 서쪽의 김포에서 동쪽의 고성까지 9개 시·군에 이르는 DMZ 및 접경지역 여행의 재발견. - DMZ 여행을 위한 접경지역 정보를 종합·망라하여 간편한 검색 기능 제공. - 인문가치의 의미망에 따른 주제별 여행·탐방·답사 정보와 길 안내. - GPS 위치정보 서비스를 활용한 경로 탐색 기능 제공.
'인문체험 여행'을 안내하는 애플리케이션	- '생명, 치유, 평화'라는 인문가치에 의해 상징화된 공간과 장소들이 연결(networking)되고 지도화(mapping)되어있는 인문체험형 여행 코스 제공. - 지역 내부를 횡·종단하는 생명/치유/평화의 길들은 접경지역 전체로 확장되고 이에 대한 디지털 투어 가이드 기능 수행. - DMZ 각 명소와 여행길에 얽힌 역사·인물·사건·배경·의미를 담은 이야기인 '인문 스토리텔링'의 정보 제공. - 사용자의 참여를 유도하는 '내가 만드는 DMZ 정보'기능 및 인문체험 여행의 사회적 확산을 위한 'SNS 공유'기능 제공.
장소에 대한 '해설(도슨트)'을 제공하는 애플리케이션	- 특정 명소 및 유적에 대한 정확한 정보와 상세한 해설을 제공하여 감상을 도와주는 해설사(docent) 기능 제공. - DMZ의 역사와 문화, 지리와 지질, 인물과 삶, 가치와 의미를 포괄하는 '인문지식'의 대중적 공유 시스템 제공. - 사실 및 가치정보를 포괄하는 '문자'정보, 풍경·정밀·역사 등 각종 '사진'자료, 스토리텔링 '음성'정보 등의 제공.

④ 애플리케이션의 특징과 의의

- 기존의 DMZ 연구와는 달리 최초로 DMZ 내 여러 공간들을 인문가치의 패러다임을 통해 재해석함으로써 안보관광, 전쟁기념과 같이 DMZ의 각 공간들을 해석하는 과거의 프레임을 탈피하고자 했다.

- DMZ의 각 장소와 공간을 분절적으로 이해하는 방식을 넘어서 DMZ의 개별 장소와 공간을 하나의 의미망으로 연결할 수 있는 인문적 스토리텔링 및 이러한 스토리텔링에 기반한 'DMZ Road-Making'을 시도함으로써 DMZ를 하나의 총체적인 의

미-가치공간으로 이해하고자 했다.

- DMZ 지역의 역사·문화예술·자연생태 콘텐츠를 새로운 인문 가치로 설명하고 맥락화하여 더 많은 사람들이 그 스토리텔링에 동참토록 유도함으로써, 통일 생성의 미래적 공간으로서 기능할 수 있는 새로운 'DMZ 디지털 플랫폼'의 구축을 시도했다.
- 최종적으로 이를 통해 본 연구팀은 DMZ의 재상징화 및 인문 가치의 디지털 공감체계를 구축함으로써 통일에 대한 사람들의 인식-감성적 체계를 바꾸고 분단극복과 평화통일을 위한 사회문화적 실천을 이끌어내고자 했다.

2. 인문체험형 DMZ 투어 애플리케이션 개발을 위한 연구 내용과 방법

1) 연구내용

DMZ 어플리케이션의 개발을 위해선 DMZ 접경지역 전체에 대한 '생명-평화-치유의 길' 맵핑 작업이 무엇보다 필요하다. 동서를 가로지르며 산재해 있는 DMZ 접경지역의 인문정보는 '생명, 평화, 치유'의 가치 패러다임을 통해 새롭게 재구성되고 맥락화될 수 있다. 이 연구과정은 자연지리적 지역 구분, 행정구역 및 도로의 구별, 거리 조건 등을 포괄하는 기존의 물리적 길이라는 씨줄에 '생명, 평화, 치유'라는 날줄이 엮여져 새로운 관계망을 형성하는 '인문지도'를 만드는 과정이라고 볼 수 있다. 이러한 총괄 맵핑(total mapping)은 다음과 같은 단계별 과정을 거쳐 도출된다.

<표4-1>

핵심 연구과제 1	핵심 연구과제 2	핵심 연구과제 3
• DMZ 내 '생명-평화-치유의 길' 맵핑을 위한 추가 연구 • 앱 플랫폼 기획	• '인문체험형 DMZ 투어 애플리케이션' 시제품 개발 • 점검 및 미비점 보완	• 개발된 애플리케이션의 교육·사회·산업적 활용 • 후속연구 영역 도출

① 한 지역에서 특별한 인문정보와 지식을 포함하고 있는 세부 장소들을 선별하여 기초연구 및 현지조사를 통해 데이터를 수집 및 분석한다.

② 지역에서 선별된 주요 장소를 '생명, 평화, 치유'의 가치에 맞추어 배열하고, 유사성을 기준으로 새로운 네트워크에 맞는 스토리텔링을 구성하여 지역 내에서 새로운 인문체험형 트레킹 코스를 도출한다. 각 가치 패러다임 하위에 있는 여러 개의 길은 다른 길과 다시 만나고 중첩(cross road)되기도 한다.

③ 각 지역별로 단절되어 있는 세부 '생명, 평화, 치유의 길'을, DMZ 접경지역 전체를 횡·종단하는 중층적 연결망으로 재구성한다. 이렇게 재가공된 연구자료는 2차 년도에 본격적으로 개발될 애플리케이션 플랫폼에 대한 기획의 기초 요소로 반영된다. 아래 그림은 위에서 설명한 '생명, 평화, 치유'의 가치로 스토리텔링화되고 맥락화된 DMZ 접경지역의 네트워킹 현황, 즉 '인문체험형 DMZ 맵핑'을 단순화하여 시각적으로 보여주는 것이다.

이렇듯 애플리케이션의 개발을 위해 필요한 본 연구범위와 대상은 위의 그림에서 보듯이 DMZ를 포함하고 있는 강원도, 경기도, 인천광역

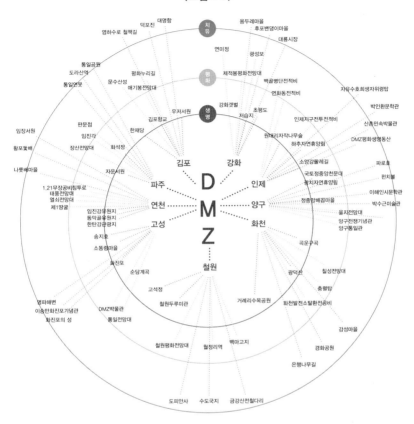

시의 접경지역의 인문지리 정보를 총망라한다. 이러한 연구범위는 연구 진행 과정에서 드러나는 총 4가지의 연구추진 단계로 구체화하여 살펴볼 수 있다. 이때 이 과정은 직선적인 것이 아니라 유기적인 연속성과 피드백을 포함한다.

여기서 '기존 연구성과 분석'과 '인문학적 통일패러다임의 구조화'는 기초연구에 해당하는 것으로서 애플리케이션의 개발목적과 방법을 구체화하고 애플리케이션에 들어갈 콘텐츠 확보와 구성 등을 목표로 한다. 'DMZ 스토리텔링 및 맵핑화'는 애플리케이션의 핵심인 여행 코스를 구축하고 여기에 포함되는 세부장소들의 인문적 스토리텔링을 구체화하는 것을 과제로 설정한다. '애플리케이션 개발'은 답사형 콘텐츠 구축, 애플리케이션 기획, 시제품 개발, 최종결과물 도출이라는 단계적 목표를 설정한다. 물론 실제 애플리케이션 기획 및 개발 단계에서 본 연구팀는 외부 제작업체와 긴밀한 협업을 추진할 것이다.

2) 연구방법

인문체험형 DMZ 투어를 위한 전용 모바일 애플리케이션은 콘텐츠 제공의 두 가지 경로, 즉 '언제 어디서든 제공받는 방식'과 '위치기반 서비스를 통해 실시간으로 제공받는 방식' 모두를 충족시키는 방향으로 개발된다.

첫째, 애플리케이션 사용자들은 인문적 가치로 맥락화된 각 지역별 '생명·치유·평화의 길'에 대한 소개, 인문 스토리와 콘텐츠, 여행 정보 등을 언제 어디서든 제공받고 키워드 검색을 통해 원하는 정보를 찾아볼 수 있다. 이것을 통해 사용자들은 단편적 정보를 전달받는 데 그쳤던 현장의 '표지판 설명'이나, 아주 분산적인 형태로 정보를 검색할 수 있던 기존의 '웹 정보'에서는 경험할 수 없었던 집약되고 검증된 고급 인문지식과 콘텐츠'를 주제별·유형별로 제공받을 수 있게 된다. 이를 구현하기 위해 활용되는 세부 기술로는 '정보 검색(Information Search)', '위치기반 서비스(Location Based Service, LBS)', '길 안내 서비스(Navigation Service)', '상황인식 서비스(Context Awareness System)', 'Push 알림 서비스(Push Service)' 등을 사용한다.

둘째, GPS 서비스를 실행시킨 애플리케이션 사용자들은 현재 위치에서 가까운 DMZ접경지역의 여러 명소와 유적을 지도상의 실시간 정보로 확인할 수 있는 것은 물론, 다음 장소로의 이동까지 네비게이션 기술에 도움을 받을 수 있다. 또한 사용자 참여 기능 및 SNS 공유 기능을 활용해 방문객들은 자신의 여행 경로, 개인적 감상, 사진·영상, 검색 정보 등을 개인별로 기록할 수 있으며, 이것을 다시 손쉽게 지인들과 공유할 수 있다.

이를 구현하기 위해 활용할 ICT 제작 기술은 '위치기반 서비스'와 '길 안내 서비스' 등이다. LBS 기술을 통해서는 현재 내 위치 찾

〈그림 4-6〉 UI Flow 구상도

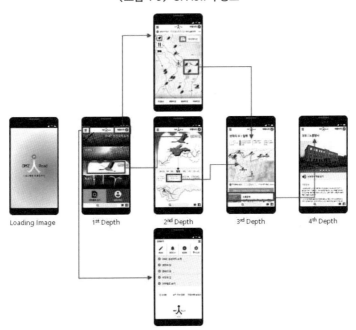

Loading Image   1st Depth   2nd Depth   3rd Depth   4th Depth

기 기능이 제공되고, 정확도를 높이기 위해 GPS, Wi-Fi, Mobile data network를 사용한다. 또한 '길 안내 서비스'를 활용하여 현 위치와 가까운 곳의 추천경로 탐색과 길 안내 서비스 제공될 수 있다. 또한 DB를 통해 구축된 탐방 장소에 대한 인문 스토리텔링 정보들은 '상황인식 서비스'를 통해 소리, 영상, 사진 등 Multimedia 형식으로 제공한다. 끝으로 'Push 알림' 기술을 통해 사용자에게 업데이트된 정보를 알려서 사용 증가 효과를 거둘 수 있다. 〈그림 4-6〉은 이러한 개발 계획 및 전체 흐름에 대한 대략적인 이해를 돕기 위해 표현된 '애플리케이션 UI 구상도'이다.

셋째, 연구과제에 적합한 애플리케이션 구현 기술로 Hybrid Application 방식을 채택한다. 일반적으로 모바일 애플리케이션 구현 방법은 Native Application, Web Application, Hybrid Application 의 세 가지로 구분할 수 있다. Native Application의 경우 운영체제에 따라 분류를 달리 해서 개발해야 하고 업데이트가 원활하지 않다는 단점이 있다. Web Application은 브라우저에서 보는 웹 페이지를 스마트폰 화면으로 보기 편하도록 축소시킨 것이기 때문에 모바일과 컴퓨터 모두 지원한다는 장점이 있다. 그러나 애플리케이션 스토어에 등록, 판매가 불가능하고 스마트폰의 고유 정보 및 하드웨어의 제어가 불가능하다는 단점이 있다.

이를 보완하기 위해 최근에 Hybrid Application이 등장하였다. Hybrid Application은 Native Application과 Web Application의 장점을 결합한 형태이다. 이것은 웹 기술로 개발된 Web Application 을 모바일에 최적화된 언어로 만드는 Native Application으로 보이

도록 포장한 형태이다. 따라서 Hybrid Application의 외부는 Native Application과 마찬가지로 모바일의 고유정보를 이용하고 하드웨어를 제어하면서도, 실제 내부는 Web Application으로 실행하여 콘텐츠의 수정·보완이 용이하다는 장점이 있다. 물론 Hybrid Application의 구조적 업데이트는 Native Application과 마찬가지로 불편하고, 반응속도도 느리다는 단점이 있다.

그럼에도 불구하고 Hybrid Application은 ① 애플리케이션의 다운로드를 통해 사용자의 접근성이 극대화되고, ② 모바일 디바이스 운영체제를 구분하는 것이 불필요하며, ③ 구축 및 운영비용의 절감 효과가 있고, ④ 콘텐츠의 쉽고 빠른 업데이트가 가능하다는 장점이 있다는 점에서 본 연구팀은 최종적으로 Hybrid 방식을 채택하였다.

3. 인문체험형 DMZ 투어 애플리케이션 'Road 人 DMZ'의 세부 내용

1) '생명-평화-치유의 길'의 맵핑화

이러한 DB 구축 과정을 통해 동서를 가로지르며 산재해 있는 DMZ 접경지역의 인문정보는 '생명·평화·치유'의 가치 패러다임을 통해 새롭게 재구성되고 맥락화될 수 있었다. 동시에 이렇게 구축된 총괄 맵핑(total mapping)은 한편으로는 자연지리적 지역 구분, 행정구역 및 도로의 구별, 거리 조건 등을 포괄하는 기존의 지리적 공간 구획이라는 씨줄에, 다른 한편으로는 '생명·평화·치유'라는 인문가치와 스토리텔링이라는 날줄이 엮여져 새로운 관계망을 형성하는 'DMZ 접경지역의 인문지도'를 만드는 과정이었다. 그 세부 내용은 아래와 같다.

① '스폿(spot) 소개' 콘텐츠 보완 및 완성: 본 연구팀이 현지조사를 수행한 DMZ 및 10개 접경지역의 스폿은 총 573곳이었다. 이들에 대한 정보 역시 애플리케이션을 통해 제공될 것이기에 이들에 대해 수집된 자료들도 모바일 환경에 맞추어 재가공될 필요가 있었다. 본 연구팀은 스폿 소개는 200자 원고지 약 10~25매의 분량으로 가공되었으며 초고를 통일된 교정·교열 원칙에 따라 수차례에 걸쳐 수정하면서 형식과 내용을 보완했다.

〈표 4-2〉 현지조사 및 문헌조사 종합하여 작성한 스폿 소개

스폿 총계 573	인천광역시(128)			경기도(168)		강원도(277)				
	옹진군	강화군	김포시	파주시	연천군	철원군	화천군	양구군	인제군	고성군
	43	85	33	77	58	72	49	42	51	63

② 접경지역별·인문가치별 인문체험 DMZ '로드 스토리텔링' 콘텐츠 보완 및 완성: 본 연구팀이 기획한 로드 스토리텔링은 모바일 애플리케이션이라는 제공환경에 걸맞은 디지털 콘텐츠로의 구현을 위해 보완 및 수정될 필요가 있었다. 본 연구팀은 모바일 디바이스의 일반적인 사용환경을 고려하여, 텍스트의 내용은 200자 원고지 약 30매~40매 내외의 분량으로 작성하였으며 첨부될 이미지는 소제목(하나의 스팟)별로 1~2개씩 배치했다. 이에 따라 2단계 연구과제의 수행 과정 속에서 수정 및 보완을 거쳐 나온 최종적으로 제작된 로드 스토리텔링은 10개 접

경지역에 걸쳐 총 88개에 이르렀다. 본 연구팀은 최종 연구결과물인 애플리케이션에 개발한 인문 로드 스토리텔링을 모두 수록했으며 그 목록은 다음과 같다.

〈표 4-3〉 지역별 인문 로드 스토리텔링(애플리케이션 수록)

로드 스토리 총계 88	인천광역시(12)		경기도(29)			강원도(47)				
	옹진군	강화군	김포시	파주시	연천군	철원군	화천군	양구군	인제군	고성군
	5	12(7+5)		13	11	13	8	8	8	10

인문 가치 분류	생명의 길				평화의 길				치유의 길			
	갯수	33	분포	37%	갯수	20	분포	23%	갯수	35	분포	40%

〈표 4-4〉

접경 지역	인문 가치	분류 번호	인문 로드 스토리텔링 제목
고성	생명	101	다양한 생명들을 품은 동해바다, 연어의 꿈이 되어 흐르다
	생명	102	대지의 시간이 만든 지형 위에 황홀한 생명들이 움터나다
	생명	103	동쪽 끝 고성 바닷가에서 삶을 일구어 온 인류의 발자취를 찾아서
	치유	104	국난의 위기 속에서 중생의 고통과 함께하는 해탈의 길
	치유	105	굽이굽이 길 따라 옛 사람들 이야기 오늘도 흐르네
	치유	106	금강산이 품은 목조건축의 아름다움
	평화	107	7번국도에서 만나는 좌절된 꿈과 분단의 두 얼굴
	평화	108	어둔 밤, 더욱 밝게 빛나는 저 등대 불빛은 북쪽까지 닿았을까?
	치유	109	진부령에서 출발하는 금강산, 울산바위가 가다 멈춘 금강산
	치유	110	분단에 의해 왜곡된 기억들, 권력의 공간으로서 화진포
인제	생명	201	대암산 용늪 생태탐방로: 4,500년 시간의 두께를 고이 간직한 고층습지
	생명	202	설악산 깊은 계곡에서 만나는 부처 1. 심우의 길 찾기
	치유	203	설악산 깊은 계곡에서 만나는 부처 2. 순례자의 길
	치유	204	경순왕 마의태자 동학교도의 마음 흐르는 합강의 넉넉한 생명력
	치유	205	영욕의 세월을 품고 삶을 치유하는 설악의 숨결

김포 - 강화	치유	811	중생의 마음을 담아 삼라만상에 깃든 부처의 형상, 강화의 3대 사찰
	치유	812	오색의 연꽃과 함께 사방(四方)으로 퍼진 부처의 마음, 강화 사찰기행
옹진	평화	901	연평도 기행 1: 조기 파시의 추억을 간직한 연평도가 품은 삶의 염원들
	평화	902	연평도 기행 2: 연평해전과 포격의 현장, 연평도에서 만나는 평화의 염원들
	생명	903	백령도의 해안 풍경: 기암괴석에 새겨진 무진장한 세월
	평화	904	백령도 평화여행: 인천에서 보면 서해 끝섬, 장산곶에서 보면 아랫마을
	치유	905	대청도-소청도 탐방: 서해를 비추며 서로를 바라보는 푸르른 두 섬

2) 모바일 애플리케이션 'Road 人 DMZ'의 특장점

'Road 人 DMZ'는 민간인출입통제선 안쪽의 비무장지대뿐만 아니라 일반인이 자유롭게 출입할 수 있는 접경지역의 각 여행지를 총망라하여 10개 지자체 전체를 포괄하여 인문여행 정보를 제공하는 국내 최초의 애플리케이션이다. 이 애플리케이션은 DMZ·NLL을 포함한 10개 접경지역의 인문여행 정보를 제공한다. 연구팀은 강원도 고성군·인제

〈그림 4-7〉

군·양구군·화천군·철원군, 경기도 연천군·파주시·김포시, 인천광역시 강화군·옹진군에 걸친 DMZ 접경지역 10곳에 대한 현장조사 및 문헌 조사를 통해 88개의 '인문 로드 스토리텔링'을 연구 개발하여 이 애플리케이션에 담았다.

애플리케이션의 이름인 'Road 人 DMZ'에서 사람 인[人]은 '사람의 통일'을 체험하는 통일인문학의 체험 여행을 강조하는 말이면서, DMZ '안으로[in]' 들어가는 여행길이라는 이중적 의미를 담고 있다. 이 앱을 통해 국민 누구나 DMZ 접경지역에 대한 여행 정보를 손쉽게 찾아보고, 직접 여행 코스를 계획하고, 여행길에서 실제 지리 정보를 제공받을 수 있다. 그동안 DMZ 접경지역은 주로 안보교육으로만 인식되면서 아주 제한된 장소나 한정된 여행테마를 가진 관광만 알려져 있었다. 이에 비해 'Road 人 DMZ'는 3가지 길('평화', '치유', '생명')로 구성된 인문체험 여행길을 제안한다.

그래서 이 애플리케이션은 식당 및 숙박 정보 같은 가변적인 여행 정보가 아니라, 새로운 DMZ 접경지역 여행을 준비하고 제안하는 '현장 해설자 역할'을 수행한다. 이를 위해 앱은 인문학자들이 정성스레 연구하고 다듬은 지역별 텍스트 정보(스팟 설명, 같이 보기, 인문여행 스토리텔링)와 그것을 자동으로 읽어주는 음성 가이드, 각 스팟에 대한 최고의 시각 정보를 제공하는 사진, GPS와 연동된 주변 정보 제공 및 길 안내(네비게이션) 연동 등 다양한 편의성을 제공한다. 연구팀은 그렇게 방대한 여행 정보를 제공하면서도 사용자의 스마트폰에 과도한 데이터 사용량나 저장 용량을 요구하지 않는데 주안점을 두면서 개발했다.

이 애플리케이션은 지역별·인문가치별·키워드 정보를 사용자가 활

용할 수 있도록 지역별 검색(지도 터치) 방식 외 키워드 검색, '생명·치
유·평화의 길' 인문여행 스토리텔링 콘텐츠, 각 장소에 대한 상세하고
객관적이며 누구나 이해하기 쉬운 설명 정보인 장소 목록, 각 장소의
사진 정보 및 해시태그 검색, 또한 인문여행 정보 제공의 편의성을 높
이기 위해 '음성 해설사(TTS 도슨트)' 기능, GPS를 활용한 '사용자 주변
지도 보기' 및 '추천 road', 스마트폰에 저장된 네비게이션 연동, 다양
한 SNS 정보 공유, 새로 업데이트된 여행 스토리텔링 PUSH 알림 등의
정보 및 기능을 제공한다.

〈그림 4-9〉

상세주소 링크 :
http://kko.to/HXSKcLsjH

2002년 5월 31일 대한민국 등록문화재 제 26호로 지정되었다. 총 길이 120m, 높이 35m, 너비 8m로, 당시로는 큰 교량이다. 영화 <빨간 마후라(1964)>의 촬영지로 유명세를 얻었다. 1996년 노후화로 인한 안전성

4. 인문체험형 DMZ 투어 애플리케이션
 'Road 人 DMZ'의 활용성

1) 연구결과 활용계획

① 교육적 활용: 체험형 평화·통일교육 콘텐츠 및 DMZ 현장탐방 활성화

교육 영역에서 본 연구의 연구성과인 '인문체험형 DMZ 투어 애플리케이션' 〈Road 人 DMZ〉는 아래와 같은 세 방향에서 활용될 예정이다. 이러한 세 가지의 활용방안은 모두 체험형 평화·통일교육 콘텐츠 및 DMZ 현장탐방 활성화로 수렴된다고 할 수 있다.

첫째, DMZ 접경지역 답사 프로그램에서의 활용이다. 본 연구팀이 속한 건국대학교 통일인문학연구단은 'DMZ 답사'를 정기적으로 진행해오고 있다. 이 행사는 건국대학교 학생을 대상으로 매년 2회씩, 총 16회에 걸쳐 진행돼오고 있으며 현재까지 약 500여 명의 학생들이 참여하였다. '인문체험형 DMZ 투어 애플리케이션' 〈Road 人 DMZ〉는 2020년 5월에 개최될 제17회 '건국대 통일인문학연구단과 함께 하는 DMZ 답사'에서 실제 배포되어 활용될 것이다. 향후 이러한 DMZ 답사를 통해 지속적으로 참가자들에게 애플리케이션이 배포될 것이다.

둘째, 일반시민을 대상으로 한 '강의형+체험형' 인문학 강좌 프로그램에서의 활용이다. 현재 건국대학교 통일인문학연구단은 '길 위의 인문학 프로그램'에 활발하게 참여해오고 있다. 현재까지 통일인문학연구단에서 수행한 '길 위의 인문학' 주제는 'DMZ', '통일과 인문학' 등으로써 본 연구팀의 연구원들이 강사로 참여하고 있다. 해당 프로그램은 강의와 현장 답사가 함께 이루어지는 방식으로 진행된다는 점이 특징

이다. 따라서 본 연구팀은 '길 위의 인문학' 프로그램을 보다 확대하여 '인문체험형 DMZ 투어 애플리케이션' 〈Road 人 DMZ〉를 보조 강의 자료로 널리 활용할 예정이다.

셋째, 청소년 및 대학생을 대상으로 한 '체험형' 통일교육 프로그램에서의 활용이다. 본 연구팀이 속한 건국대학교 통일인문학연구단은 '소통·치유·콘텐츠 통합형 통일교육프로그램'을 개발하여 총 50여 종의 강연·참여·콘텐츠창작·답사 형태의 교육 프로그램을 시행 중에 있다. 예를 들어 통일인문학연구단은 서울 혜화여고와 경기 연천고 등 청소년 대상 통일교육을 수행한 경험을 가지고 있다. 이런 점을 고려할 때, 본 연구팀이 개발한 애플리케이션은 상술한 시민교육에서의 활용뿐 아니라 이러한 청소년 교육프로그램에도 온라인 교육자료로서 활용될 수 있는 강점을 갖는다. 강의와 체험형 교육이 합해진 형태의 프로그램이 본 연구팀의 '인문체험형 DMZ 투어 애플리케이션' 〈Road 人 DMZ〉과 연계되어 진행됐을 때, 그 교육적 효과는 더욱 증대될 것이다.

넷째, 지자체와 교육단체에서 추진되는 DMZ 답사 및 체험형 교육 프로그램 등에서 활용가능하다. 최근 DMZ와 그 접경지역에 대한 대중적 관심은 고조되고 있다. 그리고 이러한 변화는 자연스럽게 DMZ 관련 교육과 접경지역의 정보, 관련 콘텐츠에 대한 수요 증가로 이어지고 있다. 이런 점에서 본 연구가 추진한 '생명·평화·치유'의 인문가치를 기본으로 한 체험형 애플리케이션은 DMZ 생태체험과 답사프로그램에서의 활용뿐만 아니라 체험형 통일교육 분야에서도 적극적으로 활용될 것이다.

특히 '인문체험형 DMZ 투어 모바일 애플리케이션' 〈Road 人 DMZ〉은 체험형 통일교육이라는 새로운 형태의 교육 프로그램을 운용하는 데 선도적인 역할을 수행할 수 있을 것이다. 통일교육에 대한 수요가 증가할 것이라는 전망에도 불구하고 현재의 통일교육은 단순한 지식전달의 강의 위주로만 진행되어, 다변화된 사회적·교육적 요구를 반영하고 있지 못한 것이 현실이다. 게다가 DMZ는 통일체험과 관련된 가장 직접적인 장소임에도 불구하고, 현재 DMZ에서 체험할 수 있는 것들은 대체로 여전히 북에 대한 적대심과 분노를 환기시키는 구시대적인 내용들이 대다수를 차지하고 있다. 이런 점으로 볼 때, '인문체험형 DMZ 투어 모바일 애플리케이션' 〈Road 人 DMZ〉은 DMZ에 대한 각종 디지털 콘텐츠를 제공함으로써 DMZ가 가진 고유한 인문가치를 체득할 수 있도록 돕는 가장 효과적인 디지털 교육자료가 될 것이다.

다섯째, '인문체험형 DMZ 투어 애플리케이션' 〈Road 人 DMZ〉는 통일교육은 물론이고, 더 나아가 민주시민 교육을 위한 자료로서 활용될 수 있을 것이다. 상술한 DMZ 체험 프로그램에서 본 연구성과의 활용은 청소년을 대상으로 한 통일교육뿐 아니라, DMZ를 둘레길 탐방과 안보관광 등으로만 찾는 일반시민들을 대상으로 하는 민주시민교육의 자료로도 활용 가능할 것이다. DMZ가 갖는 진정한 교육적 효과는 인간과 그 역사의 상호 이해, 그리고 인간과 환경의 공존을 고민하게 한다는 점에 있다. 따라서 본 연구성과는 이러한 DMZ의 풍부한 인문가치를 소개하고 체험할 수 있도록 돕기 때문에 민주시민 교육을 위한 자료로도 활용 가능할 것이다.

② 사회적 활용: 남북통합의 디지털 체험 공간 제공

한반도의 통일은 체제와 제도의 통합이 아닌, 남북에 사는 두 구성원들 간의 사회문화적 통합에서 그 진정한 의미를 찾을 수 있다. 6.25 전쟁 이후 남북의 상호 적대감과 배타성은 통합을 가로막는 걸림돌이 되어왔으며 이는 여전히 분단체제를 유지하는 기제로써 작동하고 있다. 설상가상으로 체험을 통해 통일에 대한 사회적 감수성을 회복할 수 있는 인문교육이나 활동을 찾아보기 힘든 것이 한국사회의 현주소이다. 이런 점에서 '인문체험형 DMZ 투어 애플리케이션' 〈Road 人 DMZ〉는 그러한 감수성을 회복하는 데 기여할 수 있는 다음과 같은 사회적 활용 내용을 갖는다.

첫째, '인문체험형 DMZ 투어 애플리케이션' 〈Road 人 DMZ〉는 DMZ에 대한 가족형 투어의 증가에 기여할 수 있을 것이다. DMZ는 그 특성상 생태적 의미와 역사적 가치가 결합된 공간인 만큼 가족형 투어에 가장 부합하는 장소라고 할 수 있다. 하지만 현재 DMZ 가족형 투어와 연계된 프로그램과 콘텐츠는 전무한 상황이다. 따라서 '인문체험형 DMZ 투어 애플리케이션' 〈Road 人 DMZ〉는 모바일 상의 애플리케이션이라는 점에서 투어에 가장 적합한 기본 콘텐츠가 될 수 있을 것이다. 또한 기존의 안보 프레임이 아니라 인문적 가치를 함양하고 체험자가 스스로 통일을 사유할 수 있도록 하여, 자라나는 아이들을 자녀로 둔 가정의 교육에 적합한 콘텐츠가 될 것이다.

둘째, '인문체험형 DMZ 투어 애플리케이션' 〈Road 人 DMZ〉는 DMZ에 대한 사회적 관심을 환기시킬 것이다. 이에 따라 신비화 혹은 편향되게 기억되고 있는 DMZ의 올바른 이미지 제고와 생태적 보존방안, 또 접경지역의 지속가능한 개발 및 평화적 활용에 대한 국민여론을 활성화 시킬 수 있을 것이다. 게다가 그렇게 되었을 때 DMZ 접경지역은 '군사도시', '위험하고 인적이 드문 변방 지역'이라는 기존의 이미지를 탈피하고, '평화로운 통일한반도'로 나아갈 수 있는 미래지향적 공간으로 새롭게 인식될 수 있을 것이다.

셋째, '인문체험형 DMZ 투어 애플리케이션' 〈Road 人 DMZ〉는 기존 통일담론의 변화에 영향을 줄 것이다. 기존의 통일담론은 북에 대한 적대감을 고취시키는 안보 중심의 내용이 주를 이루고 있었다. 그러나 '인문체험형 DMZ 투어 애플리케이션' 〈Road 人 DMZ〉는 DMZ라는 공간을 전쟁을 기억하는 곳이 아니라 그 상처가 치유되는 공간으로 재해석하고 이를 기술적으로 구현함으로써 분단으로 인한 상처와 남북 간의 왜곡된 인식을 극복하는 데 기여할 수 있을 것이다. 또한 이렇게 되었을 때, '인문체험형 DMZ 투어 애플리케이션' 〈Road 人 DMZ〉는 남북 주민들의 몸과 마음에 새겨진 배타성과 적대성을 치유할 수 있는 또 다른 경험의 장이 될 것이며, 나아가 남북의 상호소통과 사회문화적 통합에 기여할 수 있는 또 다른 체험의 공간으로 거듭날 수 있을 것이다.

넷째, 또한 '인문체험형 DMZ 투어 애플리케이션' 〈Road 人 DMZ〉는 기존의 디지털 환경과는 다른 새로운 DMZ 정보 플랫폼의 역할을 수행하게 될 것이다. 현재 행정부처와 각 지방자치 단체에서 제공하는 DMZ 정보 웹사이트는 모바일 중심의 IT 환경과는 거리가 멀 뿐만 아니라, 내용적으로도 사실 정보의 파편적 제공에 그치고 있다. 하지만 '인문체험형 DMZ 투어 애플리케이션' 〈Road 人 DMZ〉는 애플리케이션이라는 형태의 특성상 직접 방문하지 않는 사용자들에게도 시간과 장소의 제약 없이 정보를 제공할 수 있다. 게다가 DMZ에 대한 정확한 사실 정보뿐 아니라 각 지역에 대한 맥락화된 인문지식, 나아가 스토리텔링 방식의 서사, 그리고 참여형·공유형 정보를 제공할 것이다. 따라서 이는 기존의 디지털 환경과는 비교할 수 없는 새로운 DMZ 정보 플랫폼의 등장을 의미한다.

③ 산업적 활용: 교육콘텐츠·ICT 산업의 연계 및 확장

디지털 콘텐츠는 그 특성상 다른 매체를 통한 확장가능성이 매우 높다. 따라서 '인문체험형 DMZ 투어 애플리케이션'〈Road 人 DMZ〉는 DMZ 관광뿐 아니라 통일과 관련된 문화·영상·교육 등의 콘텐츠 생산과 연계될 수 있을 것이다. 이미 다양한 문화·예술·인문 콘텐츠들이 애플리케이션을 통해 그것이 가진 각자의 특성을 대중에게 확산시키고 있다. 또한 그에 대한 수요가 증가함에 따라 이러한 콘텐츠들의 활용가능성 역시 확대되고 있는 상황이다. 따라서 애플리케이션의 개발에 의해 새롭게 발굴·가공된 DMZ의 다양한 인문적 자원들은 문화·관광·교육산업 분야의 또 다른 콘텐츠로 재생산될 수 있을 것이다.

첫째, '인문체험형 DMZ 투어 애플리케이션'〈Road 人 DMZ〉의 핵심적인 부분인 'DMZ 인문스토리텔링'은 단지 애플리케이션을 통해서만 국한되지 않고, 다양한 매체에 적합하게 재가공하여 사회문화적으로 널리 확산될 것이다. 이는 애플리케이션이라는 매체의 불완전성을 보완하면서 더 많은 사람들이 더 지속적이고 장기적으로 불특정한 곳에서도 본 연구팀의 연구성과를 공유할 수 있는 다양한 매체의 중요성을 보여준다. 변화가 빠른 모바일 디바이스 시장과 디지털 콘텐츠의 사용 특성을 고려할 때 애플리케이션을 통해 제공되는 콘텐츠는 일정한 시간이 흐른 후, 제한된 인원만 활용하거나 시장에서 잊혀질 우려가 있기 때문이다.

둘째, 특히 앞서 밝혔듯이 단행본의 출판을 통한 연구성과의 학술적·사회적 공유는 파생된 심화·응용연구를 자극하여 관련 학문영역 전체를 풍성하게 할 뿐만 아니라, 오피니언 리더 그룹인 교수사회에 DMZ 접경지역에 대한 관심과 학술연구를 제고시킬 것이다. 이러한 학술적 흐름은 시민사회와 문화계로 확산되어 DMZ 접경지역 활성화에 대한 지역의 관심과 정책 논의를 신장시킬 것으로 기대된다. 또한 해당 지역에 대한 관심의 증대는 DMZ 접경지역 청소년 교육프로그램의 활성화와 지역 교육·문화행사의 재구성 및 새로운 기획에도 긍정적인 영향을 끼칠 것이다.

2) 연구결과 기대효과

① 학문적 기대효과

본 연구의 목적은 '인문체험형 DMZ 투어 애플리케이션' 〈Road 人 DMZ〉를 개발하여 일반 대중에게 제공하는 데 그치지 않는다. IT기술에 기반한 본 연구성과는 다양한 분과학문 영역에서 후속연구를 추동할 것으로 전망된다. 이는 최종 연구성과를 기획단계에서부터 단순 정보가 나열되어있는 형태의 애플리케이션이 아닌, 인문가치를 통해 의미맥락화된 고급의 인문지식 및 정보가 담겨 있는 체험형 애플리케이션 개발로 목표를 설정했기 때문이다. 또한 디지털인문학 사업의 근본 의도가 인문학적 연구방법의 새로운 가능성을 확장할 수 있는 실천적

인문학 연구 및 창조적 인문학 연구 수행에 있다는 점에서 '인문체험형 DMZ 투어 애플리케이션' 〈Road 人 DMZ〉는 다양한 분과학문 체계를 넘는 융복합적 연구 영역을 새롭게 개척할 것으로 보인다. 본 연구팀이 목표로 하는 연구성과가 향후 파생시킬 수 있는 후속연구의 영역과 그 가능성은 다음과 같다.

본 연구과제의 최종성과는 로컬리티, 지역학, 도시학 등의 학문영역에서의 후속연구를 추동할 수 있다. '인문체험형 DMZ 투어 애플리케이션' 〈Road 人 DMZ〉는 무엇보다 DMZ와 접경지역이라는 특정 공간을 대상으로 한다. 이때 중요한 것은 이 공간을 애초 주어진 자연지리적 공간이 아니라, 역사·문화·환경·문학·예술·지질 등의 다층적 주제들이 응축되어 있으면서 인간과의 상호관계를 통해 새롭게 형성될 수 있는 열린 공간으로서 이해하려는 본 연구과제의 독특한 방법론이라고 할 수 있다.

'인문체험형 DMZ 투어 애플리케이션' 〈Road 人 DMZ〉는 DMZ와 접경지역 전체라는 하나의 공간을 생명, 평화, 치유라는 인문가치들로 구조화하고, 이 공간에 있는 구체적인 장소들을 이러한 가치들로 의미맥락화함으로써 결론적으로 이 공간 전체를 인문적 사유 및 성찰의 대상으로 삼고 있다. 문화학·영화학·사회학·매체학·철학과 같은 전통적인 분과학문 영역에서는 '공간'에 대한 사유의 중요성이 강조되고 있다. 하지만 이제껏 DMZ 접경지역은 그 학문 영역에서 주요한 연구주제로 자리 잡지 못했다. DMZ 접경지역에는 공간 자체가 지닌 물리적 거리감, 접근의 실제적 어려움, 연구주제로서의 낯설음이 작동하기 때문이다.

그러나 '인문체험형 DMZ 투어 애플리케이션' ⟨Road 人 DMZ⟩는 직접적인 현장 조사와 함께 수집된 인문정보의 집성 및 체계화를 통해 애플리케이션이라는 미디어 매체 속에 인문가치에 기반한 DMZ와 접경지역을 구현한 것이다. 이런 점에서 '인문체험형 DMZ 투어 애플리케이션' ⟨Road 人 DMZ⟩는 기존의 DMZ와 접경지역이라는 공간에 대한 연구가 애초 직면할 수밖에 없었던, 후속연구 파생의 어려움을 해소할 수 있을 것으로 판단한다. 때문에 '인문체험형 DMZ 투어 애플리케이션' ⟨Road 人 DMZ⟩는 향후 DMZ와 접경지역이라는 현재 한국사회 전체가 경험적으로 직면하고 있는 거대한 공간을 공간 연구의 핵심 연구주제로 부각시키는 효과를 가져올 것이다.

또한 '인문체험형 DMZ 투어 애플리케이션' ⟨Road 人 DMZ⟩는 인문학이라는 기본 방법론과 관점을 디지털 기술과 결합시킨 융합적 연구모델의 결과이다. 본 연구팀이 진행하고 있는 융합적 연구의 장점은 단순히 디지털 기술과의 결합을 넘어서, 다양한 분과학문 영역과 결합될 수 있는 확장성을 가지고 있다는 점에 있었다. 현재 지리학의 영역에서도 DMZ와 접경지역을 대상으로 한 연구들을 수행하고 있다. 그러나 이러한 연구들은 대체로 남북의 대립과 경계에 초점을 맞춘 정치지리학, DMZ와 접경지역의 개발과 관련된 경제지리학이 대다수를 차지하고 있다. 오히려 중요하게 다뤄져야 할 DMZ 접경지역의 인문지리학적 성격의 연구는 여전히 시작 단계에 머물러 있다. 이러한 상황에서 '인문체험형 DMZ 투어 애플리케이션' ⟨Road 人 DMZ⟩는 인문학과 자연과학의 융합연구가 디지털 기술을 통해 보다 쉽게 가능해짐을 보여줄 수 있는 사례가 될 것이다.

마지막으로 본 '인문체험형 DMZ 투어 애플리케이션' 〈Road 人 DMZ〉는 분단국가주의에 매몰된 국토지리학에서 로컬리티가 살아 있는 인문지리학으로 전환의 계기가 될 것이다. 분과학문의 틀을 넘어선 융복합 연구의 새로운 모델은 단순히 지리학뿐만 아니라 로컬리티 연구에서도 추동될 수 있다. 기존의 지역학은 DMZ를 특정한 하나의 행정지역으로 국한시켜 이해하거나 중앙정부와 같이 외부에서 부과한 안보 프레임을 통해 이 지역을 이해하려고 시도한다. 반면, '인문체험형 DMZ 투어 애플리케이션' 〈Road 人 DMZ〉는 DMZ의 '로컬리티' 자체를 반영하면서 이러한 인문가치로 구조화된 로컬리티 체험을 목적으로 한다. 이를테면 DMZ의 로컬리티는 전쟁과 분단의 60여 년이 넘는 시간들이 만들어낸 역사·문화·인간들의 삶·자연생태계가 총체적으로 결합되어 있는 일종의 물리적 공간이자 '의미공간'이라는 점이다. 이때 전 세계 어디에서도 분단선을 주제로 하는 탐방형 애플리케이션이 개발되고 있지 못한 상황에서 '인문체험형 DMZ 투어 애플리케이션' 〈Road 人 DMZ〉는 인문학+로컬학+과학기술이 결합된 생생한 체험을 가져올 것이다. 나아가 이러한 체험은 다시금 DMZ 로컬리티를 풍부하게 하고, 인문학의 구체적인 실천으로 피드백될 것이다.

② 정책·사회적 기대효과

'인문체험형 DMZ 투어 애플리케이션' 〈Road 人 DMZ〉가 정책적인 부분에 영향을 줄 것으로 기대되는 효과는 크게 세 가지로 분류해 볼 수 있다.

첫째, 범정부 정책기관의 수립이다. 현재 DMZ 활용에 관해 정책적

부분에서 가장 중요한 문제는 그에 관한 컨트롤타워가 없다는 점이다. DMZ의 활용과 관련된 여러 정책과 제안 및 실행 등은 DMZ가 갖는 공간적 성격으로 인해 단순히 특정 주체에 의해서 입안하고 실현시켜가는 것은 불가능하다. 그렇기 때문에 DMZ 거주민을 포함하는 시민사회 단체와의 협력이 절대적으로 필요하다. 따라서 '인문체험형 DMZ 투어 애플리케이션'〈Road 人 DMZ〉는 범정부적 차원에서 거버넌스를 만들어갈 수 있는 기구의 건설에 대한 사회적 관심을 제고시킬 수 있을 것이다.

둘째, 연구교육기관의 설립이다. 현재 각 대학과 지자체, 민간 주도로 설립된 DMZ 연구소들이 있지만 이러한 연구소들은 개별적이며 독자적으로 연구를 수행하고 있다. 따라서 민·관·학을 포괄하는 DMZ 아카데미의 건설 또한 필요하다. 하지만 '인문체험형 DMZ 투어 애플리케이션'〈Road 人 DMZ〉는 사람들의 일상을 결합시킨 미시적인 방식의 통일론을 통해 융·복합적 학문연구에 기반이 되는 DMZ 아카데미 설립의 필요에 대한 사회적 여론을 환기시킬 수 있을 것이다.

셋째, 통일교육 관련 교육정책의 변화이다. '인문체험형 DMZ 투어 애플리케이션'〈Road 人 DMZ〉는 '생명·평화·치유'의 인문가치를 실질적으로 체험하는 교육의 장을 학생들에게 제공할 수 있다. 따라서 DMZ를 통한 실질적인 통일교육의 효과를 기대할 수 있으며, 이로 말미암아 교육적 효과의 다변화·풍부화를 도모할 수 있다. 나아가 증가하는 교육 수요를 반영하여 학년·주제별로 다변화되고 특화된 교육 프로그램들이 개발될 수 있을 것이다. 또한 이는 청소년 평화·통일 교육은 물론 민주시민 교육의 활성화에도 기여할 것으로 기대된다.

한편 본 연구팀의 연구성과를 통해 기대할 수 있는 사회적 효과는 두 가지이다. 첫째, 남북의 사회통합에 기여할 수 있다. 기존의 남북 적대의 상징으로서의 DMZ를 평화와 생명의 공간으로 재상징화할 때, 남북의 상호소통과 사회문화적 통합에 기여할 수 있는 또 다른 기회를 제공할 것이다. 왜냐하면 DMZ를 정치·경제적 논리나 가치로 이해하게 되면 남북의 통일을 위한 협력은 멀어질 가능성이 크기 때문이다. 따라서 '인문체험형 DMZ 투어 애플리케이션'〈Road 人 DMZ〉는 분단의 상징인 DMZ를 통일의 상징으로 '리부팅(Re-booting)'하는 것이며, 정치이데올로기적 대립을 벗어나서 평화에 대한 의지를 향상시킴으로써 한반도 통일에 기여할 수 있을 것으로 기대된다.

둘째, DMZ라는 공간을 재해석함으로써 분단으로 인한 상처와 왜곡된 남북 사이의 인식을 극복하는 데 기여할 수 있다. 현재 DMZ 내에 있는 다양한 역사유물들은 여전히 상대방에 대한 적대심과 분노를 일으키게 하는 설명방식을 포함하고 있다. 따라서 DMZ를 전쟁의 상처가 치유되는 공간으로 바꾸려는 '인문체험형 DMZ 투어 애플리케이션'〈Road 人 DMZ〉는 남북 주민들의 몸과 마음에 새겨진 배타성과 적대성을 치유할 수 있는 경험들을 제공할 것이다.

③ 산업적 기대효과

본 연구성과가 가질 산업적 부분의 기대효과는 두 가지로 나눠볼 수 있다. 첫째, 다양한 산업영역에서의 새로운 콘텐츠 생산 확대이다. '인문체험형 DMZ 투어 애플리케이션'〈Road 人 DMZ〉는 디지털 매체와 관련된 콘텐츠 개발 및 구축 부문에서 폭넓은 활용 가능성을 제공할 것이다. 예를 들어 관광 콘텐츠뿐만 아니라 대중문화 콘텐츠, 영상 콘텐츠, 교육 콘텐츠 등과 같이 한국사회 대다수 구성원들이 통일과 관련된 일상적 체험을 향유할 수 있는 여러 프로그램이 있다. 또한 '인문체험형 DMZ 투어 애플리케이션' 〈Road 人 DMZ〉는 DMZ가 보유한 다양한 지리·역사·문화적 자원들을 콘텐츠 및 스토리 자원으로 재가공함으로써 문화·관광산업에서의 새로운 수익창출원이 될 수 있을 것이다.

둘째, 탐방객 증가 및 교육 프로그램의 다변화를 통해 접경지역 관광문화산업의 국내·외 확산과 지역 경제 활성화를 가져올 것이다. 안보관광에 집중되었던 DMZ에 대한 기존의 방식과는 달리 '인문체험형 DMZ 투어 애플리케이션' 〈Road 人 DMZ〉를 통해 인간의 근본적 가치들이 중심에 놓인 새로운 여행 코스가 제공된다면, 지역 주민들의 새로운 소득원 개발 및 교통·관광·문화서비스·교육 분야 등에서 고용창출 효과를 기대할 수 있기 때문이다. 또한 DMZ 투어가 기존의 안보관광이 아닌 인문적 가치를 중심으로 제공된다면, DMZ에 대한 이미지를 변화시켜 접경지역에 대한 심리적 접근성을 높일 수 있을 것이다. '인문체험형 DMZ 투어 애플리케이션' 〈Road 人 DMZ〉를 통해 증가할 것으로 전망하는 DMZ 관광 수요는 향후 상대적으로 낙후를 면치 못하고 있는 DMZ 접경지역의 지역 내수 경제 활성화에 도움이 될 뿐 아니라, 향후의 지역 관광 인프라 확충 및 국토균형발전에도 이바지할 수 있을 것으로 기대한다.

셋째, 세계 유일의 분단국가인 한국을 방문하는 외국인들이 DMZ에 대해 보이는 관심은 그것이 한국 관광의 한 부분을 차지한다. '인문체험형 DMZ 투어 애플리케이션' 〈Road 人 DMZ〉는 DMZ를 기존의 방식에서 벗어나 분단과 전쟁의 상처를 치유하는 '평화의 공간'으로 새롭게 인식할 수 있다는 것을 잘 보여줄 것이다. 만약 '인문체험형 DMZ 투어 애플리케이션' 〈Road 人 DMZ〉가 이후 외국어로 제공된다면 한 국을 방문하는 외국인들의 DMZ 접경지역에 대한 이해도와 접근성이 크게 증가할 것으로 기대되며, 이는 한국 관광의 새로운 콘텐츠로서 관 광수요를 증대시켜 세계인들의 발길이 더욱 증가할 것으로 예상된다. 이런 점에서 '인문체험형 DMZ 투어 애플리케이션' 〈Road 人 DMZ〉의 활용은 내국인 여행의 차원을 넘어 국제적 확산 가능성 역시 충분하다 고 볼 수 있다.

넷째, '인문체험형 DMZ 투어 애플리케이션' 〈Road 人 DMZ〉는 상 술한 대로 DMZ에 대해 기존의 안보만을 강조한 것과는 달리 생태와 역사적 의미 등 인문학적 가치를 되새길 것이다. 요즈음 DMZ와 접경 지역에 대한 교육·문화산업의 관심이 나날이 확산되고 있는 상황에서, 이는 기존에는 없던 방식으로써 관련한 다양한 교육·문화산업을 파생 시킬 수 있을 것이다. 일례로 현재 각 접경지역에서 활동하는 문화해설 사는 지방자치단체에서 정하는 교육양성기관에서 일정한 교육 및 실습 을 거친 후 자체시험을 통해 양성되고 있지만, 전문성 부족이 지적되고 있다. 이때 '인문체험형 DMZ 투어 애플리케이션' 〈Road 人 DMZ〉는 DMZ 문화해설사 양성과 실제 DMZ 교육에 사용될 수 있다. 예를 들어 '인문체험형 DMZ 투어 애플리케이션'을 활용해 생명·평화·치유의 가 치들로 해당 지역을 소개할 수 있는 전문 인력이 교육을 받고, 애플리 케이션을 사용한 답사가 진행될 수 있다. 이 경우 DMZ와 관련된 교육 의 주체와 수혜자 모두를 포함한 교육산업의 범위확대를 기대할 수 있 을 것이다.

DMZ 다크 투어리즘과 통일인문학의 공간치유

초판 1쇄 인쇄 2022년 04월 22일
초판 1쇄 발행 2022년 04월 29일

지 은 이   박영균 박민철 박솔지
발 행 인   한정희
발 행 처   경인문화사
편   집   유지혜 김지선 한주연 이다빈 김윤진
마 케 팅   전병관 하재일 유인순
출판번호   제406-1973-000003호
주   소   경기도 파주시 회동길 445-1 경인빌딩 B동 4층
전   화   031-955-9300   팩   스   031-955-9310
홈페이지   www.kyunginp.co.kr
이 메 일   kyungin@kyunginp.co.kr

ISBN 978-89-499-6631-1 03910
값 21,000원

ⓒ 박영균·박민철·박솔지, 2022